샌프란시스코 평화조약과 독도영유권

샌프란시스코 평화조약과 독도영유권

신 용 하

경인문화사

책 머리말

한국과 일본 사이에는 독도영유권 '논쟁'이 무려 72년간이나 계속되고 있습니다. 이 논쟁은 앞으로도 수십 년 더 계속될지도 모릅니다.

일본측은 1951년 9월 8일의 샌프란시스코 평화조약에서 연합국에 의한 1945년 포츠담선언의 일본영토규정은 폐기되었다고 주장합니다. 그리고 평화조약문의 일본영토 정의는 "한국은 제주도·거문도·울릉도를 포함하여 한국에 대한 모든 권리, 권원 및 청구권은 포기한다"는 조약문 중에 '독도' 명칭이 없으므로 연합국이 독도의 일본영유를 묵인한 것이라고 주장하고 있습니다. 또 그 증거는 1951년 8월 10일 미국 극동담당 국무차관보 러스크가 양유찬 주미한국대사에게 독도는 한국영토가 아니라 1905년 이래 일본이 한국정부의 항의 없이 평화적으로 편입하여 영유해온 일본영토로 간주하고 있다는 요지의 '러스크 서한'을 제시하고 있습니다. 일본정부는 이러한 주장의 소책자를 만들어 11개국 언어로 번역해서 전세계에 매우 적극적으로 선전하여 전세계 수많은 사람들을 미혹시키고 있습니다.

그러나 일본의 이러한 주장은 전혀 진실이 아닙니다. 그 반대가 진실입니다.

이 책은 샌프란시스코 평화조약의 조약문 작성자인 덜레스 미국대통령 특사가 샌프란시스코 평화회의 석상에서 51개국 대표들에게 행한 평화조약 조약문의 유권적 해석을 내린 연설 전문을 새로 발굴해서, 이 덜레스의 평화조약 유권적 해석의 연설문을 증거의 하나로 하여 일본의 독도영유권 주장이 완전히 거짓이고 허위임을 밝힌 책입니다.

그리고 덜레스의 평화조약문 유권적 해석을 증거로 분석하고 제시하여 샌프란시스코 평화조약은 도리어 포츠담선언 일본항복조건 제8조와 그 이미 집행된 것(연합국최고사령관 지령 제677호, 즉 SCAPIN 제 677호)을 연합국과 일본이 함께 그대로 비준하여 국제사회와 국제법에서 독도는 영구히 대한민국의 완전한 영토임을 최종적으로 재확인하고 보장했음을 이 책에서 명료하게 밝혔습니다.

또한 이 책은 덜레스 평화조약 준비위원장의 발표를 빌러서 '러스크 서한'이 미국 입장의 공문서도 아니고 진실도 아니며, 일본측 로비에 불과했던 것이고, 샌프란시스코 조약에서 채택되지도 않았고 폐기된 것이며, 일본을 위해 로비팀에 가담한 러스크 개인의 사문서, 일본 로비스트의 주장을 전달한 '러스크 노트'에 불과한 것임도 명료하게 밝혔습니다.

이 책은 이 주제에 대한 논문 세 편과 관련 자료로 구성되어 있습니다. 그러나 실제 내용은 완전히 하나의 책입니다. 제2부 논문(『학술원논문집』 제58집 제2호, 2019)는 이 주제에 대한 상세한 연구논문입니다. 제1부 논문(『학술원통신』 제368호, 2024. 3. 1.)은 국내 한 곳이 교재에서 독도를 마치 한·일간 영토분쟁지처럼 취급하는 실수를 범하여 대한민국 영토 지도에서 독도를 뺀 것에 놀라, 제1부 논문에서 큰 줄거리 요지를 간단히 만들어 발표한 것입니다. 그러므로 제2부 논문은 제2부 논문의 요지와 해설로 보아 먼저 읽으시면 제2부 논문 이해에 도움이 될 것입니다. 제3부 논문은 독도 관계 전문잡지 등에서 제2부 논문에 대한 질문·의문 등이 직접·간접적으로 제기되어, 독도학회·독도연구보전협회 2023년도 학술대회에서 그에 답변한 것입니다. 그러므로 핵심은 제2부 논문에 있고, 제1부는 그에 대한 간결한 요약의 머리글에 해당하며, 제3부는 제2부에 대한 질의응답에 해당합니다. 제4부는 샌프란시스코 평화회의 회의석상에서 51개국 대표들에게 행한 조약문 작성자 덜레스 평화회의 준비위원장(조약문 작성자, 미국대표)의 조약문에 대한 유권적 해석 연설문 전문과, 덜레스의 조약문에 대한 유권적 해석의 연설문 책자와 연설을 듣고서도 이의를 제시하지 않고 조약문을 그대로 수락한 요시다 일본측 대표의 평화조약 수락 연설 보도 전문, 덜레스 미 국무장관의 '러스크 서한'을 러스크 개인의 사문서인 '러스크 노트'에 불과한 것으로 설명하면서 주일본 미국대사에게 보낸 독도 문제에 대한 전보 전문 등 관련 희귀 자료등 귀중자료 9점이 수록되어 있습니다.

이 논문들이 약간 시간차를 두고 다른 장소에서 다른 청중들에게 발표되었기 때문에, 불가피하게 지도 몇 장과 증거자료 몇 점이 중복되어 사용되고 해설되었습니다. 독자들의 너그러운 혜량을 바랍니다.

이 책의 출판을 맡아주신 경인문화사 한정희 사장님과 편집·교정에 정성을 기울여주신 편집부 여러분께 깊이 감사드립니다. 그리고 이 책의 타자·교정에 역시 정성을 기울여준 서울대학교 대학원 사회학과 김종훈 조교에게도 깊이 감사하는 바입니다.

이 책이 독자들에게 독도영유권에 대한 일본의 허위 주장을 분쇄하고 독도가 역사적으로나 국제법상으로나 지리적으로나 영구히 대한민국의 완벽한 영토임을 이해하시는 데 조금이라도 도움이 되기를 간절히 바랍니다.

2024년 7월
저자 삼가 씀.

목 차

책 머리말 · 4

제1부 샌프란시스코 평화조약에서 獨島에 대한
'러스크 서한'과 덜레스의 유권적 해석

Ⅰ. 연합국의 '일본영토 정의'와 독도 ·····························15
Ⅱ. 일본의 독도 영유권 탈취를 위한 로비활동 ·················19
Ⅲ. '덜레스 미국초안'과 '미·영 합동초안'의 작성 ··············22
Ⅳ. '러스크 서한'의 문제 ······································23
Ⅴ. 샌프란시스코 평화조약과 덜레스의 평화조약문 유권적 해석 28
Ⅵ. 일본정부·국회·국왕의 평화조약 비준과 독도의 한국영토
   공인 ···36

제2부 연합국의 샌프란시스코 對일본 평화조약에서
독도=한국영토 확정과 재확인

Ⅰ. 문제의 한정 ···45

II. 연합국의 카이로 선언과 포츠담선언 제8조의 영토 규정 ··48
　　1. 연합국 수뇌의 카이로선언과 한국 독립 및 독도 ·········· 48
　　2. 포츠담선언 제8조와 한국 독립, 그리고 일본영토의 규정 51
　　3. 일본 항복문서 조인과 그 내용 및 한국, 독도 ·············· 52

III. 연합국의 일제가 침탈한 각국 영토의 원주인에게의 반환
　　결정: SCAPIN 제677호와 독도의 한국에의 반환 결정 ·····54
　　1. 연합국 최고사령부의 설치와 정책결정 구조 ················· 54
　　2. SCAPIN 제677호의 반포와 독도의 한국영토 판정 및 반환 57
　　3. SCAPIN 제1033호의 반포 ································· 62
　　4. 일본측의 연합국 판정에 대한 반응과 "독도·울릉도의 일본
　　　 부속 소도" 요구 공작 시도 ······························· 66

IV. 남조선과도정부의 독도 수호 의지 및 독도·울릉도 조사와
　　미 공군의 독도 폭격사건 ·································71
　　1. 남조선과도정부의 '맥아더 선(線)' 수정 요구 ··············· 71
　　2. 남조선 과도정부와 조선산악회의 울릉도·독도 학술조사 75
　　3. 1948년 6월 독도 폭격연습사건과 한국 어민들의 피해 ·· 76

V. 대한민국의 독도 영토주권 확립과 1948년 12월 국제법상
　　대한민국의 독도 영토주권의 공인 ························79
　　1. 대한민국 수립과 독도의 인수인계 및 獨島 영토주권의
　　　 재성립 ·· 79
　　2. 1948년 12월 국제법상 대한민국의 독도 영토주권의 확정·
　　　 공인 ··· 81

Ⅵ. 연합국의 對일본 평화조약 체결 준비 및 일본의 로비 활동과
   독도의 지위 ···88
   1. 연합국의 對일본평화조약 준비의 4단계 과정 ··············· 88
   2. 제1차 미국 초안(1947.3.19.)의 특징과 獨島=한국영토 ···· 90
   3. 제 2·3·4·5차 미국 초안과 獨島=한국영토 ···················· 95
   4. 일본의 독도 탈취를 위한 시볼드(Sebald)의 로비활동 ···· 99

Ⅶ. 미 국무부의 1949년 12월 2개 대책 초안의 작성 ··········104
   1. 『연합국의 구일본영토 처리에 관한 합의서』(1949.12.15.)의
      작성과 독도=한국영토 규정 ································ 104
   2. 미 국무부의 시볼드 제안 수용 시도와 제6차 미국 초안('1949
      년 12월 29일 초안) 작성 ································ 111

Ⅷ. 영국초안 작성과 미.영합동초안의 성립 ·····················115
   1. 제6차 미국 초안의 동의 논평 요청과 연합국 극동위원회
      국가들의 거부 ·· 115
   2. 덜레스의 평화조약 7개 원칙과 '덜레스 미국 초안' ····· 117
   3. 영국의 제1·2·3차 초안 작성 ····························· 126
   4. 미·영합동초안의 성립 ····································· 128

Ⅸ. 샌프란시스코 평화조약의 독도=한국영토 재확정 공인 ··141
   1. 샌프란시스코 평화회담에서의 덜레스 위원장의 평화조약문
      유권적 해석과 포츠담선언 제8조 채택 공표 ·············· 141
   2. 샌프란시스코 평화조약 '제19조 (d)항'의 영구 보장 조치 149
   3. 샌프란시스코 평화조약에서의 獨島=한국영토 확정 공인 150
   4. 일본 정부와 일본 국회의 샌프란시스코 평화조약의 獨島=
      한국영토 수락과 비준 ································ 153

X. 샌프란시스코 평화조약에서 국제법상 완벽한 한국영토로 재
　　비준된 한국의 독도영유권 ·······································159

제3부　SCAPIN 제 677호 및 샌프란시스코 평화조약과 독도에 대한 러스크 서한
-독도와 평화조약 관련 연구방향을 중심으로-

Ⅰ. 몇 가지 문제 ···171
Ⅱ. 연합국최고사령관 일본영토 작은 섬들에 대한 영토 정의를
　　내린 권리의 근거 ···172
Ⅲ. 연합국의 일본 통치기관인 연합국최고사령관(SCAP)의 '일본의
　　작은 섬들'의 영토 정의 지령인 SCAPIN 제 677호 발표 ·····177
Ⅳ. 샌프란시스코 평화조약에서 '포츠담선언 제 8조'에 포함되어
　　다루어진 독도=한국영토 ··189
Ⅴ. 일본국회와 국왕의 SCAPIN 제677호를 포함한 샌프란시스코
　　평화조약 비준과 재가 ··204
Ⅵ. '러스크 서한'의 문제에 대한 답변 ·······························208
Ⅶ. 맺음말 ···215

영문요약(English Abstract) ···220

제4부 샌프란시스코 평화조약과 독도영유권 관련 주요 자료

1. 포츠담 선언(Proclamation Defining Terms for Japanese Surrender, 1945. 7. 26.) ·· 225
2. 일본항복문서(Instrument of Surrender of Japan, 1945. 9. 2.) ·· 228
3. 연합국최고사령관지령 제677호(SCAPIN NO. 677; General Headquarters, Supreme Commander for the Allied Powers, 1946. 1. 29.) ································ 230
4. 연합국의 『구 일본영토 처리에 관한 합의서』(Agreement Respecting the Disposition of Former Japanese Territories, 1949. 12. 15.) ································ 233
5. 러스크 서한(Rusk letter, 1951. 8. 10.) ···················· 236
6. 덜레스 평화조약준비위원장의 샌프란시스코 평화조약문 유권적 해석 연설문(John Foster Dulles's Speech at the San Francisco Peace Conference, 1951. 9. 5.) ················ 237
7. 샌프란시스코 평화조약 전문(Treaty of Peace with Japan, 1951. 9. 8.) ································ 265
8. 요시다 일본대표(일본정부 수상)의 평화조약 찬동 수락 연설 보도문(Premier Voice Mild Protest to Treaty, Yoshida Cites Lost Territory, Threat of Communist Aggression, The San Francisco Examiner, 1951. 9. 8.) ···················· 284
9. 덜레스 미국 국무장관의 주일 미국대사에게 보낸 전보문 (Foreign Service of United States of America, Telegram Incoming. Secret Security Information from Sec-State Washington, Nr 497, 1953. 12. 9.) ···················· 287

참고문헌 · 290
찾아보기 · 296

제1부
샌프란시스코 평화조약에서 獨島에 대한 '러스크 서한'과 덜레스의 유권적 해석

Ⅰ. 연합국의 '일본영토 정의'와 독도

① 샌프란시스코 평화조약에서 연합국이 독도의 일본영토로의 귀속을 내용상 인정했다는 일본정부의 주장과 전세계를 향한 일본정부의 적극적 홍보 활동 때문에, '독도'에 대해 한·일간 영유권 분쟁이 있는 것으로 오해하는 일이 많다. 그러나 이것은 진실이 아니다. 정반대로 샌프란시스코 평화조약은 '독도'는 '대한민국 영토'라고 최종적으로 재확정 재비준하였다. 독도는 한국 고유 영토로서, 여기에는 국제사회에서 '영유권 분쟁'이 전혀 없다. '논쟁'만 있을 뿐이다.[1] 여기서는 이 사실의 큰 줄거리만 간단히 서술하기로 한다.

연합국은 1945년 7월 26일 일본의 무조건 항복을 요구한 '포츠담 선언'(13개 조항으로 구성) 제8조에서 항복 후 일본의 영토를 "카이로 선언의 모든 조항은 이행될 것이며, 일본의 주권은 本州·北海道·九州·四國과 '우리들이 결정하는 작은 섬들'(such minor islands as we determine)에 국한될 것이다"라고 정의하였다.

---

1 이들은 '영토분쟁'(territorial dispute)과 영토'논쟁'(controversy)을 혼동하고 있다. 영토분쟁은 국제사회와 국제법에서 영유권이 확정되지 않은 지역에 대한 영유권 분쟁이다. 독도(Liancourt Rocks)는 연합국과 일본이 포츠담선언 제8조 및 그 집행인 SCAPIN 제677호와 샌프란시스코 조약에서 '한국영토'로 판정·재확인된 섬이다. 따라서 '독도'는 대한민국 영토로서 여기에는 '영토분쟁', '영유권분쟁'은 전혀 없다. 한편 영유권 '논쟁'은 국제사회와 국제법상 영유권이 확정된 특정지역에 대해 불만 또는 야욕을 가진 측이 영유권을 주장할 때 발생하는 '구술상'(verbal)의 논쟁이다. 한국과 일본 사이에는 1952년 1월 28일 일본 외무성이 일본의 독도 영유권을 주장하는 구술서를 대한민국 외무부에 보내온 이래 독도영유권 '논쟁'이 현재까지 73년간 계속되고 있다. 이 논쟁은 일본측의 망집 때문에 앞으로도 얼마든지 더 계속될 개연성이 있다.

일본은 포츠담선언을 수락하여 1945년 8월 15일 '무조건 항복'하였다. 9월 2일에는 미군함 미주리호 함상에서 연합국에게 "우리(일본)는 … 1945년 7월 26일 포츠담에서 미국·중국·영국의 수뇌들에 의하여 발표되고, 그후 소련에 의해 지지된 선언에 제시한 조항들을 수락한다. … 우리는 이후 일본정부와 그 승계자가 포츠담선언의 규정을 성실히 수행할 것을 확약한다"는 일본 정부 자신의 연합국에 대한 약정문구가 포함된 항복문서에 서명 조인하여 연합국에 완전히 항복하였다. 일본은 이 항복문서에 의하여 서명 당시 일본정부뿐만 아니라 그 승계자 모든 일본정부가 포츠담선언에서 제시한 조항을 성실히 수행할 국제법적 의무를 확실하게 갖게 된 것이다.

연합국은 항복문서에 따라 1945년 9월 2일 일본을 통치할 연합국최고사령부(General Headquarters, Supreme Commander of Allied Powers; GHQ, SCAP)를 동경에 설치하였다. 그리고 미국태평양지역 사령관이 '연합국최고사령관'을 겸직하게 하였다. 연합국은 1945년 12월 모스크바 3상회의에서 연합국 최고정책기관으로서 일본과 교전한, 그리하여 일본항복문서에 서명한 11개국(미국·영국·소련·중국·프랑스·네덜란드·캐나다·오스트레일리아·뉴질랜드·인도·필리핀, 후에 미얀마·파키스탄을 추가하여 13개국으로 확대)으로 연합국 '극동위원회'(Far Eastern Commission, FEC)를 워싱턴D.C.에 설치하였다. 현지 동경에는 미국·오스트레일리아·중국·소련 4개국 대표로 구성된 '對일본 연합국 이사회'(Allied Council for Japan; ACJ)를 두어 워싱턴의 연합국 극동위원회의 지시를 받으며 연합국최고사령관을 자문하도록 하였다.

② 연합국최고사령부는 포츠담선언 제8조의 일본영토 정의에서 일본 항복 후 연합국이 결정하는 일본영토에 포함시키거나 제외할 '우리들이 결정하는 작은 섬들'을 결정하여, 1946년 1월 29일 드디어 6개 조항으로 된 『약간의 주변지역을 정치상, 행정상 일본으로부터 분리하는 데 대한 각

서(Memorandum for Governmental and Administrative Separation of Certain Outlying Areas from Japan)』라는 명칭의 연합국최고사령관 지령 제677호(SCAPIN: Supreme Commander Allied Powers Directives Index No. 677)를 발표하고 일본정부에 전달하였다.

이 SCAPIN 제677호의 제 3조 (a)에서 울릉도·독도(Liancourt Rocks)·제주도는 일본에서 분리하여 제외된 것으로 정의하였다. 그리고 SCAPIN 제677호 부속지도(SCAP Administrative Areas, Japan and South Korea)에서 독도가 '남한(South Korea)'에 속한 것임을 거듭 명백히 밝혔다.[2] SCAPIN 제677호의 '일본영토 정의'는 미국의 단독 결정이 아니라 연합국 극동위원회(처음의 11개국 국가)의 합의 결정이었음은 물론이다. 연합국최고사령관은 이 결정의 연합국 집행관이었다.

SCAPIN 제677호의 제5조에서는 이것이 "일본의 정의(the definition of Japan)"라고 하여 SCAPIN 제677호가 포츠담선언 항복조건 제8조의 실행·집행임을 명백히 밝혔다. SCAPIN 제677호의 제6조에서는 SCAPIN 제677호가 포츠담선언 제8조의 최종적 결정이 아니라 연합국이 합의하면 장차 수정할 수도 있으나, 이때에는 연합국최고사령관의 별도의 지령을 발포하게 됨을 시사하였다.(평화조약이 연합국 합의의 최종의 경우였다.)

즉 독도는 포츠담선언 항복조건 제8조의 '우리들(연합국)이 결정하는 작은 섬들'의 실행으로 연합국최고사령관이 SCAPIN 제677호 제3조 (a)항에 의해 일본에서 분리되어 원주인인 한국에 귀속됨을 일본정부에 알리고 세계에 공표한 것이다.

---

2 신용하, 『독도영유권 자료의 탐구』 제3권, 독도연구보전협회, 2000, pp. 254~255.

〈그림 1-1〉 SCAPIN 제677호의 부속지도

출처: 신용하, 『독도영유권 자료의 탐구』 제3권, p. 255

    연합국은 '포츠담선언 제8조'의 '우리들(연합국)이 결정하는 작은 섬들' 의 결정·집행인 (1946년 1월 29일의) SCAPIN 제677호로써 '독도'(Liancourt Rocks)를 한국영토로 판정해서 일본영토에서 제외하여 주한국 미군정의 관리하에 이관하였다. 그리고 한국이 독립하는 즉시 주한국 미군정이 독립 한국에 이양하도록 결정하였고, 일본은 이를 수용한 것이다.

또한 연합국최고사령관은 1946년 6월 22일 SCAPIN 제1033호를 공포하여 일본 어부들의 독도 12해리 이내로의 접근을 금지하였다. 이것은 독도의 한국영토 주권을 재확인했을 뿐 아니라, 한국 어부들의 어업수역을 보호한 것이었다. 일본에서는 이를 맥아더 라인(MacArthur line)이라고 불렀다.

한국에서 1948년 8월 15일 대한민국이 수립되자 즉각 미군정(실제는 남조선과도정부 관리)으로부터 울릉도와 '독도'를 대한민국이 인계인수하여 독도에 대한민국의 완전한 영토주권이 국제법상 다시 확립된 것이다.

II. 일본의 독도 영유권 탈취를 위한 로비활동

③ 연합국은 일본을 재독립시키기 위한 '연합국의 對일본 평화조약'을 준비하기로 하고 평화조약 초안작성을 미국이 맡게 되었다. 제1차 미국 초안(1947년 3월 19일)은 '포츠담선언 제8조'와 그 실행인 'SCAPIN 제677호'를 잘 반영하여 '독도'(Liancourt Rocks)를 울릉도와 함께 일본영토에서 제외하여 한국영토에 포함시켰다. 제5차 미국초안(1949년 11월 2일 초안)까지는 모두 연합국의 포츠담선언 제8조와 그 실행인 SCAPIN 제677호를 그대로 반영하여 '독도'를 대한민국 영토에 포함시켰다.

그러나 일본정부는 미국 제1차~제5차 초안까지에서 독도가 한국영토로 판정되어 한국에 반환된 것을 알게 되자 외무성이 주도하여 미국 해군정보장교출신인 일본정부 고문 시볼드(William J. Sebald)를 내세워 평화조약 초안에서 '독도'(다케시마)를 한국영토에서 빼내어 일본영토에 포함시켜주도록 미국 국무부를 상대로 맹렬히 로비활동을 전개하였다.³ '평화조약'이

---

3 The Foreign Service of the United States of America. 740.0011PW(peace)/11-1949, United States Political Adviser for Japan, Tokyo, November 19, 1949에 의하면, 이때

독도(Liancourt Rocks)의 귀속을 한국에서 일본으로 변경할 수 있는 마지막 기회라고 보았기 때문이었다.

당시 공화당 매카시 의원이 소위 '매카시 선풍'을 일으켜 미국 국무부 극동국 행정요원들도 대대적으로 교체되고 친일적 인물들이 충원된 시기였다. 미국 국무부 일본과에서는 시볼드의 로비 영향을 받아서 일부 행정요원들이 '독도'(Liancourt Rocks)를 대한민국 영토에서 빼내어 일본영토에 포함시킨 제6차 미국초안(1949년 12월 29일 초안)을 작성하였다.[4] 그리고 이전의 SCAPIN 제677호를 반영한 초안들의 내용은 「연합국의 구 일본영토 처리에 관한 합의서(Agreement Respecting the Disposition of Former Japanese Territories, 1949. 12. 15.)」라는 부속문서(이 문서에는 독도는 대한민국 영토에 포함)로 별도 작성하여 일본에 알려주지 않고 감추어 보관하였다.

시볼드의 로비 전보 내용은 다음과 같다.

"한국 방향에서 이전에 일본이 소유했던 섬들의 처리에 대하여 독도(Liancourt Rocks, Takeshima)는 초안 제3항에 일본소속으로 넣을 것을 건의한다. 이 섬에 대한 일본의 주장은 오래되었고 타당한 것으로 보이며, 이 섬을 한국 근해의 섬으로 간주하기는 어렵다고 본다. 또한 안보적 고려를 해보면 이 섬에 미국의 기상 및 레이더 관측소를 설치하는 것이 미국의 국가이익의 문제와 결부될 것임을 생각할 필요가 있다."

즉, 시볼드는 일본의 이익뿐만 아니라 미국 국가이익을 위해 독도에 미국의 기상관측소 및 레이더 관측소 설치를 내세워 독도를 한국소속에서 빼어내어 일본소속으로 바꿀 것을 건의하였다.

4 *Commentary on Draft Treaty of Peace with Japan*(July, 1950)에서 미국 국무부의 제6차 초안 작성자는 독도(Liancourt Rocks)를 한국영토에서 빼어내어 일본영토로 부속시키는 이유를 다음과 같이 설명하였다.

"다케시마(Liancourt Rocks): 두 개의 무인소도로 구성된 다케시마는 동해 가운데 일본과 한국의 중간 지점에 있는데, 한국의 항의 없이 명백하게 1905년 일본이 공식적으로 영토편입을 주장하여 시마네현 오키도사(隱岐島司)의 관리하에 두었다(…)"

그러나 미국 국무부 제6차 초안 작성자의 이 설명이 붙은 제6차 초안은 연합국 극동위원회 13개 국가중 미국 이외의 모든 국가들에 의해 무시되고 특히 영국, 오스트레일리아, 뉴질랜드 등의 강력한 반대에 부딪혀 폐기되었다.

④ 그러나 독도를 한국영토에서 빼어내서 일본영토로 수정한 '제6차 미국초안'은 연합국 극동위원회 13개국의 동의 획득이 문제였다. 1950년 1월부터 미 국무부 극동국 행정요원들은 제6차 미국초안을 13개국 연합국 극동위원회 위원국가들에 회람시키고 열심히 동의를 구했으나, 찬동하는 나라를 한 나라도 얻지 못하였다. 특히 오스트레일리아, 뉴질랜드, 영국은 독도를 한국영토에서 빼내어 일본영토에 포함시켜 수정한 미국의 6차 초안을 연합국의 이전의 합의 결정과 다르다고 적극 비판하였다.

영국은 아예 독자적 '영국초안'을 3차까지 만들었다. 구체적 조항을 설정한 영국 제2차 초안부터는 독도(Liancourt Rocks)를 연합국 극동위원회가 합의 결정한 SCAPIN 제677호의 정의대로 한국영토에 넣었을 뿐만 아니라, SCAPIN 제677호를 그대로 반영한 '미국 제1차 초안의 부속지도'를 '영국초안의 부속지도'로 재사용하여 영국은 연합국 극동위원회가 이전에 심사동의한 SCAPIN 제677호와 이를 반영한 미국 1차 초안대로 평화조약문을 작성하라는 요구를 강력히 시사하였다.

이에 당황한 미국 국무부 극동국의 시볼드 로비를 받아들인 미국 6차 초안 작성자들은 '독도'의 명칭을 한국영토와 일본영토에서 모두 빼버린 초안 수정을 연속 몇 차례 더 제시하였다. 그러나 연합국 극동위원회 13개국 가운데 미국 이외의 모든 나라가 냉담하게 반응하면서 동의해주지 않았다. 미국 이외의 연합국 극동위원회 12개 회원국의 입장은 그들이 이전에 이미 심의 합의한 SCAPIN 제677호를 그대로 조약문에 반영하라는 것이 명백하였다.

III. '덜레스 미국초안'과 '미·영 합동초안'의 작성

⑤ 민주당 출신 미국 대통령 트루먼은 난관을 타개하기 위하여 공화당의 저명한 국제법 변호사 덜레스(John Foster Dulles)를 1950년 5월 18일 평화조약 준비위원장 겸 미국대표단 단장(미국대통령 특사)으로 기용하였다. 덜레스는 제1차 세계대전 종전 당시 베르사유 평화조약의 미국대표단의 하나로 배상문제를 다룬 평화조약 체결의 권위자였으며, 공화당 매카시 의원이 일으킨 매카시 선풍으로 국무부가 혼란을 겪던 시기에 공화당에도 영향력이 큰 공화당 소속의 강력한 반공주의적 변호사였다.

덜레스는 연합국 극동위원회 위원국들의 불신을 결과한 제6차 미국초안을 비롯한 이전의 모든 미국초안을 포기하였다. 그리고 1951년 3월 13일 덜레스 자신의 미국초안을 새로 작성하였다. 덜레스 초안의 특징은 조약문을 극도로 간결화한 것이었다. 한국에 관련된 조항은 모두 삭제하고, '일본 영토 조항(제3장 제3항)' 안에 "3. 일본은 한국(Korea), 대만 및 팽호도에 대한 모든 권리·권원·청구권을 포기한다"고 하여 오직 'Korea'로 표시된 것 한 문장의 한 단어뿐이었다. 덜레스는 영토에 대한 보다 상세한 것은 「연합국의 구 일본 영토 처리에 관한 합의서」(독도를 대한민국의 완벽한 영토로 표시)가 미국 국무부에 보관되어있으므로 간단한 한 문장이 논쟁을 회피하는 데 도움이 된다고 생각한 것이었다.

⑥ 그러나 평화회담에 '미국(덜레스)초안'과 '영국초안' 2개를 상정할 수 없으므로 '미·영 합동초안'을 작성하게 되었다. 합동초안 작성 실무자 회의는 런던과 워싱턴D.C.에서 각각 1차례씩 2회 있었다. 영국측은 일본영토 관련 조항이 너무 간결하다고 설명을 추가하고 섬의 명칭도 넣을 것을 요구하였다. 이에 덜레스의 미국측은 처음에 '제주도' 하나만 넣으려고 하다가 영국측을 만족시키기 위하여 무인도는 제외하기로 하고 제주도·거문

도·울릉도를 추가하기로 합의하였다. 그 결과 나온 문장이 1951년 6월 14일 제2차 '미·영 합동초안'의 일본영토조항(제2장 제2조 a항)에 "a. 일본은 한국(Korea)의 독립을 승인하며, 제주도·거문도·울릉도를 포함하는 한국에 대한 모든 권리·권원·청구권을 포기한다"라는 한 개 문구로 작성되었다. 한국측이 문자로 첨부해 기록해 넣기를 요청한 독도와 파랑도(이어도)는 무인도이기 때문에 넣지 않았다. 이것이 평화회담 본회의에 상정된 것이다.

IV. '러스크 서한'의 문제

[7] 미국의 평화조약 준비위원장이며 미국대표단장(미국 대통령 특사) 덜레스는 평화조약 '(개정)미·영 합동초안'을 모든 관련국에 보내어 사전에 이를 알리고 의견을 물었다. 한국정부는 '(개정)미·영 합동초안'에 대하여 두 차례 답변(의견서)을 보냈다. 1951년 7월 19일에는 주미한국대사 양유찬을 통해 덜레스 위원장에게 보낸 의견서인데, 요점은 ①제2장 a항에, 제주도·울릉도·거문도 뒤에 독도(Dokdo)와 파랑도(Parangdo)를 넣어줄 것. ②한국에 있는 일본인의 재산청구권을 포기할 것 ③맥아더 라인을 존속시킬 것 등이었다. 이어서 1951년 8월 2일에는 미국 국무장관 애치슨에게 공한을 보내 ①한국에 있는 일본인의 재산청구권 포기와 ②맥아더 라인의 존속을 거듭 요청하였다.

이에 대하여 덜레스나 애치슨의 답변서는 오지 않고 미국 국무부 극동차관보 러스크(Dean Rusk)가 다음과 같은 답신을 보내왔다.

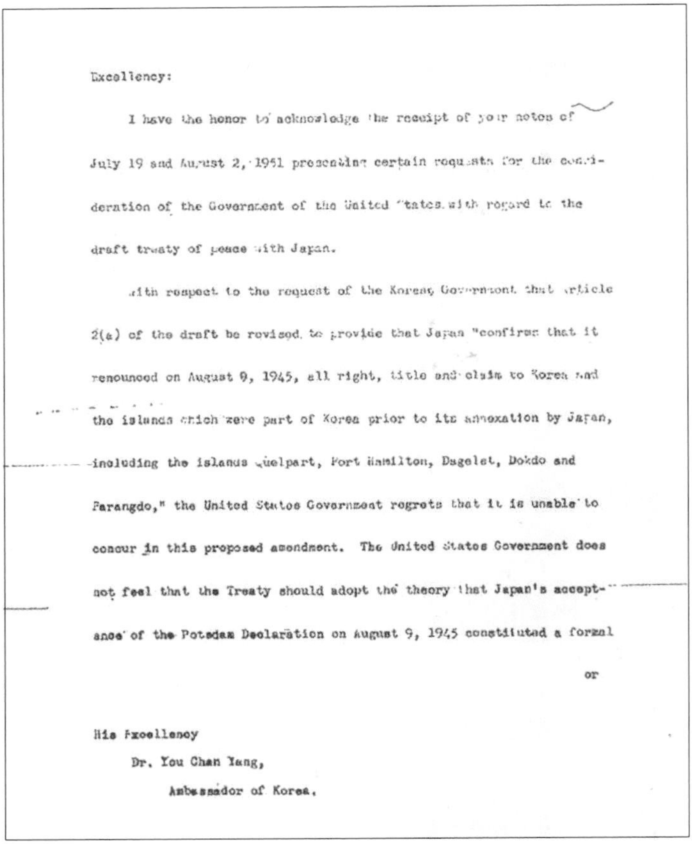

Excellency:

I have the honor to acknowledge the receipt of your notes of
July 19 and August 2, 1951 presenting certain requests for the consi-
deration of the Government of the United States with regard to the
draft treaty of peace with Japan.

With respect to the request of the Korean Government that Article
2(a) of the draft be revised to provide that Japan "confirms that it
renounced on August 9, 1945, all right, title and claim to Korea and
the islands which were part of Korea prior to its annexation by Japan,
including the islands Quelpart, Port Hamilton, Dagelet, Dokdo and
Parangdo," the United States Government regrets that it is unable to
concur in this proposed amendment. The United States Government does
not feel that the Treaty should adopt the theory that Japan's accept-
ance of the Potsdam Declaration on August 9, 1945 constituted a formal

or

His Excellency

Dr. You Chan Yang,

Ambassador of Korea,

〈그림 1-2〉 러스크 서한의 첫 장

각하

귀하가 보낸 일본과의 평화조약의 초안에 관하여 미국 정부의 재고를
요청하는 1951년 7월 19일 및 8월 2일자의 문서를 확실히 수령했음을
알려드립니다.

㉠초안 제2조 (a)항을, 일본은 "한국, 및 제주도, 거문도, 울릉도, 독도
및 파랑도 등 일본에 의한 한국 합병 이전에 한국의 일부였던 여러 섬

들에 대한 모든 권리, 주권 및 청구권을 1945년 8월 9일에 포기한 것을 확인한다"고 규정하도록 수정해야 한다는 대한민국 정부의 요구에 대해서, 유감스럽지만 미국 정부는 그 제안에 동의할 수 없습니다. ⓛ미국 정부는, 1945년 8월 9일의 일본에 의한 포츠담 선언 수락에 의해 동 선언의 대상이 되는 지역에 대하여 일본이 공식적, 또는 최종적으로 주권을 포기했다고 하는 이론을 평화조약에서 채택해야 한다고 생각하지 않습니다. ⓒ독도, 다케시마, 혹은 리앙쿠르 암으로서 알려져 있는 섬에 대하여, 우리 측의 정보에 의하면, 평상시 사람이 거주하지 않는 이 암초는, 한국의 일부로서 취급되었던 적은 전혀 없으며, 1905년 경부터, 일본의 시마네 현 오키도청의 관할하에 있었습니다. 이 섬에 대하여, 한국에서 지금까지 주권을 주장한 적이 있다고 보이지 않습니다. "파랑도"가 본 조약으로 일본에 의해 포기되는 섬에 포함되어야 하는 것이라고 하는 한국정부의 요구는 취하되었다고 이해합니다. (…)[5] (ㄱ·ㄴ·ㄷ 번호는 필자의 표시)

러스크 서한의 독도에 대한 요지는 ①한국정부의 독도와 파랑도 기재에 대한 수정제안 요구에 미국은 동의할 수 없고, ②미국은 포츠담선언의 일본영토 정의를 평화조약이 최종의 것으로 채택해야 한다고 보고 있지 않으며, ③미국측 정보에 의하면 무인도인 독도는 한국의 일부인 적이 전혀 없고, 1905년부터 일본 시마네현 오키도청의 관할하에 있었으며, 독도에 대하여 한국에서 지금까지 주권을 주장한 적이 있다고 보이지 않는다는 것이었다.

러스크 서한은 주미한국대사의 외교문서에 대한 답변으로서는 우선 눈에 띄게 큰 문제점이 있었다.

첫째, 우선 답변서 양식이 공문서 용지에 공문서 양식을 취하지 않고, 백지에 개인편지 양식을 취하면서 끝에는 "국무장관을 대신하여"라고 쓰

---

5 원문은 신용하, 『독도영유권자료의 탐구』 제3권, 2000, pp. 379~381 참조.

고 러스크 자신의 서명을 붙인 점이다. 미국의 공문서는 반드시 규정된 공문서 용지에, 문서번호를 어딘가에 적어 넣는다. 또한 국무차관보가 국무장관을 대리할 때는 머리에 대리한다는 여러 가지 미국정부의 부호와 양식이 들어가는데 전혀 그러한 것이 없다. 또한 관련국에도 '참조'하라고 보냈음을 알리는 '참조'국(이 경우는 일본) 송부표시가 있는데, 이 문서에는 관련국인 일본에도 이 문서를 보냈다는 표시나 부호가 전혀 없다. 이것은 덜레스 위원장이나 국무장관 애치슨의 공식 승인을 받지 않은 러스크 개인의 사문서(私文書)의 가능성이 매우 높은 것이다.

둘째, 덜레스의 의견서 제출 요청에 따라 모든 연합국과 전 세계는 당연히 對일본 평화조약은 포츠담선언 항복조건을 기초로 한 마무리 외교 절차로 알고 있었다. 그러나 러스크는 평화조약이 포츠담선언의 항복조건을 최종의 것으로 채택하지 않는 것이 미국의 입장이라고 설명하고 있는 것이다. 상식을 벗어난 설명을 미국 대표도 아닌 하위직 일개 극동담당 국무차관보가 미국의 입장이라고 말하고 있으니 이것은 반드시 재조사해보아야 할 것이었다.

셋째, 러스크 서한에서 독도와 파랑도(이어도)를 조약문에 넣어달라는 한국정부의 요청은 '미·영 합동회의'에서 이미 작은 무인도는 넣지 않기로 미국·영국 사이에 합의한 것이니 당연한 것이었다. 그러나 러스크가 그 이유를 설명하면서 독도는 한국정부가 소유권을 갖거나 주장한 적이 없으며, 1905년 이후 일본 시마네현 오키도청이 관할하였으므로 일본영토라는 요지의 설명은 이미 폐기된 일본측 로비스트 시볼드의 설명 및 제6차 미국초안 설명과 완전히 동일한 것이다. 이것은 덜레스 미국초안에 의해 이미 폐기되고 영국초안도 거부하여 독도를 한국영토로 다시 회복시킨 것인다. 이미 폐기된 미국 제6차 초안의 설명문을 러스크 서한이 그대로 채용하여 독도를 일본영토로 간주하는 이유 설명으로 주미한국 대사에게 다시 보내온 것은 미국(덜레스)초안 및 '미·영 합동초안'의 해석과 완전히 모순되는

HAIL TO CHIEF—Massed bands play "Hail to the | on Opera House stage. Delegates stand to welcome the Chief Execu- | gathering. Also on stage are Governor Warren, Mayor Elmer Robin-
Chief" just after appearance of President Truman (third from left) | tive, whose speech formally opened the sessions of the momentous | son, Secretary of State Acheson and other dignitaries.
San Francisco Examiner Photo

〈그림 1-3〉 샌프란시스코 평화회의 개막식 장면

출처: The San Francisco Examiner, 1951. 9. 5.

것 아닌가. 시볼드의 견해를 반영한 미국 제6차 초안을 연합국 극동위원회 국가들이 모두 동의해주지 않았고 영국은 독자적 영국초안까지 만들어 미국 제6차 초안을 거부하였고, 덜레스도 시볼드의 로비를 반영한 이전의 미국 제6차 초안을 폐기해버렸다. 그런데 불과 1개월 여 사이에 덜레스와 미국 및 영국이 연합국 극동위원회의 합의 결정을 배신하고 이미 폐기해 버린 시볼드의 로비 설명을 미국 정부가 채택했을 리가 없는 것이다.[6]

---

6 러스크는 이 때문에 양유찬 대사의 공문에 대한 답신에서 미국 국무부의 공문을 작성하지 못하고, 덜레스의 이름은 가탁하지 못하면서, 애치슨 국무장관의 이름은 독도·파랑도 첨기에 동의하지 않는다는 부분에는 적용되므로 국무장관의 직책을 가탁하여 여기에 자기 개인의 이유 설명 견해를 붙였으며, 덜레스와 애치슨의 동의

그러므로 더 깊이 파고 들어가서 러스크의 상관이고 미국 대표이며 샌프란시스코 평화조약 조약문 작성자인 덜레스 위원장의 조약문과 그 내용에 대한 유권적 해석을 반드시 조사해 알아볼 필요가 절실한 것이다.

V. 샌프란시스코 평화조약과 덜레스의 평화조약문 유권적 해석

⑧ 연합국의 제2차 세계대전 종결과 평화체제 수립을 위한 對일본 평화조약 체결 회의는 1951년 9월 4~8일 미국 샌프란시스코 전쟁기념 공연예술센터에서 51개국 대표들이 참석하여 개최되었다. 덜레스가 처음에는 한국을 초청국 명단에 올렸으나 일본 요시다 수상과 영국측이 강력히 반대하여, 한국은 초청받지 못하고 방청국으로만 비공식적으로 참석하게 되었다.[7] 첫째날은 트루먼 미국 대통령의 개회 연설이 있었다. 둘째날은 오전에 그로미코 소련 대표의 중화인민국화국을 중국대표로 초청해야 한다는 연설과 논쟁이 있었고, 오후에는 평화조약문 작성 책임자인 덜레스 미국대표의 간결한 조약문에 대한 유권적 해석의 장시간 설명 연설이 있었다.

덜레스가 이 조약문의 시종일관한 작성자이고 미국대통령 특사(미국대표단장) 겸 평화회의 준비위원장이기 때문에 덜레스의 평화회의에서의 조

를 받지 못한 개인 견해 첨부 때문에 국무부 공문용지도 사용하지 못한 것으로 해석된다. 문제는 러스크의 개인 견해가 독도를 한국영토에서 빼내어 일본영토로 넣는 수정 해석을 포함한 것이기 때문에 뒤에 오해를 유발할 소인이 큰 것이었다. 이 오해 유발 소인을 최대로 이용하여 일본정부는 지금도 러스크 서한을 샌프란시스코 평화조약이 독도를 일본영토로 승인했다는 주장의 증거로 사용하고 있다.

7 _The San Francisco Examiner_, Sep. 4, 1951, 「South Korean Delegates Attend Meet Unofficially」 참조. 이때 한국대표로 임병직 외무부장관과 양유찬 주미대사, 한표욱 서기관의 참석 기사와 도착 사진이 게재되어 있다.

약문의 유권적 해석은 결정적 중요성을 갖는 것이다. 필자가 최근 덜레스 연설문 전문을 발굴하여 읽어보니 시볼드의 로비는 물론이오 러스크 서한을 포함한 미국 국무부 극동국 행정요원들의 해석은 전적으로 부정되어 있었고, '연합국의 포츠담선언 제8조'와 '그 집행'의 연합국의 공동 합의 결정이 충실하게 반영되어 있었다. 독도와 관련하여 매우 중요하므로 덜레스 위원장의 일본영토조항 부분의 유권적 해석 연설 전문을 그대로 인용하면 다음과 같다.

「일본의 영토 주권은 무엇인가? 제2장이 이것을 다룬다. 일본에 관한 한, 일본은 6년 전 실제로 집행되었던(actually carried into effect 6 years ago) 규정인 포츠담선언 항복 조건의 영토규정(the territorial provisions of the Postdam Surrender Terms)을 공식적으로 비준하는 것이다.

포츠담선언 항복 조건은 일본과 연합국의 전체가 구속(bound)받는 평화조건의 유일한 정의(the only definition)를 구성하는 것이다. 어떤 연합국에 따라서는 어떤 사적 해석들(private understandings)이 있기도 하였다. 그러나 그러한 사적 해석들에는 일본도 구속받지 아니하고, 다른 연합국도 구속받지 아니한다. 그러므로 평화조약은 포츠담선언 항복조건 제8조(article 8 of the surrender terms)인, 일본의 주권은 本州, 北海道, 九州, 四國 및 약간의 작은 섬들로 한정한다는 조항을 실체화하는 것이다. 제2장의 제2조에 내포된 포기들(renunciations)은 엄격하고 치밀하게 (포츠담선언) 항복 조건과 일치하고 있다.

일부 국가들은 제2장 (c)에 언급되어 있는 하보마이 제도(Habomai Islands)를 지리적 명칭인 쿠릴 열도(Kurile Islands)가 포함하는가에 대하여 문제를 제기해 왔다. 미국의 견해는 문제가 없다고 본다. 그러나 만일 이에 대한 분쟁이 발생하는 경우에는 제22조의 국제사법재판소에 회부할 수 있을 것이다.

일부 연합국은 제2조에서 포츠담선언에 따라 일본의 주권이 미치는 범위를 한정하는데 그치지 않고, 구일본영토 각각의 최종적인 처분을 정확하게 구체적으로 명시할 것을 제안했다. 분명히 그것은 더 깔끔할 것이다. 그러나 그것은 지금 합의 일치된 해답을 얻을 수 없는 문제를 불러일으킬 것이다. 우리는 일본에게 포츠담 항복조건에 근거하여 평화를 주어야 하는가? 아니면 일본이 명백히 포기를 각오하고 있고 또한 포기를 요구받고 있는 것을 어떻게 처분하는가에 대해 연합국이 싸우고 있는 사이에, 일본에게 평화를 허락하지 않아야 하는가? 둘중의 하나를 택해야 하였다. 명백히, 일본에 관한 한 현명한 길은, 의문을 해소할 것은 이 조약이 아닌 다른 국제적 해결 수단을 원용하도록 장래로 넘기고, 지금 진행하는 것이었다.」[8]

덜레스의 유권적 해석 요지는 다음과 같은 것이다.

첫째, 일본영토의 규정은 연합국이 6년 전(1945년) 포츠담선언의 항복조건 제8조와 그 실제로 집행되었던 것(즉 연합국의 SCAPIN 제677호)의 영토규정을 엄격하고 치밀하게 일치시켰다. 그러므로 평화조약은 이것을 다시 공식적으로 비준하는 것이다.

둘째, 포츠담선언 항복조건 제8조와 그 이미 집행한 것이 일본과 연합국 전체가 모두 구속받는 유일한 정의(the only definition)이고, 그 밖의 연합국에 따라 있어 온 여러 해석들은 모두 사적 해석들(the private understandings)에 불과하다. 이러한 사적 해석들에 대해서는 누구도 구속받지 아니한다.

셋째, 쿠릴열도에 포함되는 섬들에 대한 이 조약문의 정의는 미국의 견해는 문제가 없는데, 만일 분쟁이 발생하는 경우에는 국제사법재판소에 넘기도록 하고, 지금은 이 조약문대로 진행하는 것이 현명한 길이다.

그러므로 덜레스의 유권적 해석을 '독도'에 적용하면, 샌프란시스코 조약문에 일본을 포함한 각국 대표들이 서명을 하는 경우, 독도(Liancourt Rocks, 다케시마)의 귀속은 포츠담선언 항복조건 제8조와 그 집행인 연합

---

8 덜레스의 유권적 해석 연설문의 원문은 신용하,『독도 영토주권의 실증적 연구』하권, 동북아역사재단, 2020, pp. 393~419에 수록되어 있다.

국최고사령관지령 SCAPIN 제677호가 이미 독도(Liancourt Rocks)를 한국영토로 판정하여 일본영토에서 제외한 것을 다시 그대로 재비준하는 것이다. 그러므로, 국제사회와 국제법상 샌프란시스코 평화조약에서 독도는 한국영토로 귀속됨을 최종적으로 재확인하여 비준됨을 유권적으로 해석하여 인쇄연설문으로 배포하고 연설한 것이다.

⑨ 덜레스의 평화회의장에서의 유권적 해석을 '러스크 서한'에 적용하면, 독도에 대한 이유 설명의 '러스크 서한'은 미국의 견해나 연합국의 견해가 아니라 미국 행정관인 러스크의 일개 '사적 해석'(a private understanding), '사적 이해'에 불과한 것이다. '러스크 서한'은 샌프란시스코 조약문의 공식적 해석이나 공식적 이해가 전혀 아니다. 샌프란시스코 평화조약의 공식적 이해는 '포츠담선언 항복조건 제8조'와 그 이미 연합국이 집행한 것(SCAPIN 제677호)을 그대로 다시 비준한 것이다. 포츠담선언 제8조와 그 집행인 SCAPIN 제677호에서는 독도(Liancourt Rocks, 다케시마)는 일본의 정의에서 제외하여 한국영토로 판정해서 이미 그때 한국영토로 반환되었다. 그러므로 평화조약문에 '독도'는 명칭이 없더라도 연합국의 SCAPIN 제677호에 의해 독도는 한국영토로 판정 확정되어 그때 이미 한국(당시 주한국미군정 관리)에 반환되었다. 그러므로 평화조약문에 '독도'는 명칭이 없더라도 연합국의 SCAPIN 제677호와 그 이미 집행한 것의 재비준에 의해 독도는 한국영토로 다시 판정 확정되어 재비준된 것이다.

러스크는 양유찬에게 보낸 서한에서 샌프란시스코 평화조약이 포츠담선언 항복조건을 따르지 않는 것이 미국의 입장이라는 거짓말을 하였다. 러스크는 이어서 미국은 독도가 1905년부터 일본영토로 본다는 거짓말을 한 것이었다. 진실은 정반대로 미국과 샌프란시스코 평화조약은 포츠담선언 제8조와 그 집행인 SCAPIN 제677호를 채택해서 일본 영토를 정의했음을 조약문 작성자이자 미국대표단 단장이며 평화조약 준비위원장인 덜레

〈그림 1-4〉 샌프란시스코 회의에서
일본영토정의에 유권적 해석을 설명하는 덜레스.
출처: The San Francisco Examiner, 1951. 9. 9.

스는 명백히 유권적으로 해석하여 명백히 밝혔다. SCAPIN 제677호가 독도
를 한국의 영토로 규정했으므로, 샌프란시스코 평화조약에서 포츠담선언
제8조와 그 집행인 SCAPIN 제677호가 채택됨에 따라 독도는 대한민국 영
토로 공식적으로 재비준된 것이었다.

덜레스는 그 후 미국 국무장관 재임시 미국 극동 공군의 한 부대가 일본
의 공작에 유도되어 독도를 연습장으로 오해한 제2차 오폭사건이 일어났
을 때[9], 주일본 미국대사에게 보낸 전보문에서 소위 '러스크 서한'을 미국
의 공식문서나 공식서한이 아니라 '러스크 노트'(Rusk note)라고 지적하였

다.[10] 이것은 미국 국무장관이 '러스크 서한'을 미국공식 외교문서가 전혀 아니라 러스크 개인의 '사적 이해'에 기초한 행정관 '개인의 사적 노트'에 불과한 것이라고 거듭 명백히 밝힌 것이었다. 이것이 러스크의 사적 노트이기 때문에 일본측에게는 참조국으로서 러스크 서한을 참조하라는 뜻을 발송하지도 못했음도 지적하면서 사실상 질책하였고, 샌프란시스코 평화조약은 미국과 일본 간의 조약이 아니라 연합국과 일본 간의 조약이며, 미국은 연합국의 하나로 조약에 서명한 것임을 상기시켰다.

현재 일본정부는 양유찬 대사에게 보낸 러스크 서한을 일본측 독도영유권 증명의 보검처럼 사용하면서 "이상 주고받은 문서(양유찬 요청서와 러스크 서한)를 바탕으로 샌프란시스코 평화조약에서 다케시마(독도의 일본식 이름)가 일본영토임을 인정하고 있음은 명백한 사실입니다"[11]라고 11개 국어로 번역하여 홍보하는 『다케시마 문제에 대한 10개의 포인트』에서 선전하고 있다. 그러나 덜레스가 명백하게 지적한 바와 같이 이것은 러스크의 '사적 이해'에 불과한 것이고, 전혀 진실이 아니라 허위이다. 진실은 샌프란스시코 평화조약은 포츠담 선언 항복조건 제8조와 그 집행(SCAPIN 제677호)을 채택하여 독도를 한국영토로 재확인 비준한 것이었다. 그러므로 현재 일본 정부가 러스크 서한의 독도 설명을 갖고 마치 샌프란시스코 평화조약이 일본의 독도영유를 승인한 것처럼 사용하는 것은 전적으로 부당한 오류이고, 전혀 진실이 아닌 거짓이며, 세계를 속이려고 획책하는 사기 행위에 불과한 것이다.

9 洪性根, 「獨島 폭격사건의 國際法的 쟁점분석」; 독도학회편 『한국의 독도영유권 연구사』, 독도연구보전협회, 2003, pp. 377~417 참조.

10 덜레스 미국 국무장관의 주일본 미국대사에게 보낸 전보 원문 전문은, 신용하 『독도 영토주권의 실증적 연구』 하권, 동북아역사재단, 2020, pp. 467~469에 수록되어 있음.

11 일본외무성, 『다케시마 문제에 관한 10개의 포인트』, 2014, p. 14.

⑩ 덜레스가 작성한 샌프란시스코 평화조약은 연합국최고사령관의 SCAPIN 제677호와 그 집행의 영구한 효력을 재확인하고 보장하는 또 하나의 조항을 설정하였다. 샌프란시스코 평화조약 제19조 (d)항에는 다음과 같은 규정이 있다.

> (제19조 d항) 일본정부는 점령기간 동안 점령당국의 지령에 따라 또는 그 지령의 결과로 행해졌거나, 당시의 일본법에 의해 인정된 모든 조치 또는 생략행위의 효력을 인정하며, 연합국 국민들에게 그러한 조치 또는 생략행위로부터 발생하는 민사 또는 형사책임을 묻는 어떠한 조치도 취하지 않는다.

이 조항은 연합국의 점령기간인 1945년 9월 2일부터 1952년 4월 28일까지 연합국 최고사령관이 발령한 지령(directives)에 대해서는 평화조약 조인 후(일본 재독립 후)에도 효력을 인정하며, 연합국 국민들에 대하여 민사 또는 형사책임을 묻는 어떠한 조치도 취하지 않는다고 규정한 것이었다. 독도를 한국영토로 규정한 SCAPIN 제677호는 연합국 점령기간인 1946년 1월 29일 연합국최고사령관이 지령 제677호로 발포한 것이므로, 샌프란시스코 평화조약에 일본대표가 서명 조인하면, 그후 일본이 재독립하더라도 SCAPIN 제677호의 효력을 인정하며, 어떠한 민사소송 또는 형사소송도 취하지 못하도록 규정한 것이었다.

즉 샌프란시스코 평화조약은 ①제2조 (a)항의 일본영토 정의에 대한 조약문 작성자 덜레스의 포츠담선언 제8조와 그 집행한 것(SCAPIN 제677호)을 그대로 채택해 공식적으로 비준한다는 유권적 해석과 ②평화조약 제19조 (d)항의 규정에 의하여, 독도를 한국영토로 재확인하여 비준한 것을 일본이 재독립하더라도 포츠담선언 제8조 및 그 집행인 SCAPIN 제677호의 효력을 계속 인정하도록 규정함으로써 국제사회와 국제법상 최종적으로 영구히 독도를 한국영토로 공인 비준하고 재확인한 것이었다.

⑪ 샌프란시스코 평화회의 당시 일본대표인 요시다 시게루 수상은 덜레스의 평화조약문의 유권적 해석 책자도 받아 읽고, 덜레스 유권적 해석을 들은 다음, 차례가 되자 평화조약문에 대한 일본측 의견을 약 8분간 연설하였다. 요시다는 이때 일본영토가 SCAPIN 제677호의 정의대로 다시 최종 결정되어 독도(Liancourt Rocks, 다케시마)가 한국영토로 국제법상 영구히 최종적으로 다시 비준·재확인된다는 것을 잘 알게 되었으면서도 독도를 전혀 일본영토라고 주장하거나 시사하지 않았다. 요시다가 영토에 관련해서 약간의 항의를 표시한 것은 ①유구열도(Ryukyu archipelago)와 보닌(Bonins, 오가사와라, 小笠原)제도가 국제연합의 신탁통치 아래 들어가는데 언젠가 이를 일본에 반환해달라는 것과[12] ②쿠릴열도와 남사할린은 일본이 힘으로 빼앗은 것이 아니라 1905년 포츠머스조약에 의하여 국제법상 합법적으로 배상받은 것이었다는 항변뿐이었다.[13] 일본대표단장 요시다 등은 이때 포츠담선언 제8조 및 SCAPIN 제677호의 결정이 공식적으로 재비준되어 '독도'가 한국영토로 재확인되었음을 잘 알게 되었으나 이에 전혀 항의하지 않고 서명 조인하여 동의하고 비준한 것이었다.

요시다가 항의하고 염려한 것은 ③과거 일본영토의 45퍼센트를 상실하고 전쟁의 참화를 입은 8천400만 일본국민의 경제적 고난과 ④약 34만명의 일본인들이 소련의 포로가 되어 노예노동을 하고 있으므로 연합국이

---

12 성삼제, 『독도와 SCAPIN 677/1』, 우리영토, 2020에서 미국은 일본의 이 불만과 요청을 받아들여 1951년 12월 5일자로 유구열도를 일본에 반환하기 위한 SCAPIN 677/1을 공표하였다. 그러나 연합국최고사령관은 SCAPIN 제677호는 이듬해 해체될 때까지도 취소하지 않았다.

13 The San Francisco Examiner, Sep. 8, 1951, 「Japan's Premier Voice Mild Protest to Treaty, Yoshida Cites Lost Territory, Threat of Communist Aggression」. 일본 요시다 수상의 연설 보도문 전문은 본서 제4부 주요자료의 pp. 284~286 자료 참조.

여러 가지 방법으로 이들의 일본 송환에 도움을 달라는 것이었다.

일본측은, 요시다의 연설 후에 각국이 조인에 들어가자 일본을 대표하여 요시다 시게루(吉田 茂, 일본 평화조약 전권위원장, 정부 수상), 평화조약 전권위원 이케다 하야도(池田 勇人), 토마베치 기조(苫米地義三), 호지시마 니로(星島二郎), 토쿠가와 무네요시(德川宗敬), 이사토 이치마다(一万田尚登) 등의 전권위원 6인이 샌프란시스코 평화조약에 서명하여 동의 비준하였다. 회의 참석국 가운데 소련·폴란드·체코는 조약에 반대하여 서명하지 않았다. 모두 48개국이 서명하여 비준하였다.

연합국과 일본 대표단의 서명에 의하여 샌프란시스코 평화조약에서 포츠담선언 제8조 및 그 집행인 SCAPIN 제677호가 영구히 효력을 발휘하여 독도는 국제사회와 국제법상에서 최종적으로 영구히 대한민국 영토로 재확인되고 재비준된 것이었다.

VI. 일본정부·국회·국왕의 평화조약 비준과 독도의 한국영토 공인

[12] 포츠담선언 제8조 및 그 집행인 SCAPIN 제677호를 공식적으로 재비준한 샌프란시스코 평화조약은 일본헌법에 의거하여 일본 국회(중의원과 참의원)의 동의 비준과 일본 '천황'의 재가를 거쳐야 했다.

일본정부는 샌프란시스코 평화회의 현장에서 1951년 9월 8일 평화조약에 일본정부 수상 등 일본대표단 전권위원들이 이미 서명 비준하였다. 대표단 귀국 후 일본 정부는 1951년 10월 샌프란시스코 평화조약 조약문에 「일본영역참고도(日本領域參考圖)」를 첨부하여 먼저 중의원에 제출하였다.[14](〈그림 1-5〉 참조)

「일본영역참고도」의 일본과 한국 부분은 「SCAPIN 제677호 부속지도」를 일본어로 번역한 것이었다. 독도(獨島, Liancourt Rocks, 竹島)는 朝鮮(Korea)에 속한 것으로 경계선이 그어져 있었다. 따라서 일본 중의원 의원들은 샌프란시스코 평화조약에서 연합국에 의해 '독도'가 'Korea' 영토로 다시 결정되었음을 모두 알게 되었다. 일본 중의원에서는 '평화조약 및 일미안전보장조약 특별위원회'에서 10월 11일~10월 25일까지 9차에 걸쳐 축조심의를 진행한 후, 10월 26일 총회에서 평화조약을 비준·승인하였다. 참의원에서는 특별위원회에서 1951년 10월 18일~11월 17일까지 무려 1개월 동안 21차에 걸쳐 축조심의를 한 후, 1951년 11월 18일 평화조약을 비준·승인하였다. 따라서 일본 국회는 양원이 모두 샌프란시스코 평화조약에서 포츠담선언 제8조와 그 집행인 SCAPIN 제677호가 채택되었고 연합국과 일본이 이에 동의 비준하여 '독도'가 최종적으로 국제법상 영원히 한국영토로 다시 공식적으로 재확인 재비준되었음을 잘 알고 평화조약안을 승인 비준한 것이었다.

그 결과 샌프란시스코 평화조약 발효(즉 재독립, 1954. 4. 28.) 이후에도 SCAPIN 제677호의 효력이 일본 국내에서 존속하여 독도를 한국영토로 인정한 법률이 36개에 달하게 되었고, 특히 샌프란시스코 평화조약이 발효하여 일본이 재독립한 1952년 4월 28일 이후에도 일본 국회가 독도를 일본영토에서 제외하여 한국영토로 인정한 2개의 새 법률(법률 제298호에 따른 대장성령 제99호, 1952. 8. 5. 그리고 법률 제165호, 일본의 방공식별구역, 1954. 6. 9.)을 제정했다는 연구가 있다.[15] 이것은 일본 국회가 '독도'가 한국영토임을 잘 인지하고 있었다는 명확한 증거가 된다.

---

14 정태만, 「'일본영역참고도'와 연합국의 대일평화조약」, 독도연구보전협회 2015년도 학술대회 논문집, 2015. 참조

15 金新, 『독도를 지키는 법』, 지영사, 2018, pp. 232~247 참조.

〈그림 1-5〉「일본영역참고도」(1951년)

　일본정부 및 일본 중의원과 참의원에서 비준·승인된 연합국의 對일본 평화조약은 1951년 11월 19일 일본 '천황'이 재가·인증하여 일본측 절차가 모두 종료되었다. 일본정부는 인증서를 평화조약 제24조에 따라 미국정부에 기탁하였다. 미국정부는 평화조약 조인 48개국의 인증서가 모두 도착한 1952년 4월 28일 연합국의 對일본 평화조약의 효력 발생을 공표하였고, 일본은 이 날짜로 다시 독립국가가 되었다. 그리고 '독도'는 국제사회에서 그리고 국제법상으로 영구히 대한민국의 완벽한 영토로 최종적으로 다시 공인되고 재확인 된 것이다.

　일본의 마이니치(每日) 신문사는 일본 재독립 1개월 후인 1952년 5월 25일자로 일본국민에게 샌프란시스코 평화조약을 설명하는 616쪽의 방대한 『對일본 평화조약』이라는 해설서를 발행하였다. 이 책의 첫머리에 평화조약에서 비준된 일본영토인 「일본영역도(日本領域圖)」를 그려 게재했는데 독도(獨島, 일본명 竹島)를 조선(朝鮮)에 부속한 것으로 표시하여 일본 국경표시 밖에 명료하게 그렸다.[16] (〈그림 1-6〉 참조)

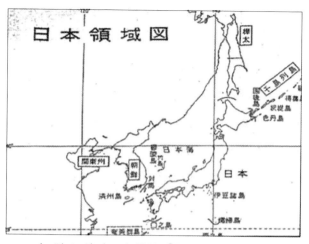

〈그림 1-6〉每日新聞社, 『對日本平和條約』의
「일본영역도」, 1952

　특히 주목할 것은 ①1946년 1월 29일의 연합국의 「SCAPIN 제677호 부
속지도」와 ②1951년 10월 일본정부가 국회에 제출한 「일본영역참고도」와
③1952년 5월 마이니치 신문사의 「일본영역도」가 모두 근본적으로 동일하
다는 사실이다. 그것은 샌프란시스코 평화조약이 덜레스의 유권적 해석처
럼 포츠담선언 항복조건 제8조와 그 집행인 SCAPIN 제677호를 공식적으
로 재비준한 것이었다는 명료한 증명이 되며, 일본정부와 국회도 이를 그
대로 수용하여 비준했다는 명료한 증명이 된다. 이것은 사실이 그러했기
때문에 당연한 것이었다.

　13 샌프란시스코 평화조약 조약문 작성자 덜레스가 평화회의 회의장에
서 책자로 배포하고 유권적 해석을 내린 연설에서, 일본영토는 포츠담선언

16 신용하, 『한국의 독도영유권 연구』, 경인문화사, 2006, p. 333.

항복조건 제8조와 그 이미 집행한 것(SCAPIN 제677호)을 다시 비준하는 것이라는 일본영토에 대한 덜레스 연설문이 발굴되기 이전까지는, 일본정부가 보검처럼 즐겨 제시하는 '러스크 서한'과 평화조약 조약문에 독도 명칭이 없기 때문에, 샌프란시스코 평화조약에서 포츠담선언 항복조건이 폐기되고 러스크 서한의 해석이 채택되었다는 일본정부의 허위선전에 속기 쉬웠다. 그리하여 일본의 독도영유권 주장에 약간의 국제법적 근거가 발생한 것이 아닌가하고 오해·오판하여 한국의 일부 학자와 외교관들은 한국의 독도에 대한 "실효적 점유"를 강조해왔다. '실효적 점유'란 특정지역을 국제법상 영유권을 갖지 않거나 인정받지 못하고 있을지라도 '장기간' '평화적으로' 실효적 점유를 계속하고 있기 때문에 영토 주권이 설정된다는 국제법상의 용어이다.

그러나 독도 영토주권에 대해서는 평화회의 석상에서 평화조약문 작성자 덜레스의 유권적 해석 연설문이 발굴되어 샌프란시스코 평화조약 제2장 제2조 (a)항은 포츠담선언 항복조건 제8조와 그 집행(SCAPIN 제677호, 독도의 영토주권이 대한민국에 귀속됨을 정의한 지령)을 채택하여 그대로 다시 비준한 것이었고, 평화조약 제19조 (d)항이 다시 이를 명문으로 규정해 보장하였으며, 일본도 정부·중의원·참의원·'천황'이 모두 이에 동의·비준하였으므로, 독도는 샌프란시스코 평화조약에서 국제법상 100 퍼센트 완벽한 배타적 대한민국 영토로 다시 공인되고 다시 비준된 것이 더욱 명료하게 되었다.

그러므로 한국은 독도를 '완벽한 영토로 영유'하고 있는 것이지, '실효적 점유'만을 하고 있는 것이 아니다. 그러므로 독도는 전혀 '분쟁지'·'분쟁지역'이 아니다. '독도'는 '한반도'와 완전히 동일하게 역사적으로나 국제법상으로나 지리적으로나 전혀 결함이 없는 일백퍼센트 대한민국의 고유영토이다.

따라서 대한민국은 국제사회와 국제법에서 공인되고 비준된 자기의 완벽한 영토를 일본이 요구한다고 응해서 국제사법재판소에 회부하여 국제 재판의 도마 위에 올려놓을 필요가 전혀 없다. 그뿐만 아니라, 일본의 항의를 고려하여 독도와 그 영해에 시설 투자를 삼가야 할 이유가 전혀 없다. 또한 교과서나 지도에서 '독도'를 분쟁지로 취급하거나 한국 영토지도에서 독도를 빼어버려서는 그것이 세계적으로 객관적 진실을 알리는 교과서나 지도가 될 수 없는 것이다.

제2부

연합국의 샌프란시스코 對일본 평화조약에서 독도=한국영토 확정과 재확인

Ⅰ. 문제의 한정

현대 한국의 민족문제의 하나로 '독도 영토문제'가 있다. 이 문제는 한국의 고유영토 옛 우산도(于山島)인 독도를 일본 정부가 일본영토라고 강력하게 주장하면서 도발해오고 있기 때문에 발생하였다. 이제는 이 문제가 모든 국민과 인문·사회과학 분야에서 공동의 관심을 가져야 할 중요과제의 하나가 되어버렸다.

대한민국 정부가 1952년 1월 18일 '대한민국 주권에 대한 대통령 선언(평화선 선언)'을 발표하자, 일본 정부가 10일 후인 1952년 1월 28일 그 안에 포함된 獨島(일본정부 호칭 竹島)는 일본영토라고 주장한 항의 외교문서를 보내옴으로써, 한국과 일본 사이에는 약 70년간 '독도영유권논쟁'으로 독도영토문제가 대두되었다.

이 논쟁 과정에서 일본정부는 객관적 사실과 관계 없이 계속 '독도영유권 주장'을 정치적으로 강화해오고 있다. 특히 아베 정권이 성립된 이후에는 "독도(일본 호칭 다케시마)는 역사적으로나 국제법상으로나 일본의 고유영토인데 한국이 불법 점거하고 있다"는 주장을 명제화하여, 전세계에 홍보함과 동시에 의무교육 과정인 일본의 초등·중등·고등학교 교과과정에 넣도록 규제하여 이를 주입 교육시키고 있다.

이러한 교육의 영향은 막심하여, 일본 극우 정치세력은 소위 '다케시마 탈환(竹島奪還)'을 공공연하게 정치활동의 목표의 하나로 내세우고 있다. 심지어 한반도 유사시의 독도침탈을 위한 군사작전도 거론하는 상태에 이르렀다.

바로 최근의 경우를 보면 2019년 7월 중국 공군기에 전후하여 러시아의 조기경보통제기가 한국영공인 독도 인근 상공과 한국방공식별구역(KADIZ:

Korean Air Defense Identification Zone)을 침범하자 한국 공군 전투기가 출동하여 경고사격을 가하고 항의한 일이 있었다. 이 때 일본 정부는 자기의 영토 독도(다케시마)의 일본 영공에 침입한 러시아 공군기에 일본 항공기가 출동해야지 왜 한국 공군 전투기가 출동하여 경고사격을 가했는가고 대한민국 정부에 항의를 해왔다. 뿐만 아니라 2019년 9월 27일 공개한 일본정부의 『2019 방위백서』에서는 15년째 계속 "독도는 일본 고유영토"라고 주장하고 있을 뿐 아니라, "독도 인근 영공은 일본 영공이므로 독도 인근 영공에 외국 비행기가 무단 진입시에는 일본 항공자위대의 전투기를 긴급 발진시켜 해당 항공기를 착륙시키거나 쫓아내기 위한 필요조치를 할 수 있다"고, 2019년 처음으로 독도에서의 군사적 행동 가능성을 공식 발표하였다.

일본이 독도를 '역사적으로나 국제법상으로 일본의 고유영토이다'라고 주장하는 '역사적' 고유영토론의 근거로 주장하는 것은 17세기 초엽부터 약 70여 년간 조선이 방기한 울릉도와 독도를 일본이 실효적으로 지배했다가, 울릉도는 1696년 반환했지만 독도는 반환하지 않았다는 것이다. 또한 "'국제법상'으로 일본의 고유영토"라는 주장의 근거는 연합국이 1951년 샌프란시스코 평화조약을 일본과 체결할 때에 제2조 a항에서 "일본은 한국의 독립을 인정하며, 제주도·거문도·울릉도를 포함한 한국에 대한 모든 권리·권언·청구권을 포기한다"라고 하여 일본이 포기하는 영토의 섬 이름에 獨島(Liancourt Rocks, Takeshima)를 넣지 않았으므로 "연합국이 독도를 일본영토로 인정했다"고 해석하여 주장하는 것이다.

물론 한국정부는 "독도는 역사적으로나 지리적으로나 국제법상으로나 대한민국의 영토이다"고 매번 일본정부의 주장에 반박 항의하고 있다. 그러나 일본의 독도영유권 주장의 강화해나가는 추세에 비해서, 한국의 대응의 강화 또는 해결책의 강화가 비례적으로 진전되는지는 의문이다.

필자는 일본의 독도에 대한 '역사적' 고유영토 주장에 대해서는 진실이 아님을 저서와 논문으로 지적하고 비판해 왔다. 그러나 샌프란시스코 평화조약에서의 독도 영토주권에 대한 국제법상의 해석에 대해서는 단편적 글만 쓰고 이를 국제법 쪽에 미루어 왔다. 그러나 역사학쪽에서는 평화조약 준비위원장 덜레스가 샌프란시스코 평화조약 때 연합국의 포츠담선언의 영토규정을 폐기해 버렸다고 해석하는 사실과 전혀 다른 주장이 나오기도 하고, 국제법 쪽에서는 샌프란시스코 조약문의 문자 축조 해석에 집착한 나머지 몇 분은 조약문이 애매모호하여 일본영토로의 해석의 타당성까지 결론짓는 견해가 나오는 것을 보고 놀라움을 금치 못해 왔다.

필자의 견해로는 위의 샌프란시스코 평화조약 '제2장 제2조 a항'의 극히 간단한 조약문으로는 문자축조 해석을 아무리 해 보아도 결론이 나오지 못하고, 오히려 그 권원(權原)인 이 조약문이 나오기까지의 '현대사적 과정'을 밝힘과 함께 이 간단한 조약문의 작성자인 평화회담 준비위원장이며 미국대표(미국 대통령 특사) 덜레스(John Foster Dulles)의 유권적 해석을 들어봐야 결론을 도출할 수 있다고 생각한다.

이 논문은 문제를 한정하여 샌프란시스코 평화조약 준비위원장 덜레스의 일본 영토 정의에 관련 '평화조약 제2장 제2조 a항'에 대한 유권적 해석 연설 전문(全文)을 찾아 증거로 제시하고, 이를 중심으로 연합국의 샌프란시스코 평화조약에서 독도영토문제 처리가 '포츠담선언 제8조'와 그 이미 집행한 것을 연합국이 그대로 비준한 사실에 의거하여 샌프란시스코 평화조약에서 독도=한국영토로 확정되었고 재확인 공인되었음을 명료하게 증명하려고 한다.

II. 연합국의 카이로 선언과 포츠담선언 제8조의 영토 규정

1. 연합국 수뇌의 카이로선언과 한국 독립 및 독도

일본 제국주의자들은 한국 식민지화를 목적으로 1904년 2월 러·일전쟁을 도발한 후, 1905년 2월 한국의 독도를 대한제국 몰래 침탈했으며, 1905년 11월에는 을사조약을 강요하여 대한제국을 半식민지 '보호국'으로 점령한 다음, 1910년 8월에는 대한제국을 완전식민지로 강점하였다. 일제는 계속 대륙 침입을 시도하여 1931년 9월에는 만주 침략을 감행했으며, 1937년 7월에는 중국을 침략하여 중·일전쟁을 일으켰다. 일제는 여기에 그치지 않고 1941년 12월 8일 하와이 진주만을 기습하여 태평양전쟁을 도발하면서 제2차 세계대전을 태평양과 아시아 전 지역에 확산시켰다.

1943년부터 전세가 연합국에 유리하게 전개되자, 연합국 고위 정치가들 사이에서는 독일·일본·이탈리아 등 추축국(樞軸國) 점령 아래 있던 식민지에 대한 전후처리 문제가 논의되기 시작하였다. 1943년 11월 20일 미국 대통령 루스벨트(Franklin D. Roosevelt), 영국 수상 처칠(Winston S. Churchill), 중국 총통 장개석(蔣介石) 등이 참석한 '카이로회담'에서는 일본 패전 후의 한국 독립과, 한국 및 일본의 영토 문제에 대하여 중대한 합의를 했다. 카이로회담의 성명서는 독도와 관련해서도 매우 중요하므로 그 전문을 인용하면 다음과 같다.

> 각국 사절단은 일본군에 대한 장래의 군사작전을 협정하였다. 3대 연합국은 해로(海路)·육로(陸路)·공로(空路)로써 야만적인 적군에 대하여 가차 없는 압력을 가할 결의를 표명하였다. 이 압력은 이미 증대되고 있다.

3대 연합국은 일본의 침략을 제지하고 징벌하기 위하여 현재의 전쟁을 수행하고 있는 바이다. 위 연합국은 자기 자신들을 위해서 이득을 요구하고 있는 것이 아니며, 또한 영토확장의 의도도 없다.

위 연합국의 목적은 일본으로부터 1914년 제1차세계대전 개시 이후에 일본이 장악 또는 점령한 태평양의 모든 섬들을 박탈할 것과 아울러 만주(滿洲)·대만(臺灣)·팽호도(澎湖島) 등 일본이 중국인들로부터 절취한 일체의 지역을 중화민국에 반환함에 있다. 또한 일본은 폭력과 탐욕(violence and greed)에 의하여 약취(剝取)한 모든 다른 지역으로부터도 축출될 것이다.

위의 3대국은 조선 민중의 노예상태에 유의하여 적당한 시기에 조선(Korea)이 자유롭게 되고 독립하게 될 것을 결의하였다.

이러한 목적으로 위의 3대 연합국은 일본과 교전중인 여러 연합국들과 협조하여 일본의 무조건 항복을 촉진하는 데 필요한 엄중하고 장기적인 작전을 계속할 것이다. (강조 - 인용자)

한국과 관련하여 위의 카이로선언에서 무엇보다도 주목할 것은 '한국의 독립'을 결의했다는 사실이다. 카이로선언은 "위 3대국은 조선민중의 노예상태에 유의하여 적당한 시기에 조선이 자유롭게 되고 독립하게 될 것을 결의하였다"고 해서, 비록 '적당한 시기에(in due course)'라는 조건을 달았지만, 독립(獨立)하게 될 것을 연합국의 3대 강국(미국·영국·중국) 수뇌들이 합의 결의해서 세계에 선언한 획기적인 것이었다.

카이로선언에서는 일본으로부터 반환받고 축출되어야 할 지역으로는 세 범주가 선언되었다. 1914년 제1차 세계대전 개시 이후에 일본이 장악 또는 점령한 태평양 안에 있는 모든 섬들, ② 1894~1895년 청·일전쟁 이후 일본이 중국으로부터 절취한 만주(滿洲)·대만(臺灣)·팽호도(澎湖島) 등, ③ 일본이 폭력과 탐욕(violence and greed)에 의하여 약취한 모든 다른 지역들이다.

여기서 한국의 영토는 ③의 "일본이 폭력과 탐욕에 의하여 약취한 모든 다른 지역들"에 포함되었다. 울릉도의 부속도서인 독도는 매우 작은 섬이 므로 물론 이 선언에서는 언급될 수 없었다. 그것은 한국영토에 포함된 것 으로 해석될 수 있을 뿐이다.

그렇다면 일본이 영토야욕으로 약취한 영토의 기준연도는 언제인가? 그 상한은 1894~1895년 청·일전쟁 때 일본이 절취한 영토라는 지적에서 알 수 있는 바와 같이, 비단 1910년부터만이 아니라 그 이전에라도 1894년 이 후 일본이 폭력과 탐욕에 의해 절취한 한국영토가 있으면 모두 독립된 한 국에 반환되어야 함을 선언은 내포하고 있다. 따라서 일본이 대한제국으로 부터 1905년 2월에 약취한 독도가 여기에 포함됨은 논리적으로 명백한 것 이다.

물론 이 카이로선언은 미국·영국·중국의 3대 연합국에 의한 공동선언이 며, 따라서 그 자체가 아직 일본을 구속하고 있는 것은 아니었다. 그러나 이 카이로선언은 그 후 일본이 1945년 7월 26일의 미국·영국·소련의 포츠 담선언을 수락함과 동시에 이 '포츠담선언'의 제8조에 흡수되어 일본을 구속하는 국제규범이 되었다.[17]

이 카이로 선언의 한국관계 결의는 연합국 수뇌들이 자발적으로 감행한 내용이 아니라, 중경에서 대한민국 임시정부 등이 독립운동을 통하여 중 국 수뇌 장개석(蔣介石)에게 요구하고, 중국 수뇌가 이를 받아들여 카이 로 3국 수뇌회담에서 제의하여 우여곡절 끝에 이와 같이 합의 선언된 것 이었다.[18]

---

17 李漢基, 『韓國의 領土』, 서울대학교 출판부, 1969, p. 264.
18 신용하, 「대한민국 임시정부와 카이로 선언」, 『대한민국 임시정부 수립 80주년 기 념 논문집 (하)』, 국가보훈처, 1999 참조.

2. 포츠담선언 제8조와 한국 독립, 그리고 일본영토의 규정

제2차 세계대전에서 이탈리아가 연합국에게 무조건 항복(1943.9.8.)하고, 이어서 독일이 무조건 항복(1945.5.7.)하자, 연합국은 1945년 7월 17일~26일 베를린 근교의 포츠담에서 마지막으로 일본의 무조건 항복을 촉구하기 위한 미국·영국·소련의 수뇌회담을 가졌다. 미국 대통령 트루먼(Harry S. Truman), 영국 수상 처칠(회담 중에 새 수상 애틀리Clement Attlee 추가), 소련 수상 스탈린(Joseph Stalin) 등은 1945년 7월 26일 일본의 무조건 항복을 독촉하는 연합국 공동합의의 최후통첩인 '포츠담선언'을 발표하였다.

포츠담선언은 13개조로 되어 있었다. 그 요점을 들면, 연합국은 독일의 항복을 받고 막강한 군사력으로 일본 군국주의를 박멸할 완전한 태세를 갖추었는바(제1~3조), 일본은 계속 항전할 것인가 군국주의를 포기하여 항복해서 새로 시작할 것인가의 선택에 처해 있음을 알리면서(제4~5조), 항복의 조건으로 ① 군국주의자들의 영구한 제거(제6조), ② 일본국의 연합국에 의한 군사점령(제7조), ③ 카이로 선언 이행과 일본 영토의 규정(제8조), ④ 일본군대의 완전 무장해제(제9조), ⑤ 전쟁범죄자 처벌(제10조), ⑥ 일본 군수산업의 해체와 평화산업의 존속(제11조), ⑦ 평화적 책임 있는 일본 정부 수립 이후의 연합국의 철수(제12조), ⑧ 일본군의 무조건 항복 요구와 이를 거부할 경우의 완전한 괴멸(제13조)을 선언한 것이었다.

이 중에서 일본의 영토와 관련된 규정인 제8조의 내용은 다음과 같은 것이었다.

> 카이로선언의 모든 조항은 이행될 것이며, 일본국의 주권은 본주(本州)·북해도(北海道)·구주(九州)·사국(四國)와 우리들이 결정하는 제소도(諸小島)에 국한될 것이다.(The terms of the Cairo Declaration shall be carried out and Japanese sovereignty shall be limited to the Islands of

Honshu, Hokkaido, Kyushu, Shikoku, and such minor islands as we determine)

이 포츠담선언에 의하여 전후 일본의 영토는 "본주(本州)·북해도(北海道)·구주(九州)·사국(四國)와 우리들(연합국)이 결정하는 작은 섬들"로 한정되었다.

포츠담선언의 제8조는 한국에 대해서도 매우 중요한 것이다. 우선 일본의 주권이 미치는 영토에서 한국을 제외함으로써 한국이 獨立될 것을 예고하였다.

또한 독도에 대해서는, 독도가 일본영토가 되려면 그 후 '연합국이 독도를 일본영토라고 규정해야 하는 조건'이 여기서 명확히 설정된 것이다. 그러나 독도는 한반도 전체의 약취에 바로 앞서 1905년 2월 일본이 탐욕에 의해 대한제국으로부터 약취한 섬이었다. 이 선언이 있은 후에 포츠담선언 제8조를 집행한 연합국최고사령관이 지령 제677호(SCAPIN No. 677)로써 다시 獨島를 일본영토에서 제외하여 한국영토로 판정해서 한국(당시 주한 국미군정)에 반환함으로써 '독도'는 한국영토임이 분명하게 되었다.

물론 이 포츠담선언도 그 자체로는 아직 4대 연합국 간의 공동선언에 불과하여 일본에 대해서 구속력을 가진 것은 아니었다. 그러나 일본은 1945년 8월 14일 포츠담선언을 무조건 수락했고, 같은 해 9월 2일에는 이것을 성문화한 항복문서에 조인함으로써 포츠담선언(따라서 카이로선언)은 일본에게 구속력을 갖게 된 것이다.

3. 일본 항복문서 조인과 그 내용 및 한국, 독도

미 공군의 원자폭탄이 1945년 8월 6일 일본 히로시마(廣島)에 투하되고, 이어서 8월 9일 나가사키(長崎)에 투하되어 궤멸적 파괴력이 증명되자, 일본은 서둘러서 1945년 8월 10일 연합국에게 조건부 항복의사를 전달하였다. 연합국이 조건부를 거부하자 일본은 8월 14일에는 포츠담선언을 그대로 수용한 무조건 항복을 수락했으며, 8월 15일에는 이를 전세계에 공표하였다.

이어서 일본정부는 1945년 9월 2일 미주리 함 위에서 연합군 미육군 태평양 지역 최고사령관(더글러스 맥아더, Douglas MacArthur)에게 무조건 항복문서를 조인 제출하여 완전히 항복하였다. 일본의 항복문서에서 포츠담선언의 규정을 수락하고 수행할 것을 서약한 부분은 다음과 같다.

> 우리(일본)는……1945년 7월 26일 포츠담에서 미국·중국·영국의 정부수뇌들에 의하여 발표되고, 그 후 소련에 의해 지지된 선언에 제시한 조항들을 수락한다.……우리는 이후 일본정부와 그 승계자가 포츠담선언의 규정을 성실히 수행할 것을 확약한다.[19]

일본은 이 항복문서에 의하여 포츠담선언에서 제시한 조항을 수행할 국제법상 의무를 확실히 갖게 되었으며,[20] 연합국의 점령하에서 일정 기간 연합국의 군정 통치를 받게 되었다.

또한 일본이 청·일전쟁(1894)에서 전리품으로 배상받은 대만과 팽호도

---

19 일본 항복문서의 이 부분 영어 원문은 다음과 같다.

INSTRUMENT OF SURRENDER

We, (acting by command of and in behalf of the Emperor of Japan, the Japanese Government and the Japanese Imperial General Headquarters,) hereby accept the provisions set forth in the declaration issued by the heads of the Governments of the United States, China, and Great Britain on 26 July 1945 at Potsdam, and subsequently adhered to by the Union of Soviet Socialist Republics, which four powers are hereafter referred to as the Allied Powers. (이하 생략)

20 李漢基, 『韓國의 領土』, p. 265 참조.

가 일본 영토에서 제외됨으로써, 연합국의 일본영토의 처리에 관한 기본지침은 일본영토를 1894 청·일전쟁 이전의 상태로 환원시키려고 한 것이 분명하게 되었다.

한국(조선)은 카이로선언 및 포츠담선언에 따라 독립하게 되었다. 또한 일본의 獨島 '취득(침탈)'은 1894년 이후의 일이었고, 또한 바로 카이로선언에서 밝힌 바 1905년에 "폭력과 탐욕에 의하여 약취"한 것에 해당하므로, 당연히 독도로부터 구축(驅逐)되어야 정당하도록 규정된 포츠담선언에 일본은 무조건 항복 조인한 것이었다. 오직 여기서 한 가지 문제는 독도가 포츠담선언 제8조에서 말하는, 후에 일본영토로 규정할 "우리들(연합국)이 규정하는 작은 섬들"에 포함되었는가, 제외되었는가의 여부만 확인하면 되는 것이다.

III. 연합국의 일제가 침탈한 각국 영토의 원주인에게의 반환 결정: SCAPIN 제677호와 독도의 한국에의 반환 결정

1. 연합국 최고사령부의 설치와 정책결정 구조

연합국최고사령부는 최초에는 미 육군 태평양지역 사령관 맥아더(Douglas MacArthur)가 1945년 8월 30일 요코하마에 설치하였다. 여기서 항복한 구 일본정부를 1945년 9월 2일 미주리 호 선상으로 불러내어 '항복문서의 조인'을 받고, 1945년 10월 2일 동경에 본부를 옮겼다.

1945년 12월 16일~25일 모스크바 3상회의에서 일본에 대한 통치는 국제법상 연합국에 의한 점령 형식을 취하기로 결정되었다. 그 결과 일본 점령의 연합국 최고 정책기관으로서 일본과 교전해서 일본항복문서에 서명한

11개국으로 극동위원회(Far Eastern Commission, FEC)를 워싱턴DC에 설치하고, 현지에는 연합국최고사령관의 자문기관으로 '對일본 연합국 이사회(Allied Council for Japan, ACJ)를 동경에 설치하기로 합의 결정되었다.[21]

연합국최고사령관에는 미 육군 태평양지역 사령관 맥아더가 겸직으로 임명되었다. 그러므로 동경의 연합국최고사령관은 미국과 맥아더 사령관의 막강한 영향력 아래 있었음에도 불구하고, 1946년부터는 워싱턴DC의 '극동위원회(FEC)'와 동경 현지의 '對일본 연합국 일본이사회(ACJ)'의 정책 결정과 자문의 직접적 영향 아래 있었다.

워싱턴DC의 '극동위원회' 위원국은 처음에 미국·영국·소련·중국·프랑스·네덜란드·캐나다·오스트레일리아·뉴질랜드·인도·필리핀의 11개 국가였고, 후에 미얀마·파키스탄의 2개국이 추가되어 모두 13개 국가가 되었다. 이 가운데 미국·영국·소련·중국은 '거부권'을 갖기로 결정되었다.

동경에 둔 연합국최고사령관의 자문기구인 '對일본 연합국 이사회'는 미국·오스트레일리아·중국·소련 4개국으로 구성하여, 연합국최고사령관을 직접 자문하도록 하였다.[22]

연합국최고사령관의 기구를 표로 그리면 〈그림 2-1〉과 같은 구조를 갖고 있었다.

한국 군정(및 남조선 과도정부)과 일본 군정(및 일본 임시정부)은 연합국최고사령관(부) 민정국(GS)에서 담당하였고, 첩보는 참모부 G2에서 담당하였다.

---

21 ① Dean Acheson, *Present at the Creation, My Years in the State Department,* Norton, New York, 1969, pp.426~431 참조.
② Robert A. Fearey, *The Occupation of Japan, Second Phase: 1948~50,* The Macmillan, New York, 1950, pp.5~12 참조.
22 Alan Rix (ed.) *Intermittent Diplomat: The Japan and Batavia Diaries of W MacMahon Ball.* Melbourne University Press, 1988, pp. 17~234 참조

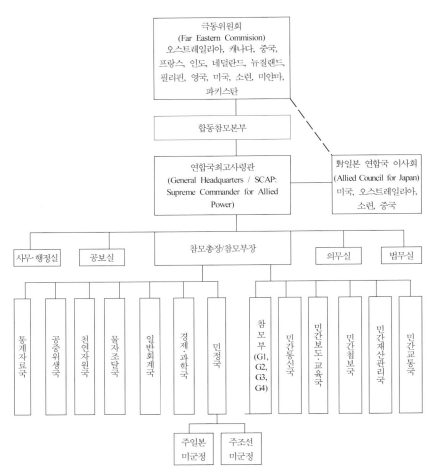

〈그림 2-1〉 연합국최고사령관 기구표

　　이 시기 자료를 읽어보면, 단순한 군인인 연합국최고사령관 맥아더와 정보장교 출신 시볼드는 군사적 힘이 절대적이라고 믿고 미국이 모든 것을 결정하는 것으로 생각하였고, 일본 외무성 군국주의 잔당 관료들도 그렇게 생각하였다.

그러나 세계적, 국제적 관점에서는, 연합국최고사령관의 최고 정책결정기관은 '극동위원회(FEC)'였고, 연합국의 對일본 평화조약 체결의 일차 담당기관도 '극동위원회'였다.

따라서 연합국의 對일본 평화조약 체결 준비에서도 연합국최고사령관의 정책결정권자인 '극동위원회(Far Eact Commission)'가 매우 중요하였다. 특히 거부권을 가진 미국 이외의 영국·소련·중국의 의견과 권익도 반드시 존중해서 조정해야 하는 구조로 되어 있었다.

2. SCAPIN 제677호의 반포와 독도의 한국영토 판정 및 반환

연합국최고사령관은 포츠담선언 제8조를 집행하기 위하여 1946년 1월 29일 드디어 연합국최고사령관 지령(SCAPIN : Supreme Command Allied Powers Directives, Index No.677의 약칭) 제677호로서 '약간의 주변 지역을 정치상 행정상 일본으로부터 분리하는 데에 관한 각서(Memorandum for Governmental and Administrative Seperation of Certain Outlying Areas from Japan)'를 발표하고 일본정부에 전달하였다.

연합국최고사령관의 SCAPIN 제677호는 연합국의 포츠담선언 제8조 내용과 일본의 항복문서를 집행하기 위하여 '일본의 영토와 주권 행사 범위를 정의'한 것이었다. 연합국최고사령관은 이것을 제5조에서 '일본의 정의'(the definition of Japan)라고 명료하게 표현하였다. SCAPIN 제677조의 한국에 관련된 조항을 그대로 번역하면 다음과 같다.

1. 일본제국 정부는 日本 이외의 어떠한 地域 또는 그 지역의 어떠한 정부 관리와 피용자 또는 어떠한 사람에 대해서도 정치적 행정적 통치를 행사하거나 행사를 기도함을 終結할 것을 지령한다.
2. 일본제국 정부는 연합국최고사령관의 승인을 받지 않고서는 일본

국외의 정부 공무원, 직원 또는 다른 사람들과 (사령부에서) 승인받은 일상적 해운·통신 및 기상 서비스 시행 이외에는 어떠한 목적으로도 통신해서는 안 된다.

3. 이 지령의 목적을 위하여 일본은 일본의 4개 本島(北海道·本州·九州·四國)과 약 1천 개의 더 작은 인접 섬들을 포함한다고 정의된다. (1천 개의 작은 인접 섬들에) 포함되는 것은 對馬島 및 북위 30도 이북의 琉球(南西)諸島이다. 그리고 제외되는 것은 ① 제주도·鬱陵島·리앙쿠르岩(Liancourt Rocks ; 獨島·竹島), ② 북위 30도 이남의 琉球(南西)諸島(口之島 포함)·伊豆·南方·小笠原 및 火山(琉黃)群島와 大東諸島·沖鳥島·中之鳥島를 포함한 기타 모든 외부 태평양 제도, ③ 쿠릴(千島)列島·齒舞群島(小晶·勇留·秋勇留·志癸·多樂島 등 포함)·色丹島 등이다.

4. 일본제국 정부의 정치적 행정적 관할에서 특히 제외되는 추가 지역은 다음과 같다. (a) 1914년 세계대전 이래 일본이 장악 또는 점령한 모든 태평양 섬들. (b) 만주, 대만, 페스카도르(Pescadores). (c) 한국(Korea). (d) 카라후토(Karafuto, 樺太)

5. 이 지령에 포함된 日本의 定義는 그에 관하여 다른 특정한 지령이 없는 한 또한 본 연합국최고사령관이 발하는 모든 未來의 지령·각서·명령에 적용된다.

6. 이 지령의 어떠한 것도 포츠담선언의 제8조에서 언급된 제소도(諸小島)의 최종적 결정에 관한 연합국 정책을 표시하는 것으로 해석되어서는 안된다.[23]

[이하 생략]

연합국최고사령관은 한국과 관련하여 제3조에서 제주도·울릉도·독도

---

23 (368) 『연합국최고사령관지령(SCAPIN)제677호』 (1946.1.29.)의 영어 원문은, 신용하 편저, 『독도 영유권 자료의 탐구』 제 3권, 독도연구보전협회, 2000, pp. 248~250 및 이 책 제4부, 자료편 pp. 231~232 참조.

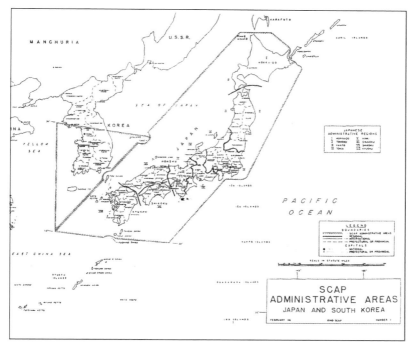

〈그림 2-2〉 SCAPIN 제677호의 부속지도

자료: 신용하,『독도영유권 자료의 탐구』제3권, p. 254

(리앙쿠르섬·竹島)를 일본영토에서 제외하여 한국영토로 판정하고, 제4조에서 한국(Korea)을 일본영토에서 제외했으며, 제5조에서 이것이 '일본의 정의'(The definition of Japan)임을 밝히고, 제6조에서 이 지령이 포츠담선언 제8조에서 언급한 "우리들이 결정하는 작은 섬들"의 최종결정이 아니라 연합국이 합의하는 경우에는 변경될 수 있으나, 제5조에서 변경이 있을 때에는 연합국최고사령관의 다른 특정한 지령이 있게 됨을 명백히 밝혔다.

이 SCAPIN 제677호는 연합국최고사령관의 단독 결정이 아니라, 연합국 '극동위원회'(FEC)에서 합의 통과된 결정을 연합국최고사령관이 발포한 것이었음은 물론이다.

연합국최고사령관(Supreme Commander for the Allied Powers: SCAP로 약칭)은 1946년 1월 29일 지령 제 677호를 발표하여 포츠담선언 제8조의 "우리들(연합국)이 결정하는 작은 섬들"을 결정한 '일본의 정의'(the definition of Japan)를 내려서 일본 주변 도서의 영토 소속을 판정하면서, 울릉도·독도(Liancourt Rocks, 죽도)·제주도를 한국영토로 판정하여 한국에 반환한 후 행정적으로 관리하는 일본과 한국의 경계를 〈그림 2-2〉와 같이 지도로 작성하여 명료하게 표시하였다.[24] 이 지도의 정식 명칭은 『연합국최고사령관 행정지역: 일본과 남한(SCAP Administrative Areas: Japan and South Korea』이다.

연한국최고사령관은 국제법상 효력을 갖는 SCAPIN 제677호와 함께 이 부속지도에서 연합국최고사령관의 직접적 행정(실제로는 미군정) 지역인 일본과 남한을 구분하면서 울릉도·독도(죽도 : Take)·제주도는 남한에 소속시키고, 대마도는 일본에 소속시켰다. 지도에서는 표시의 선으로 그려져 있다.

이것은 연합국최고사령관이 독도를 일본의 정치적, 행정적, 지리적 범위[영토]에서 완전히 제외하여 한국영토로 결정하고, 울릉도·제주도와 함께 주한국 미군정에 이관시켰음을 의미한다. 특히 주목되는 것은 충분한 해양면적을 직선으로 그어가다가 獨島 수역에 도달하자 반원(半圓)을 분명하게 그려가면서까지 獨島(竹島, Take, Liancourt Rocks)가 한국영토이며, 일본영토가 아니라는 사실을 명백히 하고, 독도를 주한국 미군정이 행정관리하다가 한국이 독립되면 인수시킬 지역임을 명백히 하였다.

---

24 ①신용하, 『독도영유권 자료의 탐구』, 제 3권, 독도연구보전협회, 2000, pp. 254~255

<그림 2-3> 위 지도 부분확대: 울릉도·독도 부분

자료: 신용하, 『독도영유권 자료의 탐구』제3권, p. 255

연합국최고사령관(SCAP)의 지령 제677호 부속 지도의 내용은 카이로선언-포츠담선언-일본의 항복문서에 고리를 달아 국제법상 효력을 갖는 결정적으로 중요한 것이다.[25]

연합국최고사령관 지령 제677호의 부속 지도『연합국최고사령관 행정지역: 일본과 남한』은 연합국이 판정한 한국 귀속령과 일본 귀속령을 구별 분류하여 연합국최고사령관이 독도를 한국영토로 판정하여 반환시켜서 미군정에게 관리시켰음을 지도상에서 시각적으로도 극명하게 보여준다. 이 지도『연합국최고사령관 행정지역: 일본과 남한』은 지령 원문과 함께 국제법상 아직도 효력을 갖고 있는 SCAPIN 제677호 지령 자료이며, 독도가 한국영토라는 연합국의 결정을 잘 증명해 주는 매우 중요한 자료이다.

3. SCAPIN 제1033호의 반포

연합국최고사령관은 뒤이어 1946년 6월 22일 연합국최고사령관지령, SCAPIN 제1033호를 반포하여, 그 제 3 항에서 '일본인의 어업 및 포경업의 허가구역'(통칭 MacAthur Line)을 설정하고, 그 b항에서 다음과 같이 일본인의 독도 접근을 금지하였다.

> (b) 일본인의 선박 및 승무원은 금후 북위 37도 15분, 동경 131도 53분에 있는 리앙쿠르岩(獨島, 竹島 - 인용자)의 12해리 이내에 접근하지 못하며 또한 同島에 어떠한 접근도 하지 못함.((b) Japanese vessels or personnel thereof will not approach closer than twelve(12) miles to Takeshima(37°15' North Latitude, 131°53' East Longitude) nor have any contact with said island.)[26]

이와 같이 연합국최고사령관은 1946년 6월 22일 일본어부들이 독도 주변 12해리 이내에 침입하여 고기잡이함을 금지하였다.

25 나홍주「SCAPIN 제677호(1946. 1. 29)의 국제특별법령의 성격」, 독도학회·독도연구보전협회 2011년도학술회의 논문집, 2011, pp. 37~110참조.
26 신용하 편저,『독도영유권 자료의 탐구』제3권, 독도연구보전협회, 2000, pp.257~260.

이것은 연합국최고사령관이 독도를 일본의 영토에서 완전히 제외하여 한국영토로 결정하고, 울릉도·제주도와 함께 주한 미군정에 이관시켰음을 재확인해주는 것이다. 연합국최고사령관은 한국 영토인 독도(Liancourt Rocks) 주위 12마일까지는 한국 영해와 수역으로서 한국어부들의 어로구역이므로 일본 어부들의 그 이상의 접근과 어로활동을 금지한 구획선을 그려준 것이다. 일본에서는 이 SCAPIN 제1033호를 '맥아더 라인'이라고 통칭하였다.

이 SCAPIN 제1033호는 대한민국 정부가 수립된 1948년 8월 15일 이후 대한민국에 독도영유권이 완전히 인계되어 대한민국 주권이 독도에 행사된 이후 약 1년여가 지난 1949년 9월 19일 SCAPIN 제2046호에 의해 폐지되었다. 대한민국이 주권국가로 수립되고 UN총회에서 승인되어 독도와 그 인접 수역을 대한민국이 이미 관리하고 있었으므로 더 이상 존속시킬 필요가 없게 되었기 때문이다. 그러나 연합국최고사령관은 일본이 재독립되어 1952년 4월 28일 연합국최고사령부가 해체될 때까지도 SCAPIN 제677호는 폐지하지 아니하였다.

일본측은 연합국최고사령관의 독도를 일본영토에서 제외한 1946년 1월 29일의 지령을 국제법적 효력이 없는 연합국의 임시조치로 해석하는 경우가 종종 있다.

그러나 1945년 9월 2일 동경에 설치된 연합국최고사령관(SCAP)은 연합국이 '포츠담선언'(따라서 카이로선언)의 일본의 항복조건을 실행하기 위한 연합국의 국제법상 공인된 기관이다. 따라서 연합국최고사령관이 포츠담선언과 일본 항복조건을 수행하기 위해 발령하는 지령(directives)은 일본의 항복문서 조인으로 국제법상 완전하게 합법적인 것이며, 연합국의 對일본 평화조약(1951.9.8.) 제19조 (d)항에서 "점령기간 동안 점령당국의 지령(directives) 하에서 또는 그 지령 결과로 실시되었거나 생략되었거나 또는 그 당시 일본법에 의하여 승인된 모든 조치와 조례를 인정한다"는 조항에 의거하여 영구히 일본이 준수해야 할 국제법상 합법적이고 유효한 것이 되었다.

우리는 우선 여기서 SCAPIN 677호는 연합국(Allied Power)의 지령임을 주의할 필요가 있다. 연합국의 군정이 종결된 1952년 4월 28일까지의 연합국최고사령관의 지령은 모두 국제법상 합법적인 것이었으며, 실행된 것은 수정된 것이 아닌 한, 모두 국제법상 일본의 항복문서와 샌프란시스코 평화조약 제19조 (d)항에 의거하여 영구히 유효한 것이다. SCAPIN 677호의 규정도 이 범주 안에 확실하게 포함되어 있다.

일본 외무성은 후에 SCAPIN 제677호 제 6 조에 "이 지령 가운데 어떠한 것도 포츠담선언 제 8 조에 언급된 제소도(諸小島)의 최종적 결정(the ultimate determination of the minor islands)에 관한 연합국의 정책을 표시한 것은 아니다"고 한 조항을 들어서 이것이 일본영토를 규정한 것이 아니라고 주장했다. 그러나 SCAPIN 제677호 제 6 조에서 강조된 것은 복잡한 연합국들의 이해관계 속에서 다른 연합국들이 이의 제기를 할 경우를 대비해서 '최종적 결정'이 아니라 필요하면 연합국이 (평화조약 등에서) 합의하는 경우에는 앞으로 수정할 수 있다는 가능성을 열어둔 것에 불과하다. 연합국은 그 후 1952년 4월 28일 일본이 재독립할 때까지 SCAPIN 제677호를 수정한 일이 없다.

이 사실은 연합국최고사령관이 SCAPIN 제677호 제 5 조에서 "이 지령에 포함된 일본의 정의(the definition of Japan)는 그에 관하여 다른 특정한 지령이 없는 한 또한 본 연합국최고사령관에서 발하는 모든 지령·각서·명령에 적용된다"[27]고 하여, 이 지령의 '일본의 정의'에 변경을 가하고자 할 때는 반드시 연합국최고사령관이 그에 관한 '다른 특정한 지령'을 발해야 하

---

27 「SCAPIN 제677호 제5조」, "The definition of Japan contained in this directive shall also apply to all future directives, memoranda and orders from this Headquarters unless otherwise specified therein." 참조

며, 그렇지 않은 한 이 지령에서의 '일본의 정의'가 미래에도 적용됨을 밝힌 것에서도 또한 알 수 있다. 즉 연합국은 이 지령이 최종결정이 아니기 때문에 이 지령에 수정을 가할 수도 있으나, 이 지령에서 규정한 '일본의 정의'에 수정을 가할 때는 연합국최고사령관이 그에 관한 '별도의 다른 지령'을 내리도록 규정한 것이다.

즉, 연합국최고사령관은 포츠담선언 제8조를 집행하여 1946년 1월 29일 SCAPIN 제677호로써 독도를 울릉도 및 제주도와 함께 일본영토로부터 제외시켰는데, 만일 미래에 이를 수정하여 독도를 일본영토에 포함시키고자 할 때는 연합국최고사령관(또는 연합국)이 독도를 일본에 부속시킨다는 내용의 '별도의 다른 특정한 지령'을 발해야 하며, 그렇지 않은 한 이 지령은 미래에까지 유효하다는 조항이다. 연합국최고사령관 또는 연합국은 1946년 1월 29일의 SCAPIN 제677호에서 독도를 일본영토에서 제외한다는 지령을 내린 후에 일본이 재독립하여 연합국최고사령부가 해체될 때까지 이를 수정하는 지령을 내린 바 없으니, 독도는 이 SCAPIN 제677호에 의하여 일본영토로부터 완전히 제외되어 한국영토가 된 것이다.

일본측은 연합국의 SCAPIN 제677호는 일본의 주권이 상실되었을 때 일본의 동의 없이 발령된 것이라는 주장도 하고 있다.

그러나 이것은 일본의 주권이 있을 때인 1945년 9월 2일의 마지막 날 일본제국 정부가 항복문서에서 "우리(일본)는 … 1945년 7월 26일 포츠담에서 미국·중국·영국 정부 수뇌들에 의하여 발표되고 그 후 소련에 의해 지지된 선언에 제시한 조항들을 수락한다. … 우리는 이후 일본정부와 그 승계자가 포츠담선언의 규정을 성실히 수행할 것을 확약한다"고 무조건 항복문서에 서명 조인했기 때문에 일본정부의 동의를 사전에 받고 연합국최고사령관이 그 후 국제법상 합법적으로 발령한 것이다. 그러므로 SCAPIN 제677호는 일본정부와 그 승계자가 영구히 순종해야 할 연합국의 결정 지령이라고 해석되어야 정당한 것이다.

또한 일본정부가 비준한 1951년 9월 8일 샌프란시스코 평화조약 제19조 (d)항에서 일본은 연합국의 점령기간 중에 점령당국의 모든 조치의 효력을 인정하며 소송하지 않는다고 합의 비준했으니, SCAPIN 제677호의 지령은 일본이 영구히 준수해야 할 결정이 되어 있는 것이다.

최근 일본에서 일부 국제법학자들이 연합국최고사령관의 1946년 1월 29일 SCAPIN 제677호를 임시적 행정조치이며 1952년 4월 28일 일본의 재독립으로 국제법상 효력이 이미 소멸된 것이라고 주장하는 견해는 어느 경우에나 오류이고, 잘못된 견해이다.[28]

객관적으로 볼 때 연합국최고사령관의 SCAPIN 제677호와 제1033호의 독도를 일본영토에서 분리 제외하여 한국영토로 판정해서 반환시키고 재확인한 것은 국제법상 완전히 합법적인 것이며, 연합국이 당시에 이를 별도로 취소하지 않은 한 이미 집행된 것으로서, 영구히 국제법적 효력을 갖는 것이다.

4. 일본측의 연합국 판정에 대한 반응과 "독도·울릉도의 일본 부속 소도" 요구 공작 시도

1) 일본 외무성의 '울릉도·독도' 재침탈 공작활동 시작

연합국최고사령관은 1945년 9월 2일 동경에 설치 직후 일본정부의 육군성과 해군성을 즉각 해체하였다. 그리고 일본에 대한 군정을 실시하면서 일본정부를 강화조약 체결 후 재독립시킬 때까지 '임시정부'로 간주하여

---

28 ① 李漢基, 『韓國의 領土』,, 1969, pp.264~308.
　② 나홍주, 「SCAPIN 제677호(1946.1.29.)의 국제특별법령의 성격」, 독도연구보전협회 2011년도 학술대토론회 논문집 『한국의 독도영유권 증명과 일본의 독도침탈정책 비판』, 독도학회·독도연구보전협회, 2011.
　③ 박현진, 『獨島 영토주권 연구』, 경인문화사, 2016, pp.355~440 참조.

존속시키면서 외무성을 그대로 존속시켰다.

연합국최고사령관은 일본 정부 외무성 조직이 외무성 안에 특무기관으로서 특수정보 수집과 해외 공작기관인 외사고등경찰부(外事高等警察部; 미국 CIA의 해외국에 해당)가 포함되어 전쟁 수행 첩보기관이기도 했었다는 특징을 간과했으며, 그것을 서유럽과 같은 외교관들의 외교담당부서로만 착각하고 내부개혁을 단행하지 않은 실책을 범하였다.

일본 외무성은 유럽 및 미국 외무부·국무부와는 달리, 해외정보를 수집 분석하는 기능과 외국 정치계에 침투공작을 하는 기능을 '외사고등경찰부(外事高等警察部)'라고 하여 조직 내에 갖고 있었으며, 외무대신이 인사권을 갖고 있었다. 그러므로 외무성 외교관들은 정보부의 영향과 학습으로 외교를 오직 국가이익 극대화를 위한 '공작외교'로 전개하는 특징을 갖고 있었다.

연합국최고사령관(SCAP)과 일본 외무성과의 관계는 연합국최고사령부에 민정국을 두고 민정국장이 일본 외무성에 연합국 최고사령관의 지령을 전달하여 통치하고 소통하는 체제였다. SCAP 연합국 이사회(ACJ) 초대 미국대표 조지 앳치슨(George Atcheson Jr.)은 연합국과 미 국무성의 입장을 반영하면서 연합국 4대강국(미국·소련·중국·영국)의 입장을 조절하는 데 공정한 인물로 평가받는 중국통 교수 출신 관료였다. 연합국의 SCAPIN 제677호와 제1033호도 그가 재직시에 연합국 극동위원회와 연합국최고사령관이 합의하여 결정해서 반포한 것이었다.

그러나 앳치슨은 불의의 비행기 사고로 1947년 8월에 사망하였다. 그 후임자인 윌리엄 시볼트(William Sebald)가 문제의 인물이었다. 그는 미국 해군사관학교를 졸업하고 전시에는 미 해군 정보장교였으며, 장모가 일본인이었고, 조지 앳치슨의 휘하 직원으로 있을 때에도 이미 드러난 '친일파'로서 일본정부를 위해 자문과 로비를 해 주던 인물이었다.

일본 외무성은 연합국최고사령관이 포츠담선언의 일본항복조건 제8조의 집행인 1946년 1월 SCAPIN 제677호의 반포로 울릉도와 독도(Liancourt Rocks)가 일본영토에서 제외되어 한국영토로 귀속됨을 잘 알게 되었다.

일본 외무성은 1946년 1월 29일 연합국최고사령관 지령 SCAPIN 제677호의 원칙인 포츠담선언 제8조의 내용 "일본의 주권은 본주(本州)·북해도(北海道)·구주(九州)·사국(四國) 및 연합국이 결정하는 근접 제소도에 국한된다"의, "근접 제소도"에 한국의 '울릉도와 독도'를 일본의 영토에 포함시킬 공작을 적극적으로 전개하기 시작하였다.

2) 울릉도·독도 재침탈을 위한 일본 외무성의 허위정보 조작과 제공

일본 외무성은 외무성 간부들로 구성된 '평화조약문제 연구간사회'를 조직하고, 일본이 영유를 원하는 '1000개의 근접 소도'들에 대한 일본영유의 근거와 정당성을 설명하는 영문 책자를 제작하여 연합국최고사령관과 연합국에 배포 설명하기로 결정하였다. 이 목적으로 일본 외무성은 1946년 11월~1947년 6월 사이에 4책의 소책자를『일본 본토에 근접한 제소도』 "Minor Islands Adjacent to Japanese Proper"(일본 책자명『日本の付屬小島』 I, II, III, IV)를 비공개리에 간행하였다.

이 중에서 1947년 6월 간행한 네 번째 책자 "일본의 부속소도"(IV)에서 '울릉도와 독도'를 일본 영토로 설명하였다.[29] 그 내용은 전부 '거짓말'로 열거되어 있었다. 연합국을 기만하려는 공작서인 것이다. '울릉도'까지 일본 부속령이라고 주장한 거짓말이 감추고 싶었는지 일본어판은 아직도 공개되고 있지 않다.[30]

---

29 『Minor Islands Adjacent Japan Proper, Part IV. Minor Islands to the Pacific, Minor Islands in the Japan Sea』, 1947.6.
30 ①정병준,『독도 1947』, 돌베개, 2010, pp.277~395
   ②이석우 편,『대일강화조약집』, 동북아역사재단, 2006, pp. 56~60 참조.

이 공작 자료에서 일본 외무성은 먼저 '울릉도'를 다음과 같이 왜곡 설명하였다.[31]

즉, ①울릉도가 서기 512년에 한국영토에 병합된 사실을 고의로 빼고, 일본이 1004년에 한국보다 먼저 울릉도를 발견하여 '우르마' 섬이라는 이름을 붙였다고 거짓 설명하여, 원래 일본이 발견한 섬인 것처럼 날조해 강조하였다. 또한 ②17세기 일본 어민들이 울릉도에서 고기잡이를 주로 했고, 한국은 공도정책으로 방기한 섬이라는 거짓말을 강조하였다. 이어서 ③메이지 초기에도 일본인들이 울릉도 개발을 주장했고 들어가 거주했으며, 한국은 항의하고 개발하려 했지만 성과가 없다가 조선총독부 통치하에 들어간 섬이라고, 울릉도를 마치 일본인이 발견했고 개발한 섬인 것처럼 날조 왜곡하였다.

여기서 주목할 것은 일본 외무성은 처음에는 '독도'만이 아니라 '울릉도'와 '독도'를 모두 탈취하려고 공작하기 시작했다는 사실이다.

한국인이 거주하고 있어서 도저히 빼앗을 수 없는 울릉도를 왜 일본은 이렇게 집요하게 일본 부속령이라고 거짓을 주장했을까?

필자의 견해로는 우선 미국의 힘을 과신하고, 한국인을 무시하여, 요행으로 미국이 국제법상으로 울릉도를 '일본의 부속소도'로 인정해 주면 일본영토로 될 수 있다고 오판했기 때문이었다고 해석된다. 군국주의자들은 탐욕에 빠지면 강한 군사력이 모든 무리한 일이나 불법적인 일도 할 수 있다고 착각하여 정상적인 안목이 없어지는 것이다. 일본 외무성과 일본 정부 및 정계 고위층에는 여전히 일본 군국주의 잔당들이 지하에서 암약하고 있었다.

또한 울릉도의 일본 부속령 인정을 받지 못할지라도 '독도'(리앙쿠르

---

31 『*Minor Islands Adjacent Japan Proper, Part IV. Minor Islands to the Pacific, Minor Islands in the Japan Sea*』, 1947.

도)의 일본 부속령 인정을 위해서 울릉도에 대한 일본인의 연고권을 주장함으로써 '독도'의 일본 부속령 주장의 외곽 호위 장치를 설치할 계획이었을 수도 있다.

그러나 일본 군국주의 잔당들의 본의는 원래 '울릉도와 독도'를 한 묶음으로 일본영토화 하고 싶은 탐욕에 빠졌던 것으로 판단된다. 제국주의·군국주의자들은 군사력만 있으면 무엇이든지 탈취할 수 있다고 보므로 강대한 미국(연합국)이 승인만 해 준다면, 아직 독립정부도 수립하지 못한 한국은 이를 기정사실로 받아들이지 않을 수 없으리라고 오판하고 요행을 바라면서 무리한 거짓 주장을 사실처럼 꾸며서 실정에 어두운 연합국에게 설명하려 시도한 것으로 해석된다.

'독도'에 대한 설명 부분에는 다음과 같이 더욱 거짓말이 충만하였다.

① 일본은 고대(古代)로부터 리앙쿠르 암을 인지하고 있었다. 문헌으로는 1667년의 『은주시청합기(隱州視聽合記)』라는 기록이 있다.

② 리앙쿠르 암(독도)에 대해서 일본은 이름이 있는데 한국은 명칭도 없고, 한국에서 제작된 지도에도 나타나지 않는다.

③ 일본은 1905년 2월 22일 시마네 현 지사가 리앙쿠르 암(독도)을 시마네 현 소속으로 한다는 포고를 하였다.

일본측의 이 주장도 완전히 거짓이었다. 진실은 한국은 고대(古代)부터 獨島(리앙쿠르 암)에 우산도(于山島) 등으로 고유 이름이 있었다.

또한 일본이 제시한 1667년의 『은주시청합기』에도 울릉도와 독도(리앙쿠르 암)는 고려(高麗) 땅이고, 일본의 서북경계는 은기도(隱岐島)에서 한정(限定)된다고 하여 울릉도와 독도를 일본영토에서 제외하였다.[32]

---

32 신용하, 「한국 固有領土로서 獨島領有에 대한 역사적 연구」, 『韓國社會史研究會論文集』 제 27집, 1991; 『독도의 민족영토사 연구』, 재수록, 지식산업사, 1996, pp.55~137 참조.

일본은 1905년 2월 대한제국 영토인 독도를 침탈할 때 대한제국 정부와 국민이 알게 될 것을 염려하여 일본정부 중앙 『관보』에 고시하지도 못하고 한국인이 읽을 수 없는 시마네현 지방관리의 내부 자료인 시네마현 『현보』에 조그만 기사로 게재해서 독도 침탈을 감추려고 획책했었다.

일본 외무성의 팸플릿의 내용은 허위 뿐이었지만, 당시 '울릉도와 독도'를 영문으로 소개한 유일한 책자였기 때문에 연합국최고사령관은 이 공작자료를 참조할 수밖에 없었다.

한국에서는 아직 독립정부가 수립되지 않았었고, 일본정부 외무성의 이러한 책자 간행과 울릉도·독도 침탈 공작이 연합국을 상대로 활동하기 시작되고 있는 줄조차 알지 못하고 있는 상태에 있었다.

IV. 남조선과도정부의 독도 수호 의지 및 독도·울릉도 조사와 미 공군의 독도 폭격사건

1. 남조선과도정부의 '맥아더 선(線)' 수정 요구

연합국최고사령관이 1946년 1월 29일 SCAPIN 제677호와 1946년 6월 22일 SCAPIN 제1033호를 반포하여 獨島가 한국영토임을 재확인 결정하고, 일본 어부들의 독도 12마일 이내 접근을 금지하며, 한국이 독립정부를 수립하면 인수인계할 것을 전제로 독도를 일본영토에서 제외하여 주한국미군정의 관할로 인계 처리하자, 일본에서는 1947년부터 정부 차원에서는 일본 외무성이 앞장서고, 민간에서는 시마네 현 일부 어민들을 중심으로 저항이 시도되었다.

1947년 4월 일본 돗토리 현 사카이 미나토(境港)에 사는 한 일본인이 무장을 하고 獨島에 불법 상륙하여, 독도에서 어로작업을 하고 있는 한국 울릉도 도민에게 "이 섬은 자신의 어구(漁區)이다"라고 주장하면서 총을 쏘며 위협한 일이 발생하였다.

이 보고를 받은 울릉도 도민들은 분노하여 울릉도의 행정관청인 경상북도 도청에 보고하였고, 경북 도청은 1947년 6월 19일 미군정 당국과 한국인 대표기관 남조선 과도정부 [당시 민정장관 안재홍(安在鴻)]에 보고하였다.[33]

또한 이 사실은『대구시보(大邱時報)』1947년 6월 20일자에 「왜적일인(倭賊日人)의 얼빠진 수작/울릉도 근해의 소도(小島)를 자신네 섬이라고 어구(漁區)로 소유」라는 제목으로 일본인의 '독도' 침략시도를 상당히 크게 규탄 보도하였다.[34] 이 보도를 받아서 중앙 일간지인『동아일보』1947년 7월 23일자가, 「판도(版圖)에 야욕(野慾)의 촉수 못 버리는 일인(日人)의 침략성, 울릉도 근해 독도문제 재연」이라는 제목으로『대구시보』의 보도를 요약 보도하였다.[35]

경북도청의 보고를 받은 남조선 과도정부 민정장관 안재홍은 몇 가지 대책을 수립했다.

첫째, 민정장관 안재홍을 위원장으로 하는 '독도에 관한 수색위원회'(일명 교섭위원회)를 편성하였다. 민정장관 안재홍은 獨島가 조선영토인데, 일본이 자기의 영토라고 주장하려 획책하고 있다고 비판하고 대책 수립을

---

33 『漢城日報』1947년 2월 7일자, 「安民政長官地位는 行政의 最高責任者」 참조. 미군정장관은 이날 이후의 남조선의 立法은 金奎植, 司法은 金用茂, 行政은 安在鴻에 사실상 위임한다고 하였다. 단 그 위의 총책임자는 하지 中將이라고 밝혔다. 『漢城日報』9월 29일자, 「南朝鮮代表機關은 過政과 立法議院/UN美國代表書翰」 참조.

34 ① 정병준, 『독도 1947』, 돌베개, 2010, pp.97~274.
② 『大邱時報』1947년 6월 20일자, 「倭賊日人의 얼빠진 수작/鬱陵島 近海의 小島를 자신네 섬이라고 漁區로 소유」

35 『東亞日報』1947년 7월 23일자, 「版圖에 野慾의 촉수 못 버리는 日人의 侵略性」

시작하였다.[36] 1947년 2월 7일 이후의 한국인의 독도 수호를 위한 각종 대책은 배후에서 민정장관 안재홍과 그의 위원회에서 추진한 것이었다.

둘째, 독도는 한국영토로서 맥아더 라인(SCAPIN 제1033호의 구획선)의 한국쪽에 소속되어 있음을 발표하였다. 또한 직선이 끝까지 그어지지 않고 제주도 남방에서 굴절되어 일본 어획구역이 넓어졌음을 확인한 남조선 과도정부는 이를 계속 직선으로 그어서 한국 어민의 어획구역을 넓히고 일본 어부의 어업구역 축소를 내용으로 하는 "북위 40도·동경 135도/북위 26도·동경 113도/북위 26도·동경 123도"의 해양 경계선 안을 작성하여 미군정 장관을 통해서 연합국최고사령관에 건의서를 제출하였다.[37] 그리고 이를 안재홍이 창간한 『한성일보』에 보도하게 하여 여론을 일으켰다.

여기서 주목할 것은 독도를 수호하고 한국 어민의 어로해역과 권익을

---

36 『漢城日報』 1947년 10월 15일자, 「獨島의 國籍은 朝鮮/엄연한 證憑資料도 保管」 참조.

37 『漢城日報』 1947년 8월 13일자, 「近海侵寇의 日漁船/맥아더線 修正도 建議」 안재홍은 이를 그가 창간한 『漢城日報』에 보도케 하여 여론을 일으키도록 하였다. 이에 『漢城日報』 1947년 8월 13일자는 「近海侵寇의 日漁船/맥아더線 修正도 建議」라는 제목으로 울릉도에서 48마일 떨어진 獨島가 우리 영토인데 일본인들의 불법 침범이 있으며, 제주도 부근의 어장도 우리 어장인데 일본 어부들이 나타나 갖은 흉계와 불법행위를 감행하고 있으므로 과도정부(미군정청) 농무부 수산국에서는 군정장관을 통하여 일본인들이 우리 어업지구를 침범하지 못하도록 맥아더 사령부에 '일본인 어업구역 축소안'을 제출하였다고 보도하였다. 여기서 주목할 것은 일본인들이 경관과 의사들까지 끼어서 약 7~8명 이상이 1947년 8월초에 獨島에 상륙했다가 한국 어민에게 발각되어 미군정 농무부 수산국에 보고된 일이 있었다는 사실이다. 남조선 과도정부 농무부 수산국은 獨島가 울릉도로부터 48마일, 일본으로부터는 128마일이나 떨어진 우리의 국토로서, 일본인들의 독도 침범을 규탄하고, 일본 어부들의 맥아더 線(SCAPIN 제1033호선) 내의 침범을 규탄하였다. 또한 농무부 수산국은 여기에 그치지 않고 일본의 어로 구획선을 축소시키는 일본 어로구역 축소안을 지도와 같이 작성하여 미 군정당국을 통해서 맥아더 사령부에 제안하였음을 알 수 있다.

〈그림 2-4〉
남조선 과도정부가 요구한
맥아더線 수정요구 지도

지키는 해양경계선 설정은 1947년 안재홍(安在鴻) 민정장관의 남조선 과도
정부에서 시작되어, 그 후 1952년 1월 18일 대한민국 정부 이승만(李承晩)
대통령의 '대한민국 인접해양의 주권에 대한 대통령선언(평화선언)'에 계
승 선포되었다는 사실이다.

　셋째, 민정장관(안재홍)은 울릉도 도사(島司) 요청에 응하여 정기선이 울
릉도와 본토 동해안을 매월 2차례 정기 운항하도록 결정하고 집행을 지시
하였다.[38]

---

38 『漢城日報』 1947년 8월 13일자, 「文化脚光받는 孤島 鬱陵島에 定期船就航」
　「지리적 관계로 근대적 문명에 뒤떨어져 있어 아득한 옛 꿈 속에 잠자고 있든 동해

넷째, 한국 영토인 獨島에 대해 현지조사단을 파견하기로 결정하여, 1947년 8월 16일 남조선 과도정부와 조선산악회가 합동으로 "울릉도·독도 학술조사대"(공식명칭, 울릉도 학술조사대)를 편성 파견하였다.

2. 남조선 과도정부와 조선산악회의 울릉도·독도 학술조사

'울릉도·독도 학술조사대'는 남조선 과도정부가 선도 및 후원하고, 학계와 관련 깊은 조선산악회가 주력부대로 참가하여 합동 수행한 것이었다.

모두 63명으로 구성된 거대한 학술조사단은 1947년 8월 16일 서울을 출발하여 대구를 거쳐서 8월 18일 해안경비대가 제공한 대전환(大田丸)을 타고 포항을 출발하였다. 울릉도·독도 학술조사대는 울릉도를 5일간, 독도를 1일간(8월 20일) 현지 상륙 조사한 다음 8월 26일 울릉도를 출발하여 8월 28일 서울에 귀환하였다.[39]

남조선 과도정부와 조선산악회가 합동조사한 울릉도·독도 학술조사는 큰 성과를 내었다.[40] 우선, 獨島가 한국영토임을 당시 한국인 정부에 해당하는 남조선 과도정부가 세계에 거듭 알리고, 과도정부 파견관리들과 한국 민간을 대리한 조선산악회가 현지조사를 통하여 거듭 재확인했으며, 1947년 8월 20일 독도의 동도(東島)에 「조선 울릉도 남면 독도(朝鮮 鬱陵島 南面 獨島)」울릉도·독도학술조사대기념(鬱陵島·獨島學術調査隊紀念)이라는 표목까지 세우고 돌아왔다.

아직 독립정부가 수립되기 이전이지만, 과도정부(민정장관 안재홍)가 민

에 고도 울릉도(鬱陵島)도 해방의 혜택을 입어 그 밋 울릉도사(島司)의 요청과 민정장관의 지시가 있어서 이번 정기항로 개설을 결정하였는데 매월 2왕복을 정하였다.」 참조.
39 『漢城日報』 1947년 8월 30일, 「浦項으로 出發」 참조.
40 『漢城日報』 1947년 8월 30일, 「累石古墳等發見/鬱陵島學術調査隊成果」 참조.

간단체 조선산악회와 합동으로 자기의 영토 동쪽 끝을 현지조사하여 한국
영토임을 거듭 재확인한 것은 매우 뜻깊은 일이었다.[41]

1947년 울릉도·독도 학술조사는 한국 국민, 미군정 당국, 연합국 관계자
들에게 獨島가 울릉도의 부속도서로서 한국영토임을 재확인해서 널리 알
림과 동시에, 한국인의 독도수호의 견고한 민족의지와 국가의지를 알리는
데도 크게 기여하였다.

3. 1948년 6월 독도 폭격연습사건과 한국 어민들의 피해

1948년에 들어서서 6월 8일 오키나와에 주둔했던 미국 제5극동공군이
매우 큰 사고를 내었다.[42] 오키나와에 본부를 둔 미국 극동공군사령부 소
속 오키나와 가데나 기지에 배치되어 있던 미 제5공군 휘하의 93중(重)폭
격비행단 B-29 폭격기 20대가 한국영토 獨島를 미 공군 폭격연습지로 오
해하고 1948년 6월 8일 12시경 독도에 네 차례나 1000파운드 폭탄 76개를
투하하여 폭격연습을 자행한 것이다.

한국 어민들 약 60명이 1948년 6월 6일~8일 기관선 7척, 범선 12척에 나
누어 타고 이날 독도에서 고기잡이와 미역채취를 하다가, 미 제5극동공군
의 이 폭격연습으로 사망·실종 14명, 중상 3명, 경상 약간명, 기선 7척과
범선 10척 침몰의 매우 큰 피해를 입었다. 이것은 온 한국 국민을 경악케
한 대형사고였다.

---

41 당시 이러한 거대한 규모의 학술조사단의 파견과 해안경비대 순시선의 주도와 사
　용은 남조선 과도정부와 미군정의 허가가 없으면 불가능하였다. 주한 미군정은
　SCAPIN 제677호로 연합국에 의하여 독도가 일본영토에서 제외되고 한국영토로
　반환되어 자기의 관리 아래 있었으므로, 남조선 과도정부의 확고부동한 독도 영토
　수호 의지와 울릉도·독도 학술조사를 묵인한 것이었다.
42 洪聖根, 「獨島 폭격사건의 國際法的 爭點 분석」, 獨島學會 편, 『韓國의 獨島領
　有權研究史』(독도연구총서 10), 독도연구보전협회, 2003 참조.

당시 한국은 5·10선거가 끝나고 제헌의회가 구성되는 시기였고, 국내 언론기관이 활발히 활동하는 시대였으므로, 국내일간지들은 1948년 6월 11일자에서 이 사건을 크게 상세히 보도하였다.[43] 그들은 6월 8일 오전 11시 반경 국적불명의 비행기가 동해의 독도에 폭탄을 투하하고 기관총 소사를 가했기 때문에, 울릉도와 강원도 어선 20여척이 파괴되고, 어부 16명이 즉사했으며, 10여명이 중상을 입었다고 보도하였다.

누가 어찌하여 이러한 대형사고를 내었는가? 비행기로 이러한 대형사고를 낼 나라는 당시 미국 공군과 소련 공군밖에 없었다. 한국에서 경악하여 여론이 들끓는 속에서, 미 극동공군사령부는 6월 12일 ① 한국 어선이 폭격을 당한 해역 일대는 미 공군의 폭격 실험장으로 지정된 해역이고, ② 따라서 폭격한 비행기가 미군기일 가능성이 있으므로 현장 사진을 조사 중이라고 언론사의 질문에 응답하여 미 공군 비행기일 가능성을 처음으로 시사하였다.[44]

미 극동공군사령부는 다음날 두 번째 발표에서 현장사진의 조사 결과 6월 8일 조선 어선 침몰에 미 공군의 책임이 있는지는 확인이 되지 않았으나, 그 구역은 미 공군의 소정 폭격 연습장이고 비행기는 고공(高空)에서 비행 폭격연습을 했으므로 어선을 발견하지 못한 '우발적인 것'이라고 발표하였다.[45] 미 극동공군 사령부는 세 번째 발표에서 미 공군의 오키나와

---

43 ① 『조선일보』 1948년 6월 11일자, 「국적불명의 飛機가 投彈 기총소사, 독도서 어선파괴, 16명이 즉사」
② 한규호, 「독도사건 현지보고, 참극의 독도」, 『新天地』 1948년 7월호.
③ 홍성근, 「독도 폭격사건의 국제법적 쟁점분석」, 전게서, pp.377~417.
④ 정병준, 『독도, 1947』, 돌베개, 2010, pp.179~274 참조.
44 ① 『조선일보』 1948년 6월 15일자, p.2, 「東京13日發AP合同기사」.
② 홍성근, 전게논문 참조.
45 ① 홍성근, 「독도 폭격사건의 국제법적 쟁점 분석」.
② 『조선일보』, 1948년 6월 16일 p.2, 「東京發UP朝通기사」.

기지를 출발한 B-29 폭격기 부대가 2만 3천 피트 상공에서 어선들을 바위로 잘못 간주하고 폭탄을 투하한 것 같다고 인정하였다.

주한 미군사령부(사령관 하지 중장)는 매우 당황하였다. 오키나와의 미 제5극동공군이 주한 미군정이 관리하는 독도 해역을 주한 미군사령부와 주한 미군정도 모르는 사이에 폭격 실험장으로 지정하고 폭격 연습을 감행하여 주민에 대한 대형 살상 사고를 낸 것이었다.

주한 미군 사령관 하지 중장과 미 군정장관 딘 소장은 맥아더 사령관에게 SCAPIN 제1033호의 미군정 관리지역에의 모든 미 공군의 폭격 연습 중단을 선포하여 종식시킬 것을 강력히 요청하였다. 이 요청이 수락되어 미 극동제5공군 사령관이 1948년 6월 28일 리앙쿠르 암(독도) 공대지(空對地) 폭격장(Liancourt Rocks Air to Ground Range)을 추가통보 전까지 폐쇄한다고 주한 미군 사령관(하지)에게 통보해 왔다.[46]

울릉도가 동해안 어민들의 피의 대가로 '독도'와 그 동쪽 10해리 이서의 해역은 미 공군의 폭격 연습 위협에서 벗어났지만, 미 공군의 폭격사건으로 인한 피해자의 보상은 매우 인색하였다. 주한 미군 사령관 하지는 1948년 6월 19일 공보부를 통해 '특별소청위원회'를 설치하고 피해정도와 배상액을 결정하기 위한 위원단을 동해안과 울릉도에 파견한다고 발표하였다. 소청위원단의 최종 조사 결과 희생자는 사망·실종 14명, 시체 수습 3구(1명 신원불명), 어부 3명 중상 및 경상자 약간명, 재산피해는 기선 7척, 범선 10척 침몰로 집계되었다. 배상금액은 피해자 요구 총액 7,248만 원이었고, 미국이 실제 배상한 금액은 총액 910만 8,880원으로서, 요구액의 12.56%에 불과하였다.

---

46 HQ, Fifth Air Force, Subject: Waming Notice—Bobing and Gunnery Ranges (1948.6.28.), RG 554, Entry A1 1378, USAFIK, Adjutant General, General Correspondence(Decimal Files) 1945~49, Box 141; 정병준, 전게서, p.191 참조.

1948년 6월 8일 독도 폭격사건의 날은 아직 주권국가 대한민국이 수립되기 이전 미군정시기여서 어쩔 수 없었지만, 그 내용을 보면 일본 외무성 일부의 공작에 연합국 최고사령부 내 일부 친일장교들이 부화뇌동한 혐의가 있는 국제적 범죄사건이었다.

미군은 1948년 6월 독도 폭격사건을 전적으로 '우발적 사건'이었다고 주장하고, 사적으로는 '유감'을 표시했으나, 공식적으로는 누구도 사과하지 않았다.[47]

미 공군의 독도(Liancourt Rocks) 폭격사건은 한국 어민에게 큰 피해를 주었다. 그러나 뜻밖에 피의 댓가로 리앙쿠르 岩島(Liancourt Rocks, 獨島)가 한국영토임을 동아시아 관계 정책 담당의 미국을 비롯한 연합국 관계 인사들에게 알리고 각인시키는 의도하지 않은 결과도 가져왔음을 다음 논의를 위해 기억해둘 필요가 있다.

V. 대한민국의 독도 영토주권 확립과 1948년 12월 국제법상 대한민국의 독도 영토주권의 공인

1. 대한민국 수립과 독도의 인수인계 및 獨島 영토주권의 재성립

독도(Liancourt Rocks)가 포츠담선언 제8조의 집행으로 1946년 1월 29일 연합국최고사령관 지령 SCAPIN 제677호에 의하여 일본 영토에서 제외되고 한국영토로 반환되어 주한 미군정 관리하에 이관되고, 이어서 SCAPIN 제1033호가 1946년 6월 22일 반포되어 일본어민의 독도 12해리 이내의 접

---

47 洪聖根, 「獨島폭격사건의 國際法的 爭點 분석」, 2003 참조.

근이 금지되어 한국 어민들의 어장으로 활용되고 있을 때, 주한 미군정(군정장관 러치, A. L, Lerche)은 군정 법령 제64호로서 1946년 9월 실무행정권을 한국인에게 이양하기 시작하였다. 이에 따라 1946년 12월 김규식(金奎植)을 의장으로 하는 관선 45명, 민선 45명으로 구성된 남조선과도입법의원(南朝鮮過度立法議院)이 설립되었다. 이어서 1947년 2월에 민정장관에 한국인 안재홍(安在鴻)이 임명되었다. 이에 양측은 1947년 5월 38도선 이남 지역의 입법·행정·사법 각 부문의 미군정청 한국인 기관을 남조선과도정부(南朝鮮過渡政府)로 통칭하기로 결정하였다. 이때부터 남조선의 대표기관은 '남조선과도정부'와 '남조선과도입법의원'이 되었다.

남조선과도정부(민정장관 안재홍)는 정부 조직을 13부 6처로 편성하였다. 남조선 과도정부 체제에서 獨島는 지방행정 조직체계상 '경상북도 울릉군 남면(南面) 獨島'로 편입되어, 경상북도 지사와 울릉도 군수의 행정통치를 받았다.

1948년 독립정부 수립을 위한 국회의원 총선거가 1948년 5월 10일 실시되어 198명의 제헌국회 국회의원이 선출되었고, 5월 31일에는 국회가 개원되었다. 제헌의회 개원 초기인 1948년 6월 8일 미 공군기의 독도 폭격사건이 발생했으므로, 독도문제가 거론되었다. 제헌의회는 1948년 6월 14일 독도에 폭격을 가한 미 공군기의 만행을 규탄 결의하고, 이 사건을 외무국방위원회에서 담당하여 미군 당국에 철저한 조사와 피해 어민에 대한 충분한 보상을 요구하기로 결의해서 미군 당국에 통보하였다. 또한 독도는 국유지로 두며, 현재와 같이 울릉도에 부속시켜 관장케 하기로 결정하였다.

제헌국회에서는 1948년 7월 1일 국호를 대한민국(The Republic of Korea)으로 재확정하고, 7월 12일 헌법을 제정했으며, 7월 20일에는 이승만(李承晩)을 대통령, 이시영(李始榮)을 부통령으로 선출하였다. 제헌국회는 헌법제정 통과 이외에도 정부조직법, 친일파 처벌을 위한 반민족행위처벌법, 농가양곡 매입을 의무화한 양곡매입법, 국가 및 지방행정조직법 등 20여건의 법률을 제정하였다. 1948년 8월 15일에는 마침내 이승만을 대통령으로 한 대한민국정부가 수립되었다.

대한민국 정부는 1948년 8월 15일 수립되자 미군정의 통치(즉 남조선과 도정부의 통치)를 그날로 인수인계 받고, 미군정(및 남조선 과도정부)은 이 날로 종식되었다.

독도는 1945년 8월 15일 정부의 소유지로 미군정(남조선 과도정부)에서 인수·인계되어 대한민국의 영토로서 대한민국의 영토주권이 재성립되었으며, 남조선 과도정부 때와 마찬가지로 '경상북도 울릉군 남면 독도'의 지방행정 조직체계를 갖게 되었다.

2. 1948년 12월 국제법상 대한민국의 독도 영토주권의 확정·공인

대한민국 정부는 1948년 8월 15일 정식으로 수립되어 독립 주권국가가 되자, 그 해 즉시 국제연합(United Nations)에서 국제적 공식 승인을 받기 위하여, 1948년 12월 프랑스 파리에서 개최되는 제3차 국제연합 총회(UN 총회)에 대한민국 대표단(단장 장면, 張勉)을 파견해서 대한민국의 국제법 상 합법적 주권국가 승인을 요청하였다.

파리 제3차 국제연합(UN) 총회는 1948년 12월 12일 48대 6(기권1)의 절대다수 가결로 국제사회에서의 대한민국이 국제법상 합법적 주권국가임을 승인하였다. 이 때 가결된 1948년 국제연합(UN) 총회 결의안 제 195(III)호의 관련문은 다음과 같다.

총회는,
한국 독립 문제에 관한 1947년 11월 14일자 총회 결의 제112호(Ⅱ)를 고려하며,

유엔 임시 한국위원단(이하 '임시위원단'이라고 칭함)의 보고서 및 임시위원단과의 협의에 관한 소총회의 보고서를 참작하고,

임시위원단의 보고서에서 언급된 모든 난점으로 인하여 1947년 11월 14일자 총회 결의에 규정된 목표가 완전히 달성되지 않았고 특히 한국 통일이 아직 성취되지 않았다는 사실에 유의하여,

1. 임시위원단 보고서의 모든 결론을 승인하고,

2. 임시위원단이 감시와 협의를 할 수 있었으며 한국 국민의 대다수가 거주하고 있는 한국 지역에 대한 유효한 지배권과 관할권을 가진 합법 정부(대한민국 정부)가 수립되었다는 것과 동 정부는 동 지역 선거인들의 자유 의지의 정당한 표현이고 임시위원단에 의하여 감시된 선거에 기초를 둔 것이라는 것과 또한 대한민국 정부는 한국 내의 유일한 정부임을 선언한다.

…

9. 각 회원국과 그 밖의 국가는 대한민국 정부와의 관계를 수립함에 있어 본 결의 제2항에 표시된 모든 사실을 고려할 것을 권고한다.[48]

---

48 Resolution 195(III) Adopted by the General Assembly on 12 December 1948의 제2항의 영어원문은 다음과 같다.

The General Assembly

Having regard to its resolution 112(II) of 14 November 1947 concerning the problem of the independence of Korea,

Having considered the report[1] of the United Nations Temporary Commission on Korea(hereinafter referred to as the "Temporary Commission"), and the report[2] of the Interim Committee of the General Assembly regarding its consultation with the Temporary Commission,

Mindful of the fact that, due to difficulties referred to in the report of the Temporary Commission, the objectives set forth in the resolution of 14 November 1947 have not been fully accomplished, and in particular that unification of Korea has not yet been achieved,

1. Approves the conclusions of the reports of the Temporary Commission;

2. Declares that there has been established a lawful government (the Government of the Republic of Korea) having effective control and jurisdiction over that part of Korea where the Temporary Commission was able to observe and consult and in which the great majority of the people of all Korea reside; that this Government is based on

여기서 특히 주목할 조항 내용은 2항의 "임시위원단이 감시와 협의를 할 수 있었으며 한국 국민의 대다수가 살고 있는 한국 지역에 대한 유효한 지배권과 관할권을 가진 합법정부(대한민국 정부)가 수립되었다는 것과 동 정부는 동 지역 선거인들의 자유의지의 정당한 표현이고 임시위원단에 의하여 감시된 선거에 기초를 둔 것이라는 것, 그리고 대한민국 정부는 한국 내의 그러한 유일한 정부임을 선언한다"는 선언조항이다.

1948년 12월 12일 제3차 유엔총회에서 국제법상 한국 내의 유일한 합법 정부로 승인받은 대한민국 정부의 국제법(국제사회)이 승인 선언한 대한민국 정부의 권리는, 위의 선언 조항에 쓰어진 바와 같이, 1948년 당시 유엔 임시위원단의 감시와 협의를 받으면서 자유의지의 선거를 거친 행정구역 상의 국민과 영토에 대한 "유효한 지배권과 관할권(effective control and jurisdiction"이다.

여기서 "유효한 지배권(effective control)"은 "정치적·행정적 권리"이고, "관할권(jurisdiction)"은 "사법적 권리" 즉 '소유권', '처분권'을 의미하는 것이다. 이를 통합하면 '主權(sovereignty)'을 의미하고, 토지에 적용하면 '영유권(right of territory, ownership)'을 의미하는 것이다.

즉 1948년 12월 12일 유엔총회의 대한민국 정부의 국제법상 합법적 정부 승인 통과와 선언은 1948년 12월 12일 당시의 대한민국의 국민과 영토에 대한 국제법상 '主權(sovereignty)'을 승인 선포한 것이었다.

이것을 독도에 적용하는 경우에는, 1948년 12월 12일 당시 독도가 대한민국의 정치 행정 사법체계 안에 들어있었는가를 확인하면 된다. 앞에서 서술한 바와 같이, 연합국최고사령관은 연합국의 포츠담선언 제8조를 집행한 SCAPIN 제677호(1946.1.29.)와 제1033호(1946.6.22.)를 제정 선포하여

---

elections which were a called expression of the free will of the electorate of that part of Korea and which were observed by the Temporary Commission; and that this is the only such Government in Korea;

독도(Liancourt Rocks)를 한국에 반환하기로 결정하고 일본에서 제외하여 주한 미군정에 소속시켰다. 이에 주한국 미군정은 독도를 행정관리하면서 (실질적으로는 남조선과도정부가 행정관리하면서) "경상북도 울릉군 남면 독도"로 지방행정 조직체계에 편성하여 미군정과 남조선과도정부가 통치하다가, 1948년 8월 15일 대한민국 정부가 수립되자 '독도'도 다른 영토와 함께 대한민국 정부가 미군정(및 남조선 과도정부)으로부터 인수인계 받았다.

따라서 논리적으로 1948년 12월 12일부터는 독도는 대한민국의 불가분리(不可分離), 불가양(不可讓)의 영토의 일부로서 승인받았으며, 대한민국은 그의 다른 영토와 마찬가지로 독도에 대해서도 완전한 주권의 소유를 국제사회와 국재법상 재확정, 공인받은 것이었다. 즉 독도에만 한정해서 말한다면, 대한민국은 다른 영토와 마찬가지고 독도에 대한 완전한 주권(full sovereignty)을 갖고 국제사회에서 공인받아 국제법상 완전히 합법적 주권행사를 하게 된 것이었다. 독도 영유권을 100으로 표시한다면 대한민국은 영유권 100을 모두 갖고 국제사회에서 공인받은 셈이었다.[49]

더구나 미국은 1949년 1월 1일자로 재독립한 대한민국을 다시 개별적으로 승인하였다. 그러므로 1949년 1월 1일 이후 대한민국의 독도 영유권을, 혹시라도 국제법을 모르는 미국의 일부 군인들이나 정치가가 무효화하려 하거나 일본에 넘겨주려고 시도하는 경우에는 국제법상 '금반언(禁反言)의 원칙'에 위반되는 행위를 하는 것으로 규탄되고, 이것은 성립 불가능하게 되는 것이다.[50]

---

49 ① 신용하,『독도영유의 진실 이해』, 서울대학교출판문화원, 2012, p.63.
　② 김영석,「1948년 UN총회 결의 195(3)호와 우리나라 독도에 대한 영유권」,『법학논집』(이화여자대학교 법학연구소) 제19권 2호, 2014. 12.
50 김영석,「1948년 UN총회 결의 195(3)호와 우리나라 독도에 대한 영유권,『법학논집』(이화여자대학교 법학연구소) 제19권 2호, 2014.12.

다음으로 필자가 특히 주목을 요구하고 싶은 것으로서, 1950년 5월 18일 對일본 평화조약체결 준비위원장에 임명된 존 포스터 덜레스(John Foster Dulles)가 결정한 1950년 8월 7일자 對일본 평화조약 체결의 원칙이다. 덜레스는 원칙 제 4항에서 '한국영토'에 대한 항목은 "1948년 12월 (12일) 유엔총회가 채택한 결정을 한국과의 관계의 기초로 삼는다.(and will base its relation with Korea on the resolutions adopted by the United Nations Assembly on December --, 1948,)"[51]고 규정한 것이었다. 이 원칙은 1950년 9월 8일 평화회의에서 비준된 '평화조약'에 그대로 반영되었다.

여기서 1948년 12월 (12일) 유엔총회가 채택한 결정은 영토에 관련해서는 위에서 설명한 1948년 파리 UN총회 결의안 제 195(III)호의 제2항이다. 여기서는 "유엔 임시위원단의 감시와 협의를 할 수 있었으며 한국 국민의 대다수가 거주하고 있는 한국 지역에 대한 유효한 지배권과 관할권(effective control and jurisdiction)을 가진 합법정부(대한민국 정부)가 수립된 것"이라고 하여, 1948년 12월 12일 당시의 대한민국의 유효한 지배권과 관할권을 가진 영토를 한국영토로 한다는 것이었다. 독도(Liancourt Rocks)는 바로 이 때 6개월 전 미 제5공군의 독도 폭격사건으로 세계의 극동정책 관련자 다수가 독도의 한국영토임을 인지하게 된 시기였다. 당시 동경의 연합국최고사령관 관계인사들이 독도(Liancourt Rocks)가 대한민국의 완전한 주권이 지배하고 관할하는 대한민국의 영토였음을 확인한 것은 물론이다.

1948년 8월 15일 대한민국 정부 수립과 1948년 12월 12일 파리 유엔총회에서의 대한민국 정부의 국제사회와 국제법상의 주권국가로의 승인에 의해, 당시(1948. 12. 12) 대한민국이 영유하고 있던 독도(Liancourt Rocks, Takeshima)는 자동적으로 국제법상 대한민국의 완전한 영토로 확정된 것이

---

51 FRUS, 1950, Vol. 6, Memorandum by the Consultant to the Secretary(Dulles) to the Assistant Secretary of State for Economic Affairs(Thorp) J[ohn] F[oster] D[ulles], p.1268 참조

었다.[52]

---

52 필자가 여기서 덜레스 준비위원장의 견해를 인용하는 것은 덜레스가 당시 "조약체결 관련 국제법"의 전문가로서 1948년 12월 대한민국 당시의 국민과 영토의 주권적 지배를 유엔총회에서 승인받도록 지원했었고, 이것이 1951년 샌프란시스코 평화 조약에서의 SCAPIN 제677호의 존중에 연결된다는 사실도 주목했기 때문이다. 덜레스는 프린스턴 대학에서 법률을 전공하고 조지 워싱턴 대학교 법학대학원에서 '국제법'으로 학위(LLD)를 받았다. 1919년 파리 평화회담에서 월슨 미국대통령의 지명으로 미국 대표단의 국제법 담당 위원이 되어 독일과의 '배상문제'를 다루었으며, 패전국과의 조약체결의 배상문제 전문가가 되어 1,981페이지에 달하는 방대한 공동저서가 있다. 민주당 출신 트루만 대통령이 일본과의 평화조약 체결 준비에 임하여, 덜레스는 공화당 상원의원 출신이었는데도 불구하고 덜레스의 전문지식과 경험을 활용하기 위해 1950년 對일본 평화조약 체결 준비위원장에 위촉한 것이었다. 덜레스가 국제사회 및 미국과 한국의 관계는 국제법상 1948년 12월 12일 유엔총회 결의 '195(Ⅲ)호'에 의거한다는 덜레스의 결정과 원칙을 견지한 것은 전적으로 국제법에 의거한 그의 원칙과 설명이었다.

덜레스는 국제연합(UN)이 국제사회와 국제법상 막강한 '힘'을 가진 기구이며, '한국(Korea)'은 국제연합이 국제사회에 탄생시킨 주권국가로서 국제연합의 힘의 보호를 받는 독립국가로 생각하였다. 덜레스는 1947년부터 국제연합(UN) 미국대표의 하나로 참가해서 국제연합 관리 하의 총선거에 의한 韓國獨立을 주장하였다. 덜레스는 국제연합에서 韓國獨立의 미국측 제안 설명자였다. 1948년 12월 파리 국제연합(UN) 총회에 참석하여 대한민국의 국제법상 국제사회에서의 주권독립국가로 승인하는 일에 미국 대표로서 적극 협력했을 무렵에, 그는 한국 사정을 비교적 잘 알고 있었으며, 그 직전에 미 공군기의 리앙쿠르 岩島(Liancourt Rocks: 獨島) 폭격사건과 큰 인명피해로 미국측의 배상문제가 진행 중이었으므로, 물론 한국 명칭 독도는 몰랐어도 리앙쿠르岩島가 대한민국의 영토임을 알고 있었다고 추정된다. 덜레스는 직업정치가가 아니라 國際條約 전문가 국제법변호사였다. 존 포스터 덜레스(John Foster Dulles)의 주요저서를 들어 두면 다음과 같다.

① John Foster Dulles, *War, Peace and Change*, Harper and Brothers, 1939.

② John Foster Dulles; Philip Mason Burnett; James T. Shotwell, *Reparation at the Paris Peace Conference—From the Standpoint of American Relegation*, 2 vols, Columbia University Press, 1940.

③ John Foster Dulles; Philip C. Jessup; Mrs. Franklin D. Roosevelt, *Problems of Greece, Korea and Palestine: Selected Statements, United Nations Resolutions September 21~December 12, 1948*, The Department of State, Washington DC, 1949.

대한민국은 1948년 주권 정부 수립에 의한 연합국으로부터의 독도 인수 인계(1948.8.15.)와 제3차 파리 국제연합 총회 결의안 제195(III)호의 재확인 결정(1948. 12. 12.)으로 독도의 완전한 영토주권을 가진 나라가 되었다. 이 때부터는 어떠한 강대국도 대한민국의 사전 동의 없이 대한민국의 불가분 리의 독도 영토주권을 변경 또는 분리하려는 행위를 자행하는 경우는 '침략', '침략행위'가 되는 것이다.

만일 당시 세계 최강대국인 미국이 1948년 12월 12일 이후에 '독도'를 대한민국 영토에서 분리하여 일본에 부속시키려고 하는 경우는 어떻게 될 것인가? 미국은 1948년 12월 12일 유엔총회 제195(III)호의 결의를 위반하여 국제법을 위반한 것이 되며, 1949년 1월 1일 대한민국의 독립과 주권을 승인한 결정을 시행해 놓고서 '금반언의 원칙'을 위반한 것이 되는 것이다. 미국은 강대국임에도 불구하고 국제사회의 전체가 아니라 그 하나에 불과하기 때문에 자의로 이미 국제법상 한국 영토로 공인된 독도를 빼앗아서 일본에 이양시킬 권리가 없는 것이다.

또 만일 연합국이 1950년 이후 일본과의 평화조약에서 독도를 한국영토에서 분리하여 일본에 부속시키려고 변경하는 경우에는 어떻게 될 것인가? 국제연합(UN)이 파리 제3차 총회에서 1948년 12월 12일 결의한 제195(III)호에 모순된 결정을 한 것으로 되어, 연합국이 독도에 대한 '영토분쟁의 씨앗'을 뿌린 것으로 된다. 이 경우 이미 독도에 '완전한 주권'을 설정하여 국제법과 국제사회의 공인을 받은 대한민국이 연합국의 변경 결정을 수용하지 않을 때에는 연합국의 변경은 무효가 되고, 만일 대한민국 정부가 국제사법재판소의 평결을 희망할 때(일본정부가 희망할 때가 아님)에

---

④ John Foster Dulles, *War or Peace,* Macmillan, New York, 1950.

⑤ John Foster Dulles, *A Dynamic Moral Force—America's Opportunity,* The John Hopkins University, 1952.

는 '분쟁지'가 되는 것이다.

그러므로, 대한민국 정부가 독도의 한국영토에서의 분리를 자발적으로 승인하지 않는 한, 독도는 이미 대한민국의 완전한 영토주권이 설정되어 있고, 국제법 뿐만 아니라, 1948년 12월 12일부터 이미 국제사회의 공인을 받은 대한민국의 불가분리의 영토로 확정 공인된 섬으로 존재하고 있었다.

VI. 연합국의 對일본 평화조약 체결 준비 및 일본의 로비 활동과 독도의 지위

1. 연합국의 對일본평화조약 준비의 4단계 과정

연합국의 對일본 평화조약 준비는 국제정치 정세 변화와 조약 초안 작성국인 미국 국내정치의 변화에 따라 크게 4단계로 나누어 볼 수 있다.

제1단계는 1945년 8월 10일 일본이 포츠담선언(the Potsdam Proclamation)을 수락하여 무조건 항복선언(1945.8.15.)과 항복 조인(1945.9.2.)을 하고, 동경에 설치된 연합국최고사령부(GHQ: SCAP)가 연합국최고사령관 지령 제677호를 선포하여 포츠담선언 제8조를 집행해서 '일본의 정의(the definition of Japan)'를 내린 평화조약 준비시기이다. 대략 1945년 7월 26일부터 1949년 12월 28일까지가 이 시기에 해당한다.

제2단계는 미국이 작성한 對일본 평화조약 초안(1949년 11월 2일자 초안, 제5차 초안)에 대해 일본정부가 미해군 정보장교출신 미국인 고문 시볼드 등을 내세워 일본 영토 극대화를 위해 제5차 미국 초안을 '수정'하려고 맹렬히 '공작'하던 단계이다. 즉 일본측의 수정 공작과 동경의 연합국최고사령관 소속 일부 미군 장교 및 미국인 고문들의 동조 활동으로 연합국의 對일본 평화조약이 수정에 수정을 거듭하면서 논쟁이 일어나고 초안이

'누더기'가 되어 가던 시기이다. 1949년 12월 29일부터 1950년 5월까지가 이 시기에 해당한다.

제3단계는 미국측 對일본 평화회담 준비위원장에 덜레스(John Foster Dulles)가 취임하여, 평화회담의 '7개 원칙'을 제정 선포하고, 미국의 이익 극대화를 위하여 소련과 중국을 제외한 미국·영국 중심의 단독강화를 추진하던 단계이다. 이 시기에는 1949년 10월 중국 본토가 공산화되어 중화인민공화국이 수립되고 종래의 중화민국(the Republic of China)은 대만으로 쫓겨가 있었으며, 1950년 6월 25일 한국전쟁(Korean War)이 발발하여 냉전이 열전화하였다. 미국은 극동에서 일본을 미군의 군사기지로 사용하면서 한국전쟁을 수행하기 위해 對일본 평화조약을 매우 서두르게 되었다. 덜레스는 기성 미국 초안을 폐기하고 국제법과 국제관행을 존중하면서도 모든 것을 '미국의 이익 극대화'를 위해 對일본 평화조약 조약문을 매우 간략화한 새로운 '덜레스 초안'을 작성하여 추진하였다. 1950년 6월부터 1951년 2월 말까지가 이 시기에 해당한다.

제4단계는 덜레스가 작성한 미국의 對일본 평화조약 초안에 영국·오스트레일리아·뉴질랜드 등 영국 및 영연방국들이 반대하여, 미국측 초안과는 다른 별도의 "영국 제1차 초안"(1951.2.28.), "영국 제2차 초안"(1951.3.), "영국 제3차 초안"(1951.4.)을 작성했으므로, 미국측이 당황하여 양측이 회담과 협의를 거듭해 가면서 "미·영합동초안(Joint United States-United Kingdom Draft)"을 작성한 단계이다. 이 과정에서 덜레스의 미국 초안은 상당히 수정되었고, 조약문 편성과 표현 방법과 문구·문장도 많이 수정되었다. 제1차 영국 초안이 발표된 1951년 2월 28일부터, 영국과 미국이 절충 합의하여 최종의 '개정 미·영합동초안'이 작성되어, 덜레스가 연합국의 對일본 평화회의"(1951.9.8.)에 '최종안'(1915.8.13.)을 제출한 1951년 3월부터 1951년 9월 4일까지가 이 단계에 해당한다.

이 과정은 한 권의 단독 책을 써도 지면이 부족한 큰 주제이므로, 여기서는 우리의 주제인 獨島(Liancourt Rocks)의 귀속 문제를 중심으로 큰 줄거리만 간략히 서술하기로 한다.

2. 제1차 미국 초안(1947.3.19.)의 특징과 獨島=한국영토

연합국의 對일본 평화조약(the Allied Power's Peace Treaty with Japan)의 초안은 처음부터 미국이 주도하여 미국이 담당하였다. 초안 작성 담당기관은 '미 국무부 극동국 일본과'(당시 과장 Hugh Borton)였으며, 여기서 최초로 작성한 초안이 '제1차 미국 초안(1947년 3월 19일의 초안)'이었다.[53]

미국의 제1차 초안(1947.3.19.)은 그 후 미국이 만든 10여개의 초안들 중에서도 가장 중요하다. 그 이유는 이 초안이 미국 중심이면서도 포츠담선언과 그 집행인 SCAPIN 제677호 및 연합국의 견해를 가장 충실하게 조정해 담으려고 노력한, 상대적으로 가장 객관적인 초안이었으며, 연합국의 동의를 얻기 쉬운 초안이었기 때문이다. 그 후 온갖 로비들에 의해 수정에 수정을 거듭하다가 평화회의 직전에 연합국의 조약 비준을 바로 앞두고 영국 및 오스트레일리아, 뉴질랜드 등 영국연방국가들과 미국 및 연합국이 결국 다시 돌아가서 지지한 조약안도 바로 이 제1차 초안의 내용이었다.

이 초안의 작성 실무책임자는 보튼(Hugh Borton)이었다.

보튼은 작성한 초안을 들고 연합국 최고사령관의 검토 견해를 직접 들으려고 1948년 2월 동경을 방문하여 맥아더와 면담하였다. 그는 한국 독립 문제에도 큰 관심을 갖고 이때 맥아더의 권유를 받아 1948년 4월 5일부터

---

53 미 국무부 극동국 일본과에서 조약 초안을 작성하기 시작한 것은 이에 앞서 1946년 후반부터이다. 그러나 이 초안들은 과내 직원들의 초안들이어서 아직 정리된 초안이 아니었다. 국무부가 연합국최고사령관 등 관련기관에 검토의견을 요청한 초안들부터 번호를 붙일 만한 초안이므로 여기서는 이해의 편의를 위해서 일자와 번호 첨부(필자)를 겸용하기로 한다.

4월 11일까지 일주일간 맥아더의 전용기를 타고 주한미군 사령관 하지(John Reed Hodge) 중장과 함께 한국을 방문해서, 안재홍(민정장관)과 한성일보사, 김규식(입법의원 의장), 김구(대한민국 임시정부 주석), 조소앙(대한민국 임시정부 외교부장), 여운형(근로인민당 당수), 김성수(한국민주당 당수), 조병옥(군정청 경무부장)과 직접 면담하여 의견을 청취하고 돌아갔다.[54]

제1차 미국 초안의 특징은 '독도'와 관련하여 주로 다음과 같다고 말할 수 있다.[55]

〈그림 2-5〉 샌프란시스코 평화조약 제1차 미국 초안 작성 무렵의 휴 보튼

1) 일본영토 한정의 기준일자는 1894년 1월 1일

제1차 미국 초안의 제1장 영토 규정의 제1조는 일본의 영토 한정 기준일을 '1894년 1월 1일' 현재로 하였다. 이것은 일본 군국주의가 청일전쟁을

---

54 Hugh Borton, *Spanning Japan's Modern Country; The Memoirs of Hugh Borton*, 2002, pp.179~207 참조. 보튼은 미국 출생의 독실한 퀘이커 교도로서 미국 퀘이커 대학을 졸업하고 네덜란드 라이덴 대학에서 도쿠가와 시대 일본 농민운동으로 박사학위를 받은 젊은 학도였다. 그는 컬럼비아 대학 강사(조교수급)를 하다가 일본의 진주만 기습으로 태평양전쟁이 일어나자 징집되어 평화주의 종교 신념 때문에 군대에 들어가지 않고 미국 국무부에 들어가서 1942년~1948년까지 극동국에서 근무하였다. 이 시기에 국제연합(UN) 창설과 국제연합 헌장 제정에 주요 실무자의 역할을 했으며, 극동국 일본과장의 직책을 맡아 '연합국의 對일본 평화조약' 초안을 작성하였다.
55 미국의 1947년 3월 19일 초안(제1차 초안)의 영토 관계 조항 全文은 신용하 편저, 『독도 영유권 자료의 탐구』 제 3권, pp. 284~287 참조

일으킨 해인 '1894년의 1월 1일'을 원래의 일본으로 결정하고, 그 이후 편입한 영토는 '영토야욕'으로 '침탈'해서 확장한 토지로 간주하여 이들을 원 주인에게 반환시키는 정책을 채택 반영한 것이었다.

제1차 미국 초안의 제1조에서는 일본 영토를 본주(本州)·구주(九州)·사국(四國)·북해도(北海道)와 근해 작은 섬들로 하고, 쿠릴 열도(Kuril Islands)는 제외하였다. 남쪽으로 유구(琉球)열도(Ryukyu Islands)는 가고시마 현에 속하는 것으로 일본영토에 포함시켰다. 그리고 이즈 열도(Izu island, 伊豆), Sofu Gan(孀婦岩, Lot's Wife), Rebun(禮文島), Riishiri(利尻島), Okujiri(奧尻島), Sado(佐渡島), Oki(隱岐), Tsushima(對馬島), Iki(壹岐), 그리고 Goto Archpelago (五島群島) 등의 섬만 이름을 쓰고, 이 영토계선은 이 조약의 부속지도에 따른다고 하였다. 우리의 주제인 독도(Liancourt Rocks, Takeshima)는 연합국의 SCAPIN 제677호에 의해 한국영토로 판정되었으므로, 일본영토에서 제외되었다.

제2조는 일본이 영유권을 포기하여 中國의 주권에 귀속시킬 섬들을 규정하였는데, 대만(臺灣, Formosa) 및 그 부근의 작은 섬들(이름을 들고 있음)과 유구초(琉球礁, Ryukyusho)와 팽호도(澎湖島, Pescadores Islands)를 중국에 귀속시킬 영토로 들었으며, 일본은 요동반도(遼東半島, Liatung Peninsula)에 대한 모든 특권과 청구권을 포기한다고 규정하였다.

제3조는 소련에 귀속시켜야 할 영토를 규정하였는데, 북위 50도 이남의 남부 사할린(Saghalien, Karafudo), 그리고 캄차카와 북해도(北海道) 사이에 있는 쿠릴 열도(Kuril Islands)의 완전주권을 소련에 귀속시킨다고 하였다. 여기서는 일본에 남겨서 귀속시킬 작은 섬을 거명하지 않았기 때문에 그후 일본이 주장하는 4개섬(에토로후, 구나시리, 하보마이, 시코탄)은 모두 소련에 귀속되는 것으로 간주되었다.

2) 제1차 미국 초안의 獨島=한국영토

미국의 제1차 미국 초안(1947년 3월 19일 초안)의 제4조는 한국에 귀속시켜야 할 영토를 다음과 같이 규정하였다.

> 「이에 일본은 한국과 제주도·거문도·울릉도·獨島(Liancourt Rocks, Takeshima)를 포함한 근해의 한국의 모든 작은 섬들에 대한 권원을 포기한다.(Japan hereby renounces all rights and titles to Korea and all minor offshore Korean islands, including Quelpart Islands, Port Hamilton, Dagelet (Utsuriyo) Island and Liancourt Rocks(Takeshima)」

즉 일본은 한국(Korea)에 대한 모든 권리와 권원을 포기하며, 또한 한국 근해에 있는 모든 작은 섬들에 대한 모든 권리와 권원도 포기하는데, 이 섬들에는 제주도(Quelpart Islands), 거문도(Port Hamilton), 울릉도(Dagelet), 獨島(Liancourt Rocks, Takeshima)도 포함된다고 규정하였다.

제1차 미국 초안에서는 이와 같이 제1장 영토규정 제4조에서 독도는 'Liancourt Rocks'라는 서양 이름을 거명하면서 한국(Korea) 영토에 귀속됨을 명백히 규정하였다.

제5조에서는 일본은 남중국해(South China Sea)에 있는 동사군도(東沙群島, Pratas Islands), 서사군도(西沙群島, Spratly and Paracel Islands), 기타 남중국해의 모든 섬들에 대한 청구권을 포기한다고 규정하였다.

제6조에서는 일본은 니시노 시마(西之島, Nishino Island)를 포함한 오가사하라 제도(小笠原諸島, Bonin Islands)와 유황도(硫黃島, Volcano Island)와 오키노 도리시마(沖ノ鳥島, Parce Vela)에 대한 모든 권리와 권원을 포기한다고 규정하였다.

제7조에서는 오키나와 현의 일부를 구성하고 있는 유구열도(琉球列島, Ryukyu Islands)에 대한 모든 권리와 권원을 포기한다고 규정하였다.

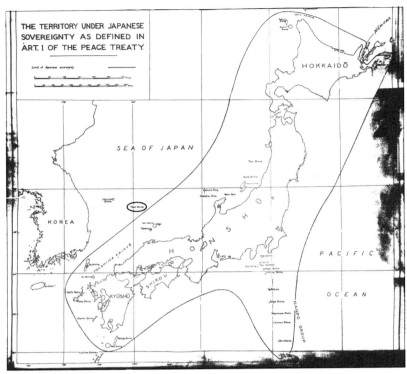

THE TERRITORY UNDER JAPANESE
SOVEREIGNTY AS DEFINED IN
ART. I OF THE PEACE TREATY.

〈그림 2-6〉 對일본평화조약 제1차 미국초안 부속지도
(1947/3/20 [USNARA/740.0011 PW(PEACE)/3-2047]) (o표는 독도, 필자 표시)

제8조에서는 일본은 남극(Antarctic, 南極)에 대한 모든 영토 청구권을 포기한다고 규정하였다.

미국 제 1차 초안에는 "일본의 영역"을 표시한 〈그림 2-6〉과 같은 부속지도가 첨부되어있었다.

여기서 거듭 강조해 둘 것은, 제1차 미국 초안에서는 일본영토 판정의 기준이 ① 1894년 1월 1일이며, ② 獨島(Liancourt Rocks, Takeshima)는 명료하게 명칭을 들면서 한국(Korea) 영토로 규정되어 있다는 사실이다.

연합국 최고사령관 맥아더도 이때는 獨島(Liancourt Rocks)를 한국영토로 결정한 이 미국 초안에 전혀 이의가 없었다. 맥아더가 이 초안을 직접 갖고 방문한 보튼에게 요구한 것은 對일본 평화회담이 미국 본토에서가 아니라 1948년 여름에 일본 동경에서 맥아더의 감독 하에 개최되기를 희망한다는 것이었다.[56]

3. 제 2·3·4·5차 미국 초안과 獨島=한국영토

미국은 그 후 제1차 미국초안을 각 장별로 여러 차례 부분적 수정을 가하였다. 수정들을 모아서 미국 국무부 안에서 전체적 조약문들을 갖추었다고 보고 대외 협의를 한 큰 것들만을 간추려 보면, 미국은 그후 1947년 8월 5일 초안(제2차 미국 초안)에서도 일본영토는 제1조에 규정하면서 獨島는 일본영토에서 제외시키고, 한국영토를 규정한 제4조에서 "일본은 이로써 한국(Korea)과 제주도·거문도·울릉도 및 리앙쿠르 암도(岩島, Liancourt Rocks, 獨島, Takeshima)을 포함한 한국의 모든 해안 작은 섬들에 대한 모든 권리와 권원을 포기한다"고 하여, 리앙쿠르 암도(Liancourt Rocks, Takeshima)라는 서양호칭으로 獨島를 한국(Korea)에 포함시켜 한국영토임을 명백히 하였다.[57]

또한 1948년 1월 8일 미국 초안(제3차 미국 초안)에서도 제1조의 일본영토 규정에서 獨島를 제외시켜서 일본영토가 아님을 명백히 하고, 제4조의 일본이 포기하여 한국에 반환하는 영토 속에 "일본은 이로써 한국인을 위하여 한국(Korea)과 제주도·거문도·울릉도·리앙쿠르암도(Liancourt Rocks,

---

56 Hugh Borton, *Spanning Japan's Modern Country; The Memoirs of Hugh Borton,* 2002, pp.192~193 참조.
57 제2차 미국 초안(1947.8.5.)의 영토 관련 항목 全文은 신용하 편저, 『독도 영유권 자료의 탐구』 제3권, pp.287~290

獨島, Takeshima)를 포함한, 한국의 모든 해안 섬들에 대한 모든 권리와 권원을 포기한다"고 하여, 제주도·거문도·울릉도와 함께 獨島를 리앙쿠르岩島(Liancourt Rocks, Takeshima)라는 이름으로 넣어 한국영토임을 명백히 하였다.[58]

또한 1949년 10월 13일 미국 초안(제4차 미국 초안)에서도 독도는 제1조의 일본영토에서 제외시키고, 제4조에서 "일본은 이로써 한국인(Korean People)을 위하여 한국(Korea)과 그 근해의 모든 섬들에 대한 권리와 권원을 포기한다. 여기에는 제주도, 島內海(Port Hamilton, Tonaikai)를 구성하는 거문도, 울릉도, 리앙쿠르 암도(Liancourt Rocks, 獨島, Takeshima) 및 제1조에 표시된 동경 124도 15분 경도선의 동쪽까지, 북위 35도 위도선의 북쪽까지, 두만강 입구의 바다쪽, 종점의 경계선으로부터 비롯된 계선의 서쪽부터 북위 37도 30분 동경 132도 40분에 위치한, 일본이 권원을 획득한 기타 모든 섬들과 작은 섬들까지가 포함된다. 이 경계선은 이 조약에 첨부된 지도에 표시되어 있다"고 하여, 일본이 한국에 반환하는 영토 속에 리앙쿠르 암도(Liancourt Rocks, 獨島, Takeshima)를 제주도·거문도·울릉도와 함께 넣어 한국영토임을 명료하게 밝히었다.[59]

그리고 1949년 11월 2일 미국 초안(제5차 미국 초안)에서는 일본영토 규정을 제3조로 옮겼는데 여기서도 독도는 일본영토에서 제외하였다. 또한 이 초안에서 일본영토에는 獨島(Liancourt Rocks)뿐만 아니라, 일본이 일본영토라고 주장하는 북해도 북방의 4개도(에토로후··구나시리·하보마이·시코탄)도 일본 영토에서 제외되었다.

그리고 한국에 반환되는 영토는 제6조로 옮겼는데, "1, 일본은 이에 한국을 위하여 한국 본토(Korean mainland territory)와 근해의 모든 섬들에 대

---

58 미국의 제3차 초안(1948.1.8.)의 영토관련 조항 全文은 신용하 편저, 『독도 영유권 자료의 탐구』 제3권, pp. 290~293 참조

59 미국의 제4차 초안(1949.10.13.)의 영토관련 조항의 全文은 신용하 편저, 『독도 영유권 자료의 탐구』 제3권, pp. 293~296 참조

한 권리 및 권원을 포기하며, 여기에는 제주도, 울릉도, 리앙쿠르 암도 (Liancourt Rocks, 獨島, Takeshima) 및 제3조에 설명된 계선의 외측에 위치하며, 동경 124도 15분 경도선의 동쪽까지, 북위 33도 위도선의 북쪽까지, 두만강 입구에서 약 3해리에 위치한 바다쪽 종점의 경계선 서쪽부터 북위 37도 30분·동경 132도 40분까지에 위치한 일본이 권원을 획득한 기타 모든 섬들과 모든 작은 섬들의 외측까지 포함된다. 2. 이 경계선은 이 조약에 첨부된 (〈그림 2-7〉과 같은) 지도에 명시되어 있다"고 하여, 제주도·거문도·울릉도와 함께 獨島(Liancourt Rocks, Takeshima)를 일본 영역에서 제외하고 한국 영역에 넣어 獨島가 한국영토임을 명백히 표시하였다.[60]

미국측은 시볼드의 로비를 받기 이전, 원칙을 지키던 순수 상태에서는 1947년 3월 19일 초안(제1차 초안)에서 1949년 11월 2일 초안(제5차 초안)까지 5차례의 초안에서 獨島를 모두 韓國領土로 판정하여 한국에 반환하도록 한 것이었다. 독도를 한국영토로 판정하여 포함시킨 초안들이 일본 로비에 오염되지 않은 원래 순수했을 때의 미국의 초안(제1차~제5차초안)이었다.

미국의 1947년 3월 19일 초안(제1차 미국 초안)부터 1949년 11월 2일 초안(제5차 초안)까지가 미국측이 연합국의 포츠담선언(1945.7.26.) → 일본 항복문서 조인(1945.9.2.) → 미국의 對일본 방침 발표(1945.9.22.) → 연합국최고사령관 지령 제677호(1946.1.29.)로 연결되고, 한 단원으로 통합된 '연합국의 결정'(1945~1946)을 미국 정부가 충실히 이행한 미국 초안들이었다.

그러므로 이 기간에 미국이 對일본 평화조약 체결을 서둘러 앞당기려 하고, 소련·중국·영국 등이 천천히 미루자는 의견의 차이가 있었다고 할지라도, 연합국이 이미 합의한 포츠담선언과 그 집행인 SCAPIN 제677호를

---

60 미국의 제5차 초안(1949년 11월 2일 초안)의 영토 관련 조항의 全文은 신용하 편저, 『독도 영유권 자료의 탐구』 제3권, pp. 297~300 참조

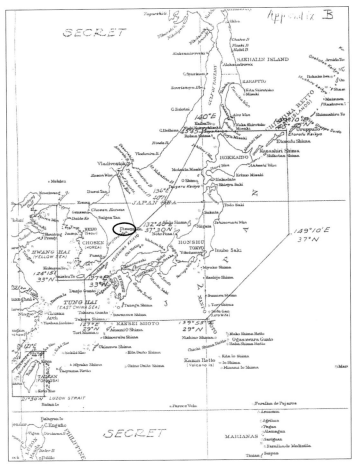

〈그림 2-7〉 제5차 미국 초안의 부속 지도 (ㅇ표는 독도, 필자 첨가)

존중하여 미국 對일본 평화조약 초안이 작성되는 한, 미국 초안에 반대나 갈등이 일어날 소지는 거의 없었다고 볼 수 있다.

1945~1949년의 연합국의 초안(미국의 제1~제5차 초안)에 불만을 품고 반기를 들 세력이 있었다면, 그것은 일본 舊군국주의의 잔당들이었다.[61] 그

들은 일본정부 안에 그대로 잔류한 채 과거 일본 군국주의자들이 청일전
쟁·러일전쟁·한국침략·만주침략·중국침략·태평양전쟁을 일으켜서 팽창
시켜 놓은 광대한 '대일본제국 영토'를 1894년 1월 1일을 기준일로 하여
다시 '소 일본열도 영토'로 한정시켜 버린 조약초안에 반대하여 지하에서
암약하였다.

그러나 패전국 일본은 연합국최고사령관의 미군정 치하에 있었으므로,
미국 군인들이 일부라도 일본 군국주의 잔당들과 야합하지 않는 한, 연합
국의 포츠담선언 및 그 집행인 SCAPIN 제677호로 이어지는 對일본 평화
조약 원칙은 흔들릴 수 없는 것이었다.

4. 일본의 독도 탈취를 위한 시볼드(Sebald)의 로비활동

미 국무부는 워싱턴DC에서 對일본 평화조약 준비의 1949년 11월 2일자
초안(제5차 초안)을 1949년 11월 3일 비밀리에 일본 동경의 연합국최고사
령부에 검토와 동의를 얻기 위하여 발송하였다.

동경의 연합국최고사령부에서 '對일본 연합국이사회'의 미국측 이사로
서 미국 제 5차 초안을 받아본 시볼드(William J. Sebald)는 상당히 당황했
던 것으로 보인다. 일본 외무성으로부터 일본영토로 부속시켜 달라고 비공
식적으로 청탁받은 리앙쿠르 암도(Liancourt Rocks, 독도, 다케시마)가 일본
영토에서 제외되고, 명문으로서 명료하게 한국영토로 판정 분류되어 있었
기 때문이었다.

시볼드는 일본을 위해서 '獨島=한국영토'로 명문 규정이 되어 있는 제5
차 미국 초안의 모든 조항을 수정하여 독도를 일본영토로 명문 표기하자

---

61 『漢城日報』 1947년 11월 23일, 「日, 地下運動擴大/前陸海軍將校가 核心組織」
참조.

고 공작한 미 해군정보장교 출신 친일적 외교관이었다.[62]

시볼드는 자기 견해를 미육군 태평양지역 사령관이며 연합국최고사령관인 맥아더(Douglas MacArthur)의 의견도 포함된 것처럼 권위를 빌리면서, 1949년 11월 14일 미 국무부에 긴급히 전보문(電報文)을 발송하여 더 이상의 초안 진행을 멈추도록 시도하고, 이어 5일 후인 1947년 11월 19일에는 미 국무부 장관에게 공식문서로 자기의 견해를 발송하였다.

우선 시볼드의 전보문을 먼저 보면, 리앙쿠르 암도(Liancourt Rocks, 독도)를 한국에 반환시키지 말고 일본에 귀속시켜서 "이 섬에 미국 공군의 기상관측소 및 레이더 기지로 사용하는 것이 안보상 미국에게 유익하다"고 주장하여 다음과 같이 미국의 국가이익에 호소하면서, 실제로는 일본의 영토침탈을 위해 맹렬한 로비를 하였다.

「제6항. 독도(Liancourt Rocks, Takeshima)에 대한 재고를 건의함. 이 섬에 대한 일본의 주장은 오래되고 타당성이 있는 것으로 보임. 이 섬에 기상관측소와 레이더 기지를 설치하는 안보적 고려가 바람직할 것임.」[63]

---

62 William J. Sebald, *With MacArthur in Japan; A Personal History of the Occupation,* 1965, pp.15~150. 일본이 패망하여 1945년 9월 2일 동경에 맥아더를 사령관으로 한 연합국최고사령부가 설치되자, 12월 3일 시볼드는 동경에 들어와서 연합국최고사령관의 정치자문위원을 맡았다. 시볼드의 장모가 일본인이었고, 그의 처도 일본 출생이었다. 1947년 9월 2일 시볼드는 미 해군 비행기 사고로 사망한 조지 앳치슨에 뒤이어 對 일본 연합국 이사회(Allied Council for Japan, ACJ) 미국측 이사로 임명되었다. 시볼드가 '연합국의 對일본 평화조약 미국초안'을 다룬 시기에는 1949년 1월 7일 일본 주재 연합국 최고사령관 정치고문에 임명되어 있었고, 1950년 10월 11일 '동경 주재 연합국최고사령관(SCAP) 對일본 연합국 이사회'의 미국 이사의 지위에 있었으므로, 맥아더와 연합국최고사령관에게 상당한 영향력을 갖고 있었다. 정보장교-외교관으로 이미 친일활동을 하고 있던 시볼드는 미국의 對일본 평화조약 1949년 11월 2일 초안(제5차 초안)이 '對外秘(Secret)' 문서였음에도 불구하고, 이전부터 긴밀한 연락관계에 있는 친밀한 일본 외무성 관료들에게 비공식적으로 누출시켰거나 그들과 의견교환을 하면서 대책을 협의했던 것으로 보인다.

즉 시볼드는 전보문에서 "① 독도(Liancourt Rocks, Takeshima)에 대한 재고를 권고한다고 하면서, ② 이 섬에 대한 일본의 주장은 오래되었고 타당성이 있는 것으로 보인다"고 하여 그의 재고 요청이 일본인의 주장에 따른 것이며 따라서 일본의 로비활동에 동의하여 권고하는 것임을 시사하고 있다. 또한 ③ 그는 독도에 미군의 기상관측소와 레이더 관측소 설치를 제의하여 안보적 관점에서 고찰할 필요가 있다고 지적한 것으로 보아, 일본측에서 독도를 일본에 소속시켜 주면 독도를 미 공군의 기상 및 레이더 관측소로 제공하겠다는 언질을 주어 로비한 것으로 추정된다.

이것은 미국의 이익을 내세워 국무부 요인을 유인하기 위한 것으로 보인다.

시볼드는 5일 후인 1949년 11월 19일 이번에는 맥아더 의견을 완전히 제외하고, 지난번 전보문을 보완하는 자기 의견의 보다 상세한 의견서를 문서로 작성하여 국무장관에게 발송하였다. 이때 이 문서가 집단 의견처럼 보이기 위해 스핑크스(Charles Nelson Spinks), 코넬(Cornell), 휴스턴(Cloyce Huston) 등의 자기 부하 동료들과 4인 연명으로 국무장관에게 의견서를 발송하였다.[64]

---

63 원문은 다음과 같다. "Article 6 : Recommend reconsideration Liancourt Rocks (Takeshima). Japan's claim to these islands is old and appears valid. Security considerations might conceivably envisage weather and radar stations thereon."

64 시볼드의 이 때(1949.11.19.)의 意見書의 原文은, 신용하, 『독도영유권의 실증적 연구』, 제 3권, pp. 305~311 참조. 시볼드는 이 의견서에서 미 국무장관에게 1949년 11월 2일자 미국초안(제5차 초안)은 ① 외교적으로 표준 조약 형식과 미국정부의 주요 소망(principal desiderata of the United States Government)을 모두 잘 갖추고 포함한 매우 훌륭한 초안이고, 미국이 다른 연합국 및 협력국(other allied and associated powers)의 동의를 얻는 데는 매우 적합되어 있다고 지적하였다. 또한 그는 ② 그 초안은 연합국과 협력국에 대하여 미국의 자부심과 양심을 표현하는 데 상찬 받을 만한 훌륭한 형식을 갖춘 뛰어난 노작이라고 인정하였다. 그러나 시볼드는 ③ 자기와 다른 관련 인사들이 검토해 볼 때에는 1949년 11월 2

이 의견서에서 시볼드는 독도에 대해 다음과 같이 주장하였다.

일 미국 초안은 지난 4년 동안의 극동의 광범위한 정치적 변화와, 미국에게 4년 전에는 존재하지 않았던 정치적으로 안정된 日本이라는 지렛대가 지금은 존재한다는 사실을 고려하지 않은 초안이며, 따라서 그것은 일본인의 심리와 일본의 안정적 주권과 경제를 확립케 해야 한다는 전제에는 지금은 미흡한 초안이라고 주장하고 비판하였다.

시볼드는 4년 전과는 달리 변화한 오늘날의 현실에 기초해서 미국의 對일본 평화조약은 다음의 세 가지 조건을 충족시켜야 한다고 주장하였다.

(1) 미국의 장기적 안전보장에 적합한 조약문이라야 함

(2) 일본에는 평화 정착의 참으로 장기집권할 정권이 출현되어야 함.

(3) 서양 민주주의 국가들 및 특히 미국과 일본의 튼튼한 제휴를 보장하는 조약문이어야 함

시볼드는 이러한 조건을 충족시키기 위해 이번에는 과거와는 크게 다른 현실의 극동 정세에 적합한 對일본 평화조약을 체결해야 한다고 거듭 주장하면서, 1949년 11월 2일 미국 초안(제5차 초안)의 다음과 같은 요지의 수정을 제안하였다.

시볼드의 주장은 전 항목에 걸친 너무 장문의 제안이므로, 여기서는 우리의 주제와 관련하여 '독도'를 중심으로 영토문제만 논급하기로 한다.

(1) 일본영토를 규정한 제3조에서는 일본이 포기하는 영토와 소유하는 영토를 실명으로 서술하도록 하고, 바다에 '線 긋는 방법(method of definition)'은 일본인들에게 심대한 심리적 압박을 주므로 폐기해야 한다고 시볼드는 주장하였다. 섬들의 명칭을 든 다음에 그 3마일 이내의 수역은 일본의 수역에 속한다고 서술하는 것이 좋다. 따라서 영토를 표시하는 地圖는 제외하는 것이 좋다고 시볼드는 주장하였다.

시볼드의 意見書 수정 요구에 따라 1949년 12월 2일 초안(제5차 초안)을 수정해 넣어 보면 일본의 영토 표시는 다음과 같이 된다.

> 「일본의 영토범위는 혼슈, 규슈, 시코쿠, 홋카이도 등 일본의 주요 4개섬과 부근 제소도로 구성되며, 여기에는 세토나이카이(Inland Sea, 瀬戸内海)의 섬들, 사도(Sado, 佐渡島), 오키열도(Oki Retto, 隱岐), 쓰시마(Tsushima, 對馬島), 고도 군도(Goto Archipelago, 五島群島), 북위 29도 이북의 류쿠제도, 이즈제도(Izu Islands, 伊豆大島)부터 남쪽으로 Sofu Gan(Lot's Wife)까지의 섬들을 포함하며, (일본 해안 외곽에 위치한 추가 섬들을 필요한 만큼 열거), "그리고 가까운 모든 기타 섬들은 그곳에서 일본의 본토 섬까지"를 포함한다. "상기 묘사된 지역 내의 모든 섬들은 3마일의 영해 벨트와 함께 일본에 속할 것이다."

주목할 것은 일본의 영토표시 조항에서는 리앙쿠르도(Liancourt Rocks, 독도, Takeshima)의 귀속문제는 섬의 거명에서는 회피하고 경위도 안에만 이름없이 넣었다는 사실이다(의견서에 별도로 Liancourt Rocks를 거명하며 다루었다).

「한국 방향에서 이전에 일본이 소유했던 섬들의 처리에 대하여 獨島 (Liancourt Rocks, Takeshima)는 초안 제3항에 일본소속으로 넣을 것을 건의한다. 이 섬에 대한 일본의 주장은 오래되었고 타당한 것으로 보이며, 이 섬을 한국 근해의 섬으로 간주하기는 어렵다고 본다.

또한 안보적 고려를 해 보면 이 섬에 미국의 기상 및 레이더 관측소를 설치하는 것이 미국의 국가이익의 문제와 결부될 것임을 생각할 필요가 있다.」[65]

시볼드가 위와 같이 서류로 제출한 의견서에서는, 한국(Korea)을 다루는 항목에서 독도(Liancourt Rocks)는 (한국에 귀속시키지 않고) 일본영토를 규정한 제3조에 특별히 지목해서 (명칭을 들어서) 일본에 소속시켜야 한다고

---

(2) 시볼드는 일본이 포기해야 할 영토의 표시에 대해서는 이것을 규정한 제4조부터 제12조까지를 삭제하고, 그 대신 『구 일본의 지배영토의 처리(The Disposition of Territories Formerly Under Japanese Jurisdiction)』이라는 조약의 부속문서(a document subsidiary to the Treaty)를 작성하여 일본 이외의 연합국과 협력국이 조인해 두도록 하는 방법을 권고하였다.

(3) 시볼드는 대만(Taiwan)을 UN 신탁통치 아래 둘 것인가의 여부를 주민투표(plebiscite)에 부쳐서 결정하도록 권고하였다. 최근의 중국의 조건(중국 본토의 공산당 장악과 중화인민공화국 건국)은 초안에 카이로 회담의 합의를 자동적으로 적용시킬 필요를 소멸시켰다고 보았다.

(4) 시볼드는 북해도 북방의 섬들에 관해서는 시볼드는 부속 문서에서 다음과 같은 부속합의를 하도록 제안했다. 즉 "에토로프 섬과 우루프 섬 사이의 쿠릴 중간수역 경계선의 완전한 주권을 소련에게 양도한다"는 조항을 폐기하고 그 대신 미국의 주도로 영국 및 영연방에 속하도록 변경할 것을 주장하였다. 또한 각주에 "미국의 희망사항은 소련이 에토로후·구나시리·시코탄 또는 하보마이 섬을 병합하지 않는 것이다"라는 서술을 각주에 달도록 권고하였다. 시볼드는 "이 섬들이 쿠릴 열도의 일부를 형성한다는 주장은 역사적 근거가 약한 것이며, 그보다는 항해상·어로상 중요성이 일본에게 더 있었다. 일본에 에토로후·구나시리·시코탄·하보마이가 포함되어야 할 것이다."라고 주장하였다.

65 THE FOREIGN SERVICE OF THE UNITED STATES OF AMERICA, 740.0011PW(Peace) /11-1949, United States Political adviser for Japan, Tokyo, November 19, 1949
[…]

주장하였다. 시볼드는 이 섬에 대한 일본의 주장은 오래되었고 타당한 것으로 보인다고 하면서 이 섬을 한국 근해의 섬으로 보기는 어렵다고 썼다. 또한 시볼드는 독도에 미군의 기상 및 레이더 관측소를 설치하는 것이 미국의 국가이익이 된다는 안보적 고려도 해야 한다고 강조하였다.

이것은 일본측과 시볼드가 독도를 미공군의 군사용 폭격연습장 또는 기상 및 레이더 관측소 기지로 사용하도록 제공하겠다는 미끼를 내세워 미국무장관과 국무부 고관들을 미국 국가이익에 매혹당하게 해서, 제1~5차 미국초안까지 진실과 연합국의 합의에 입각해서 판정하여 한국에 반환한 한국의 독도(Liancourt Rocks)를 이제 빼어내어 일본에 부속시키려고 시도한 것이었다.

VII. 미 국무부의 1949년 12월 2개 대책 초안의 작성

1. 『연합국의 구일본영토 처리에 관한 합의서』(1949.12.15.)의 작성과 독도=한국영토 규정

1) 연합국의 『구일본영토 처리에 관한 합의서』 작성의 배경과 환경

미 국무부는 연합국최고사령관로부터 작은 문구 수정 정도의 의견이 제출될 줄 알았다가, 연합국의 포츠담선언을 준수한 미국 제 5차 초안(11월 2일자 초안)의 폐기에 가까운 근본적인 새로운 초안 작성을 요구하는 시볼드의 전보문과 제안서를 받고 당황했던 것 같다.

이에 미 국무부에서는 크게 두가지 다른 견해와 대책 준비가 대두되었다.

하나는 미국 국무성 안에서 이미 對일본 평화조약의 제1차 초안(1947년 3월 20일)부터 제5차 초안(1949년 11월 2일 초안)까지 다수의 초안을 작성

하면서, 연합국에 의해 합의된 포츠담선언 제8조 및 그 집행인 SCAPIN 제677호와 연합국과의 국제적 합의를 계속 준수하고자 하는 견해였다. 이 견해의 대표적 실무자인 휴 보튼(Hugh Borton)은 이듬해 매카시 선풍이 휩쓸어서 사표를 내고 컬럼비아 대학 교수로 돌아갔지만, 이 때는 국무부 안에서 가장 중요한 평화조약 초안작성 실무 책임자였다. 보튼과 견해를 같이 했던, 연합국들과의 관계를 중시하는 전문 관리들은 시볼드의 제안이 소련과의 냉전을 구실로 진실까지 바꾸면서 지나치게 일본의 이익 옹호를 내포한 친일적 제안이며, 연합국의 동의를 받기에는 매우 어려운 제안이라고 평가하였다. 이 견해를 가진 소집단이, 후에 연합국이 시볼드 수정 건의를 거부하는 경우에 대비해서, 작성한 미국 국무부의 대책 초안이『연합국의 舊일본영토 처리에 관한 합의서』였다.

다른 하나는 포츠담선언 제8조와 SCAPIN 제677호는 이미 세계정세 변화에 낙후되었으니 폐기하고, 시볼드의 수정안을 적극 수용하자는 견해였다. 미 국무부는 당시 미·소 냉전(cold war)의 강화 추세 때문에 하루 속히 일본과의 평화조약을 체결하여 일본을 反소련 미국 진영에 가담시키려는 정책을 갖고 있었다. 이에 미국 국무부 일부 행정 관료들은 시볼드의 제안서를 적극 수용하여 최근 4년간의 국제정세의 변화를 반영해서 1945년의 포츠담선언 준수 정책을 폐기하고 1950년대의 새 상황에 적합한 완전히 새로운 對일본 평화조약을 추진하자는 견해를 주장하였다. 1949년에 국무부에 들어온 신임 차관보 러스크(David Dean Rusk)와 기존 행정관 피어리(Robert Appleton Feary) 등이 이 견해의 대표격이었다. 이들은 주로 미국 국내정치와 국제정세 변동에 민감한 관리들이었다. 이 견해를 가진 소집단이 후에 새로 작성한 대책 초안이 '1949년 12월 29일 초안(제6차 미국 초안)'이었다.

미 국무부는 검토결과 결국 1949년 12월에 모든 사태에 대응하기 위해 2개의 평화조약 대책 초안을 거의 동시에 만들기 시작하였다.

첫째의 견해로 만든 『구일본영토 처리에 관한 합의서』는 1949년 12월 15일 초안이 더 일찍 완성되었으나, 작업량이 적었기 때문이었다. 둘째 견해로 만든 '1949년 12월 29일 초안(제6차 초안)'은 일자는 12월 29일에 더 늦게 완성되었으나, 작업량이 더 많았기 때문이었다.

1949년 12월에 미 국무부는 그들이 즐겨 사용하는 내용이 약간 다른 2개의 선택카드, 즉 『구일본영토 처리에 관한 합의서(1949.12.15.)』와 『제6차 초안('1949년 12월 29일 초안)』의 2개의 대응 초안을 준비해 놓고, 새해 1950년 1월 1일부터는 우선 제6차 미국 초안의 연합국 극동위원회 위원국들의 사전 동의 설득에 나서기로 기획하였다.

첫째의 포츠담선언 제8조와 그 집행인 SCAPIN 제677호 등 연합국의 합의 결정을 중시한 견해는 對일본 평화회담을 1950년 연내에 개최하려면 연합국의 이미 합의된 포츠담선언 항복조건과 SCAPIN 제677호를 존중해 초안을 작성해야지 시볼드의 수정 제안을 수용하면 연합국의 합의가 더 어려워진다고 보았다. 시볼드 등의 1945년 포츠담선언은 더 이상 준수할 필요가 없다는 주장이나, 대만(Taiwan)을 주민투표를 거쳐 신탁통치에 부치자는 제안이나, 국제법상 이미 대한민국의 영토로 공인된 리앙쿠르 암도(Liancourt Rocks, 독도, Takeshima)를 일본영토로 변경하자는 제안, 쿠릴 열도 남부 여러 섬들을 영국 신탁통치 아래 두자는 제안 등은 이 견해의 눈에는 미숙한 정치정보장교의 제안이었지, 연합국의 동의를 도저히 얻을 수 없는 제안으로 평가되었다.

이 견해는, 소련과의 냉전이 격화되고 있는 추세 속에서, 소련이 평화조약 조기 체결에 반대하고 있으므로 어차피 소련과의 합의는 불가능할지라도, 그 밖의 연합국 및 협력국(Allied Powers and Associated Powers)들은 동의할 수 있는 초안, 따라서 과거 1945년의 포츠담선언 제8조와 이를 집행한 1946년 1월의 SCAPIN 제677호를 준수하면서 시볼드의 새 제안을 조약문 간결화 부분만 수용한 초안을 작성하려고 하였다.

이 견해는, 시볼드의 수정 제안 거부로 일본에게 정신적 좌절감을 주지 않기 위해, 일본을 제외하고(other than Japan) 연합국들에게만 알리는 '구일본 영토 처리'에 관한 별도의 부속문서를 제안하였다. 시볼드도 이 문서는 일본에게 알리지 않기를 희망하였다. 평화조약을 조기 체결하기 위해서는 조약문을 더욱 간결하게 만들고, 논쟁이 일어날 영토문제는 시볼드가 제안한 바와 같이 별도의 '부속문서'로 만들어서, 연합국의 이미 합의한 포츠담선언 제8조와 SCAPIN 제677호의 '일본의 정의'를 정리해두면 연합국의 동의를 용이하게 얻는 방법이 될 수 있다고 보았다.

이에 연합국의 동의를 용이하게 받아내기 위한 영토조항 없는 간략한 조약문의 경우에 대비하여, 1945년의 포츠담선언과 이를 이미 집행한 SCAPIN 제677호가 이미 연합국의 합의에 의거한 것이므로 이를 준수하면서, 영토조항을 별도의 부속문서로 준비한 것이 1949년 12월 15일 미 국무부가 작성한 본 조약 '부속 준비문서'인 『연합국의 구 일본영토 처리에 관한 합의서(Agreement Respecting the Disposition of Former Japanese Territories)』이다.

이 문서는 일본을 제외하고(other than Japan) 연합국의 동의만 구하는 극비문서로서, 연합국 극동위원회가 對일본 평화조약에서 시볼드의 수정안을 수용한 제6차 미국 초안을 거부할 경우에, 미국 국무부가 연합국의 동의를 더 용이하게 얻을 수 있도록 본 조약문에서 영토조항을 삭제한 초안을 작성하는 경우에 하나의 대책으로 준비하여 작성해둔 '對일본 평화조약'의 본 조약의 부속 준비 비밀문서였다. 즉 이 문서는 '조약 초안'의 하나가 아니라, 영토문제가 조약문에서 삭제되는 경우의 조약문의 '부속문서'였다.

2) 『연합국의 舊일본영토 처리에 관한 합의서』의 내용

이 합의서는 연합국의 구 일본영토의 처리할 지역을 5개 지역별 항목으로 나누어 처리 규정하였다. 합의서는 제3조 한국(Korea) 영토항목에서 리앙쿠르 암도(Liancourt Rocks, 獨島, Takeshima)의 완전한 주권을 대한민국(the Republic of Korea)에 귀속시킨다고 하여 독도를 대한민국 영토로 규정하였다. 이 합의서의 5개 조목에서 제1조는 중국, 제2조는 소련에게 귀속시킬 영토를 다루었다.[66]

이 합의서 제3조에서 獨島는 다음과 같이 韓國領土로 규정되었다.

「연합국 및 협력국은 대한민국(the Republic of Korea)에 본토와 그 근해의 모든 한국의 섬들에 대한 모든 권리와 권원과 완전한 주권을 이양하기로 합의했는데, 그 섬에는 제주도, 해밀턴 항을 구성하는 거문

---

66 SECRET: Agreement Respecting The Disposition of Former Japanese Territories, 原文은 신용하,『독도영유권 자료의 탐구』, 제3권, pp. 264~266 참조.

이 문서의 제1조는 중국(China)에 귀속시켜야 할 영토를 다루었다. 이 조항에서 연합국은 대만(Taiwan, Formosa)과 그 근접 작은 섬들을 중국(China)의 완전한 주권에 반환한다고 규정하고, 이러한 섬들의 명칭을 구체적으로 나열하였다. 이어서 經度·緯度로 해양 경계선을 표시하면서 그 이내의 이전에 일본이 탈취한 모든 섬들은 중국에 귀속된다고 하면서, 그 해양의 경계선은 첨부된 地圖에 표시되어 있다고 규정하였다. 중국에 귀속시킬 이러한 영토 규정은 SCAPIN 제677호에서 중국에 반환시킬 영토 구성과 동일하다. 시볼드가 제안한, 대만을 '주민투표(plebiscite)'에 부쳐서 신탁통치 지역으로 하자는 제안은 완전히 거부되었다.

제2조는 소련에 귀속시킬 영토를 지시하였다. 그 원문은 간단하게 "연합국 및 협력국은 북위 50도 이남의 사할린 섬(Sakhalin, Karafuto)과 그 부근의 섬들인 토타모시리(Totamoshiri, Kaiba To 또는 Maneron)와 로벤 섬(Robben Island, Tyuleniy Ostrov 또는 Kaihyo To)을 포함한 부근의 섬들은 소비에트 사회주의 공화국연방에게 완전한 주권을 이양한다"고 기술되어 있다. 일본이 영유권을 요구하는 북방 4개섬은 쿠릴(Kuril) 열도와 함께 언급되어 있지 않다. 이것은 SCAPIN 제677호의 규정에서 쿠릴 열도(Kuril Islands)의 부분을 유보한 것이다. 북방 4개섬을 쿠릴열도의 일부에 포함시킬 것인가(SCAPIN 제677호), 또는 북방 4개섬을 쿠릴열도에서 제외하여 일본영토로 간주할 것인가(일본측과 시볼드 등의 주장)에 대해 입장을 유보하고 별도 협의로 돌린 것으로 추정된다. 왜냐하면 이 문서의 작성시에 소련의 對일본 평화조약 불참 또는 반대가 예견 추정되고 있었기 때문이다.

도, 울릉도, 리앙쿠르 암(Liancourt Rocks, 獨島, Takeshima)을 포함한다. 그리고 동경 124도 15분 경도선의 동쪽과 북위 33도 위도선의 북쪽, 그리고 두만강 입구로부터 약 3해리 떨어져 있는 바다 쪽 종점의 경계선으로부터 시작된 계선의 서쪽부터 북위 37도 30분·동경 132도 40분까지에 위치한, 과거에 일본이 권원을 획득했던 모든 섬들(islands)과 작은 섬들(islets)을 포함한다. 이 경계선은 현재의 합의서에 첨부된 지도에 표시되어 있다.」[67]

즉 이것은 한국 본토와 그 근해 모든 다수의 섬들 가운데 제주도·거문도·울릉도·獨島(Liancourt Rocks)를 비롯한 한국 근해의 모든 섬들과 작은 섬들이 대한민국(the Rupublic of Korea)의 완전한 주권(full sovereignty)에 이양됨을 명문으로 규정하여, 獨島가 대한민국 영토로 재확정됨을 밝힌 것이다.

이것은 포츠담선언 일본항복조건 제8조를 집행한 SCAPIN 제677호와 완전히 동일하며, 미국의 1947~1949년 11월까지의 모든 초안, 특히 미국의 1947년 3월 19일 초안(제1차 초안) 및 1949년 11월 2일 초안(제5차 초안)과 완전히 동일한 것이다.

---

67 제3조의 원문은 다음과 같다.

Article 3

The Allied and Associated Powers agree that there shall be transferred in full sovereignty to the Republic of Korea all rights and titles to the Korean Mainland territory and all offshore Korean islands, including Quelpart(Saishu To), the Nan how group (San To, or Komun Do) which forms Port Hamilton(Tonaikai), Dagelet Island(Utsuryo To, or Matsu Shima), Liancourt Rocks(Takeshima), and all other islands and islets to which Japan had acquired title lying outside ⋯ and to the east of the meridian 124°15′ E. longitude, north of the parallel 33°N. latitude, and west of a line from the seaward terminus of the boundary approximately three nautical miles from the mouth of the Tumen River to a point in 37°30′ N. latitude, 132°40′ E. longitude.

This line is indicated on the map attached to the present Agreement.

〈그림 2-8〉 「구일본 영토처리에 관한 합의서」의 부속지도
(부분) ㅁ표는 독도: 필자 첨가)

그러나 이것은 시볼드 등의 제안과 일본측의 주장과는 전혀 다른 것이어서, 이 합의서는 시볼드의 제안을 거부하고 있음을 알 수 있다.

위의 연합국 합의서에서도 문제를 명료하게 해두기 위해, 〈그림 2-8〉과 같은, 부속지도를 첨부하였다. 이 지도에서 동해에 울릉도를 'Utsuryo To' 라고 일본발음으로 표기했는데, 그 'U'字 바로 아래에 있는 ○표가 울릉도이다. 그리고 울릉도 동남쪽으로 태양햇살과 같이 ㅁ로 그린 것이 바로 獨島(Liancourt Rocks, 竹島)이다. 이 지도에서도 獨島는 한국영토로 명료하게 표시되어 있다.

이 합의서의 제4조는 UN 신탁통치 지역, 제5조는 미국 신탁통치 지역을 다루었다.[68]

2. 미 국무부의 시볼드 제안 수용 시도와 제6차 미국 초안 ('1949년 12월 29일 초안) 작성

한편 시볼드의 수정 제안을 적극 수용하고자 하는 미국 국무부 일부 행정관 집단의 견해는 극동 정세의 변화를 중시하였다. 그들은 중국에서 친미적 국민당의 중화민국이 중국 공산당군에 패전하여 대만으로 쫓겨가고, 본토에는 1949년 10월 공산당의 중화인민공화국이 수립되는 대변화가 일어났고, 미·소 냉전이 격화되고 있으니 미국의 국가이익과 안전보장 문제를 우선적으로 생각하여 시볼드의 제안을 최대한 수용해서 對일본 평화조약의 새 조약안을 작성하자고 주장하였다. 이 견해는 미국의 세계최강의 힘에 의거해 현재의 미국 국가이익 중심으로 해서 초안을 작성해야 하며, 포츠담선언 및 그 집행인 SCAPIN 677호의 연합국 합의는 무시하고 자의적 변경을 꺼릴 필요가 없다고 보았다. 이러한 관점에서 작성한 새로운 조약초안이 '1949년 12월 29일 초안(제6차 미국 초안)'이었다.

미국의 '1949년 12월 29일 초안(제6차 초안)'은 시볼드의 조약문 간결화의 수정 제안에 따라 장·절을 11월 2일 초안(제5차 초안)의 10장 53개 조

---

68 「연합국의 구일본 영토처리에 관한 合意書」
　제4조는 국제연합 신탁통치에 둘 지역(오가사와라 제도, 이오지마, 오키노 도리시마, 미나미 도리시마) 등에 대해 경도·위도로 표시만 바꾸고 SCAPIN 제677호의 규정을 따르고 있다.
　제5조는 미국 신탁통치하에 들어갈 지역(북위 29도 이하의 류큐 열도)을 다루었는데, 경도·위도의 표시로만 표시를 바꾸고 소속은 SCAPIN 제677호의 규정을 따르고 있다.

항을 10장 44개 조항으로 9개 조항을 축소시켰다. 축소된 내용은 주로 연합국을 위한 일본의 전쟁 배상 조항들을 삭제 또는 간소화한 것이었다.

평화조약에서 가장 어려운 문제인 영토 조항은 본 조약문 안에 그대로 두고(별도의 부속문서로 작성하지 않고), 시볼드의 수정제안을 선별적으로 반영하였다. 논문을 간결화하기 위해 여기서는 영토조항의 특징만을 검토하기로 한다.

'1949년 12월 29일 초안(제6차 미국 초안)'은 시볼드의 수정제안을 반영하여 제2장 영토의 제3조의 일본영토 규정에 처음으로 독도를 Takeshima (竹島, Liancourt Rocks)라는 일본 호칭으로 포함시켰다. 그리고 일본이 포기하는 한국영토의 조항인 제6조에서는 제주도·거문도·울릉도만 남기고 독도를 제외시켰다. 이것은 연합국이 한국 부속령으로 판정했던 독도를 일본 부속령으로 수정하여 옮긴 큰 변동이었다.

독도를 최초로 일본영토에 부속시킨 미국의 1949년 12월 29일자 (제6차) 초안 제3조의 본문은 다음과 같다.

> 「일본의 영토는 本州·구주(九州)·사국(四國)·北海道 등 일본의 주요 4개섬과 부근 여러 섬들로 구성된다. 이 섬들에는 세토나이가이(瀬戸內海, Inland Sea)의 섬들과 對馬島·다케시마(竹島, Liancourt Rocks)와 隱岐列島, 佐渡島(Sado)·奧尻島(Okujiri), 禮文島(Rebun)·利尻島(Riishiri) 등과 기타 일본해(Japan Sea, Nippon Kai) 내의 쓰시마(對馬島)·다케시마(竹島)·레분도를 연결하는 계선 이내의 여러 섬들을 포함한다(이하 생략)[69]

---

69 DRAFT TREATY OF PEACE WITH JAPAN(December 29, 1949): 신용하 편저,『독도영유권 자료의 탐구』, 제 3권, pp. 313~315 참조
  제4조는 중국(China)에 반환해야 할 영토를 규정했는데, 대만(Taiwan, or Forsa) 및 팽호도 등과 북위 21도 30분 이북의 섬들을 중국에 귀속시켰다.
  미국 6차 초안의 제4항에서 국무부는 시볼드의 제안을 수용하지 않았다. '대만'의

이것은 獨島를 'Takeshima(竹島)'라는 일본 호칭을 사용하면서 명문(明文)으로 '독도(Liancourt Rocks)'를 한국영토에서 빼어내서 일본 영토에 귀속시킨 초안이었다.

'독도(Liancourt Rocks)'는 포츠담선언 제8조를 집행한 SCAPIN 제677호에 의해 연합국이 이미 주한 미군정에 반환하였고, 1948년 8월 15일에는 대한민국(the Republic of Korea)이 일본보다 먼저 재독립하여 '독도'를 포함한 한국영토를 이미 인수인계해 버렸으며, 1948년 12월 12일에는 제3차 UN총회 제195(III)호 결의로 당시의 대한민국이 통치하는 獨島를 포함한 영토를 국제법상 합법적 정부인 대한민국 정부의 통치지역으로 이미 승인해 버린 후였다. 따라서 독도는 이미 대한민국의 영토주권이 국제법상 성립된 섬이었다. 이러한 한국의 영토 독도를 빼어내다가 앞으로 재독립할 일본에 귀속시키겠다는 초안이므로, 만일 이것이 그대로 통과되고 대한민국이 이에 불복하면, 이 초안은 한국과 일본 사이에 '영토분쟁의 씨앗'을

귀속을 '주민투표'에 부쳐서 신탁통치를 거쳐서 일본 영향 하에 두려는 시볼드의 개정안은 지나치게 일본의 이익 극대화를 추구한 친일적 제안이고, 승전 연합국의 하나인 중화민국(the Republic of China)이 비록 대만에 쫓겨나 있을지라도 크게 반발하면 미국이 난처한 입장에 떨어질 수 있는 미국에게 유해한 제안으로 간주되었기 때문이다.

제5조는 소련에 귀속시킬 영토를 다루었는데, 북위 50도 이남의 사할린(Sakhalin, Karafuto)과 쿠릴 열도(Kuril Islands)를 일본은 소련에 이양한다고 규정하였다. 여기서 일본이 주장하는 이른바 북해도 북방의 4개섬(에토로후, 구나시리, 하보마이, 시코탄)에 대해서는 명칭을 아예 거명하지 않아서 쿠릴열도에 포함시켰는지 제외했는지 명확하게 표시하지 않았다. 소련과의 냉전이 시작되었으므로, 소련의 평화회의 참석 여부에 따라 협상할 여지를 확보해 둔 것으로 보인다. 시볼드의 이 항목에 대한 주장과 의견은 참조되어 섬들의 명칭은 사라졌으나, 4개섬이 쿠릴열도에서 제외된다는 표현도 하지 않았다.

제7조는 북위 29도 이남의 류큐제도(Ryukyu Island) 등 미국의 신탁통치 아래 둘 지역을 다루었다. 이 조항은 미국의 이익 극대화를 추구한 조항으로서 시볼드의 수정 제안도 없었다. 제5차 초안(1949.11.2.) 그대로이고, 문장만 간소화하였다.

뿌리게 되는 초안이었다. 미 국무부 6차 초안의 이 조항은 시볼드의 주장과 의견을 그대로 받아서 수정한 조항이었다.

이 초안의 제4조는 중국에 반환해야 할 영토, 제5조는 소련에 반환해야 할 영토, 제7조는 미국 신탁통치 지역을 규정하였다.

제6조는 일본이 한국에 반환할 영토를 규정했는데, 독도(Liancourt Rocks)를 한국영토에서 제외하였다. Liancourt Rocks(獨島, 竹島)를 빼어버린 한국영토의 조항에서는 다음과 같은 문장으로 서술되어 있었다.

> 「제6조, 일본은 이에 한국을 위하여 한국 본토와 한국 모든 근해의 섬들에 대한 모든 권리와 권원을 포기한다. 이 섬들에는 제주도, 거문도, 울릉도 및 일본이 권원을 획득했던 한국 근해의 모든 섬들과 작은 섬들이 이에 포함된다.[70]

즉, 이 제6차 초안(1949.12.29. 초안)의 제6조는 제5차 초안(1949.11.2.)에까지 명문으로 한국영토에 기재되어 있던 "Liancourt rocks(獨島, Takeshima)"를 제외한 것이었다. 이것은 한국영토 '독도'를 빼어내서 일본영토에 넣은 매우 큰 변화였으며, 제6차 초안의 가장 큰 변동이었다.

미국의 '1949년 12월 29일 초안(제6차 초안)'은 조약문을 간소화하면서 그 내용은 결국 미국의 오키나와 신탁통치를 보장함과 동시에, 시볼드의 일본을 위한 로비를 수용하여 이미 한국영토로 국제법상 승인된 리앙쿠르 암도(Liancourt Rocks, 獨島, Takeshima)를 한국영토에서 떼어내다가 일본영

---

70 Draft Treaty & Peace with Japan(December 29, 1949) Article 6.
Japan hereby renounces in favor of Korea all rights and titles to the Korean mainland territory all offshore Korean islands, including Quelpart(Saishu To), the Nan How group(San to, or Komun Do) which forms Port Hamilton(Tonaikai), Dagelet Island(Utsuryo To, or Matsu Shima), and all other offshore Korean islands and islets to which Japan had acquired title.

토로 귀속시키려는 변동을 시도한 초안으로 되어버리고 말았다.

제2차 세계대전에서 일본 제국주의를 패전시켜 승리한 연합국의 주요 국가는 직접 일본군과 전쟁한 중국·미국·영국·오스트리아·뉴질랜드·프랑스·네덜란드·필리핀·인도·캐나다·소련·파키스탄·버마(미얀마) 등 13국가였다. 그들이 연합국의 '극동위원회'(FEC)를 구성하고 있었다. 이들의 과반수 이상의 동의를 얻어야 평화조약 초안이 정당성을 가질 수 있었다. 미국은 미국의 국가이익의 극대화를 위해 시볼드의 수정제안을 최대한 수용한 '1949년 12월 29일 초안(제6차 초안 시안)'을 갖고 우선 영국과 영연방국가들에 대한 설득에 나서기로 하였다.

VIII. 영국초안 작성과 미.영합동초안의 성립

1. 제6차 미국 초안의 동의 논평 요청과 연합국 극동위원회 국가들의 거부

미 국무부는 1950년에 들어서자 1월부터 제6차 초안을 미국의 관련 기관과 연합국 극동위원회 위원국 대표들에 배포하여 동의를 구하는 논평(Comments)을 요청하였다. 미국 국내 일부에서는 동의의 논평이 오기도 했으나, 대부분은 논평을 제출하지 않았다. 연합국의 기존 합의와 정책 집행을 무시한 평화조약 초안이 평화회의에서 연합국의 비준을 얻을 수 있을지 회의적 견해가 많았기 때문이었다.

미국 국무부의 제6차 미국초안에 연합국의 사전 동의를 얻으려는 노력은 결국 완전히 실패하였다. 그 이유는 첫째 '극동위원회'의 다수를 구성하는 영연방국가들이 부정적 반응을 보였기 때문이었다. 제6차 미국초안이 연합국에 수용되려면 13개 국가로 구성된 '극동위원회'의 과반수 동의를 획득해야 하는데, 미국 이외는 한 나라도 동의를 얻기 어렵게 전망되었다.

제6차 미국 초안(1949. 12. 29)에 가장 크게 반발한 국가는 오스트레일리아, 뉴질랜드 등 영연방 국가와 영국이었다. 오스트레일리아는 미 국무부에 서면으로 질문을 보내왔다. 미국측은 답변을 미루다가 뒤늦게 6차 초안에 대한 '주석서(논평)를 내고 오스트레일리아 질문에 대한 답변서를 준비했으나 그들을 설득하지 못하였다.[71]

둘째는 '매카시 선풍'으로 미 국무부의 주요 행정관들의 교체와 사직이 있었기 때문이었다. 1950년 2월 9일 미 공화당 상원의원 매카시(Joseph McCarthy)가 "민주당 정부 국무부 안에 205명의 공산주의자들이 침투 점령해 활동하고 있다"고 규탄하면서 그 명단을 갖고 있다고 폭탄 선언을 하여, '마녀사냥'식으로 보튼 등 다수의 국무부 관리들이 해직되거나 사임하였다. 극동국에는 시볼드 등이 충원되어 왔으나, 연합국의 신뢰를 이미 상실한 상태였다.

미국 대통령 트루만은 1950년 5월 18일 對일본 평화조약을 적극 추진하기 위하여 초당외교를 주장하는 공화당 상원의원 출신 국제법 변호사 덜레스(John Foster Dulles)를 대통령 특사 겸 對일본 평화조약 준비위원장으로 임명하였다. 덜레스는 제1차 세계대전 종전 후 1919년 베르사이유 평화

---

71 미국 국무성의 6차 초안에 대한 '주석서'(논평, comments, 1950. 7.)은 '독도'에 대해서는 시볼드의 설명(일본 외무성의 설명) 그대로였다. 즉 "다케시마(Liancourt Rocks): 동해(일본해)에 있는 타케시마는 두 개의 無人小島로서, 일본과 한국의 거의 등거리에 있다는데, 명백하게 한국의 항의 없이 1905년 일본이 공식적으로 영유하여, 시마네현 隱岐島司의 관할 하에 두었다. 독도는 바다사자 서식지인데, 일본 어부들이 특정 계절에 이동 거주해온 것이 장기간이 되었다는 기록이 있다. 약간 떨어져 서쪽에 있는 '울릉도'와는 달리, 독도에는 韓國名稱이 없으며, 한국이 소유권을 주장한 적도 없다. 이 섬은 점령기간에 미군의 폭격 연습장으로 사용되어 왔으며, 기상관측소와 레이더 기지의 가치가 있다"고 하였다. 원문은 신용하 편저, 『독도 영유권 자료의 탐구』, 제3권, p. 316 참조

조약 때 미국대표의 일원으로 참가했던 평화조약 전문 법률가였다.

덜레스가 현지사정을 조사하기 위해 일본, 한국, 필리핀, 오스트레일리아, 뉴질랜드 등을 방문한 직후, 1950년 6·25 '한국전쟁'이 발발하여 세계 정세가 급변하게 되었다.

덜레스는 미국 측이 이전에 준비해 놓은 「제6차 미국 초안」과 「연합국의 구일본영토 처리에 관한 합의서」를 검토한 후, 제6차 초안의 진행을 중지시켰다. 그는 조속히 일본과 평화조약을 체결하여 미군의 일본 주둔을 더욱 공고히 보장하도록 일본을 재독립시켜 군사동맹을 체결한 동맹국으로 만들고, 한국전쟁에서 전쟁 중인 대한민국과도 군사동맹을 체결하며, 한국전쟁에 미군을 중심으로 한 UN군이 참전해 있으므로 소련과 중국을 제외한 연합국과도 더 강한 우호관계를 촉진하는 對일본 평화조약을 체결하려고 하였다. 그는 1948년 12월 파리 유엔총회가 대한민국의 주권독립국가의 승인을 할 때 가장 적극적으로 이를 후원한 미국대표였다. 그는 '독도' 명칭은 몰랐지만 '리앙쿠르 암도'는 한국영토임을 그해 1948년 6월 미공군의 리앙쿠르 암도 폭격 사건과 그 후 배상 논란으로 알고 있었던 것으로 보인다.

덜레스는 제6차 미국 초안이 평화회담에서 도저히 연합국의 동의를 얻을 수 없는 내용임을 알고 이를 중단시켰다. 덜레스는 '제6차 미국 초안'을 사실상 폐기한 것이었다. 그리고 덜레스 자신이 새 미국 초안을 작성하기로 결정하였다.

2. 덜레스의 평화조약 7개 원칙과 '덜레스 미국 초안'

1) 덜레스 제 1차 초안(1950. 8. 7.)

덜레스 위원장은 샌프란시스코강화조약을 준비함에 있어 무엇보다도

'극동 위원회'를 구성하는 다수 영연방 국가들의 동의를 얻을 수 있도록 본조약은 극히 간략하게 작성하되, 복잡한 영토 문제는 어느 나라도 거부할 수 없는, 연합국이 이미 합의한 포츠담선언 제8조와 그 집행인 SCAPIN 제677호를 정리한 별도의 부속문서로 돌리고 본 조약문에서는 가급적 어떤 문제 제기도 일어나지 않게 논의를 회피하는 것을 추구하였다. 미국을 위해 그 밖의 조항만 연합국의 동의를 얻는 방식이었다. 미국 측은 종전 일본 관할 영토의 처리에 대해서 1949년 12월 15일경 SCAPIN 제677호에 기준해서 미리 작성해둔 연합국의 「구 일본 영토 처리에 관한 합의서」를 비장해 두고 있었다.

이러한 방침에 따라 덜레스가 보좌관 앨리슨(J. M. Allison)을 데리고 작성한 초안이 1950년 8월 7일 덜레스 1차 초안이었다.[72]

이 초안의 형식은 시볼드 의견서의 조약문 간략화 제의를 수용하여 조약문을 가능한 한 간결하게 하고, 복잡한 영토 문제 역시 시볼드의 제의를 수용하여 일본의 자존심에 상처를 주지 않도록 일본 측에게는 비밀로 한 별도의 부속문서를 작성하였다. 그리고 이를 연합국에게 인지케 해서, 연합국과 일본이 모두 용이하게 조약에 서명 비준할 수 있게 한다는 것이 덜레스의 생각이었다. 1950년 8월 7일 덜레스 제1차 초안 내용의 특징은 다음과 같았다.

(1) 모든 징벌적 조항과 표현을 빼고 제1장 평화, 제2장 일본의 주권, 제3장 일본의 유엔 가입 신청과 지지에 대한 간단한 언급만 하였다.

(2) 일본 영토(Tericory) 범위의 규정은 모두 삭제하였다. 따라서 경위도의 표시, 부속지도상의 표시, 포기하는 섬들의 표시도 모두 삭제하였다.

(3) 일본이 포기하는 영토에서는 제4조에서 한국을 다루었는데, "일본은

---

72 덜레스 제1차 초안(미국 제7차 초안)과 덜레스 제2차 초안(미국 제8차 초안)은, 신용하 편저, 『독도영유권 자료의 탐구』 제3권, pp. 317~324 참조.

한국의 독립을 승인하며, 1948년 12월 …일 유엔총회가 채택한 결정을 한국과의 관계의 기초로 삼을 것이다.[73]" 는 간략한 한 문장으로 정리하였다.

여기서 1948년 12월 유엔총회 결정을 삽입한 것은 대한민국(The Republic of Korea)이 이때 유엔총회에서 독립국가로 승인되었으므로 'Korea'가 대한민국을 지칭하는 것으로 하고, 일본도 한국을 '포기'하는 것이 아니라 독립을 '승인'(recognize) 하는 것으로 표현하면서, 포츠담선언의 준수를 내포케 한 것이었다.

이 조약문에서는 다른 모든 섬들의 명칭과 함께 독도의 명칭은 표기되어 있지 않고, 포츠담선언의 일본 주변의 섬들을 다룬 별도의 부속문서로 돌려졌다. 공표는 하지 않았지만 이 별도 부속문서는 연합국의 「구 일본 영토 처리에 관한 합의서」로 이미 작성되어 비장되어 있었다.

(4) 영토의 제5조에서는 타이완, 펑후섬, 북위 50도 이하의 사할린, 쿠릴 열도 등의 지위는 미국·영국·소련·중국 등의 합의에 따르며, 1년 이내 합의에 실패하는 경우에는 유엔총회의 결정에 따른다고 규정하였다.

덜레스는 이 간략한 초안을 비공개로 국무부 내부를 비롯한 미국 관계자들에게 회람시켜서, 참고 의견을 구하였다.

덜레스는 자신이 작성한 '덜레스 제1차 초안'을 연합국 극동위원회 국가들에게 회람시켜 동의를 구하는 일은 하지 않았다.

2) 덜레스 제2차 초안과 평화조약 제7원칙 발표(1951. 9. 11.)

덜레스는 그의 첫 초안에 대한 미국 국내 의견을 수렴하여 1950년 9월

---

73 신용하 편저, 2000, 『독도영유권 자료의 탐구』 제3권, 독도연구보전협회, 318쪽.
"Japan recognizes the independence of Korea and will base its relation with Korea on the resolutions adopted by the United Nations Assembly on December…, 1948."

11 일자로 '덜레스 제2차 조안'을 작성함과 동시에, 동일 날짜로 '대일본 평화조약 7원칙'을 준비하였다. 미국 내에서도 덜레스의 파격적인 조약문 간결화에 대한 설명과 원본에 대한 징벌 면제 및 동등한 대우 등의 내용과 정당성에 대한 구체적 설명 요청이 있었던 것으로 보인다.

덜레스 제2차 초안은 제1차 초안과 큰 차이는 없고 문장 수정이 대부분이었다. 한국 관련 조항은 다음과 같이 문장이 수정되었다.

제4장 영토, 제4조. 일본은 한국의 독립을 승인하고, 유엔총회의 결정과 한국에 관한 유엔안전보장이사회의 결정을 한국과의 관계의 기초로 삼을 것이다.[74]

이것은 '한국전쟁'의 진행을 반영하여 장차 독립한 일본이 한국에 대해 유엔총회 및 유엔안전보장이사회의 결정에 따라 유엔군에 협력하도록 규정한 문구를 첨가한 것이었다.

덜레스는 이를 9월 11일 작성하여 미국 국내 관계기관에 회람시킨 다음과 같은 대일본 평화조약 7원칙을 11월 24일 세계에 공표하였다.

1. 당사국: 제안되고 합의될 기초 위에 평화를 정착시킬 의사를 가진 일본과 교전했던 일부 혹은 모든 국가들.

2. 유엔: 일본의 가입은 고려될 수 있다.

3. 영토: 일본은 (a) 한국의 독립을 승인하며; (b) 류큐와 보닌(小笠原)에 대해 미국을 시정권자로 하는 유엔의 신탁통치에 동의하며, (c) 대만, 팽호도, 남부 사할린, 쿠릴의 지위에 대한 영국·소련·미국·중국의 장래 결정을 수용한다. 조약이 발효된 후 1년 이내에 아무런 결정이 없

---

74 신용하 편저, 2000, 『독도영유권 자료의 탐구』 제3권, 독도연구보전협회, 323쪽.
"Japan recognizes the independence of Korea and will base its relation with Korea on the resolutions adopted by the United Nations Assembly and Security Council with respect to Korea."

는 경우, 유엔총회가 결정한다. 중국 내 특별권리와 이익은 포기한다.

4. 안전보장: 조약은 유엔이 실효적 책임을 부담하는 것과 같은 만족할 만한 별도의 안전보장 협정이 성립될 대까지, 일본 지역 내에서 국제 평화와 안전의 유지를 위해 일본 시설과 미국 및 혹 기타 군대 간에 협력적 책임이 지속될 것을 고려한다.

5. 정치적 및 통상적 협약: 일본은 마야과 어업을 다루는 다자간 조약에 가입할 것에 동의한다. 전전(戰前) 양자 조약은 상호 합의에 의해 부활될 수 있다. 새로운 통상조약이 체결될 때까지, 일본은 통상의 예외에 따르는 것을 조건으로 최혜국 대우를 제공한다.

6. 청구권: 모든 당사국은 1945년 9월 2일 이전의 전쟁행위에서 발생한 청구권을 포기한다. 단 (a) 일방적으로 연합국이 그 지역 내에 있는 일본인 재산을 보유하는 경우 및 (b) 일본이 연합국인 재산을 반환하거나 혹은 원상으로 회복할 수 없는 경우, 상실가격의 협정된 비율로 보상하기 위해 엔화를 제공하는 경우는 제외한다.

7. 분쟁: 청구권에 관한 분쟁은 국제사법재판소장이 설치하는 특별중립 재판소에서 해결한다. 다른 분쟁은 외교적 해결 또는 국제재판소에서 처리한다.[75]

덜레스는 이 7원칙 발표 때에 한국(Korea)은 대한민국(Republic of Korea)이 대표한 것으로 하여 샌프란시스코평화회의에 '협력국'의 하나로 참석시킬 것을 전제로 하고 있었다.

---

75 ①"Unsigned Memorandum Prepared in the Department of State," (1950. 9. 11), *FRUS,* 1950, Vol. VI, pp. 1296~1297.
②정병준, 『독도 1947』, 2010, pp. 509~511
③박현진, 『독도 영토 주권 연구』, 2016, pp. 363~406 참조

3) 덜레스 제3차 초안(1951. 3. 23.)

덜레스의 '제2차 초안(1950년 9월 11일 초안)'과 '대일본평화조약 7원칙'은 1950년 9월 중에 연합국과 일본 등 샌프란시스코강화회의 참석 예정 국가들에 보내어 검토할 충분한 시간이 주어졌다.

트루먼은 1951년 1월 한국전쟁에 중공군이 개입하자, 전쟁이 장기화될 경우 일본을 동맹국으로 삼아야 할 필요성을 더욱 절감하고, 조약의 조속한 체결을 위하여 1951년 1월 22일 일본에 미국 사절단(단장 덜레스)을 파견하였다. 도쿄에서 미국과 일본 사이에 ① 샌프란시스코 평화조약 임시각서, 미·일 안전보장조약 초안 및 부록, 미·행정협정초안 및 부록의 3개 조약을 위한 5개 문서가 1951년 2월 9일 덜레스 보좌관 앨리슨(J. M. Allison)과 일본 요시다 시게루 정부의 외무차관 이쿠치 사다오(井口貞夫) 사이에 서명되었다. 이것은 아직 '협정'은 아니고, 강화조약 비준 때 함께 협정을 맺기 위한 미국과 일본의 사전 '약속' 각서였다.

이때 미국 측이 일본에 수교한 샌프란시스코강화조약의 임시 각서(provisional memorandum)의 내용은 파격적으로 관대하여 일본은 매우 감사해하며 만족했던 것으로 보인다. 여기에는 전통적인 전쟁 책임 추궁, 전범처리, 징벌 조항은 전혀 없었고, 평화와 일본의 주권 재독립, 유엔 가입 등의 사항만 언급되어, 일본에 관대하고 우호적이었다. 일본 영토를 한정하는 경도·위도의 표시와 섬들의 명칭도 없어졌고, 일본을 선(線)으로 그어 영토를 정의한 부속지도도 없었다. 오직 '영토 조항'은 다음과 같이 일본이 포기하는 큰 지역만 표시되어 있었다.

> 일본은 한국(Korea)·대만과 팽호도에 대한 모든 권리·권원을 포기하며, 북위 29도 이남의 류큐제도, 로사리오·볼케이노섬·파르체 벨라·마커스섬을 포함한 보닌섬에 대해 미국을 시정권자로 하는 유엔 신탁통치를 수용한다.[76]

요시다 등 일본 측은 이에 매우 만족하였다. '한국전쟁'이 평화조약에서 전범국가 일본을 미국의 동맹국가로 구제해낸 것이었다.

미국은 사절단이 귀국하자 1951년 3월 1일부터 덜레스 제3차 초안, 1951년 3월 23일 초안)을 작성하기 시작하였다. '덜레스 제3차 초안'은 3월 23일 '영토' 조항을 다음과 같이 작성하였다.[77] 이 초안에서는 일본의 영토 조항(일본 영토의 정의)은 아예 삭제해 버리고, 일본이 포기하는 지역만 다음과 같이 간단히 명시하였다.

제3장 영토

3. 일본은 한국, 대만 및 팽호도에 대한 모든 권리 권원·청구권을 포기한다. 또한 남극지방에서 (행한) 일본 국민의 활동에서 비롯되었거나 혹은 위임통치 체제와 관련된 모든 원리 권원 청구권을 포기한다. 일본은 이 전에 일본의 위임통치하에 있던 태평양 도서를 신탁통치 체제하에 둘 것과 관련한 1947년 4월 2일자 유엔안전보장이사회 결정을 승인한다.

4. 미국은 유엔에 대해 북위 30도 이남의 류큐제도, 로사리오 섬을 포함 한 보닌제도(오가사와라), 볼케이노섬(이오지마), 파레체 벨라 및 마커스섬에 대해 미국을 시정권자로 하는 신탁통치 체제하에 둘 것을 제안한다. 일본은 이러한 제안에 동의할 것이다. 이러한 제안을 행하며 그에 따른 긍정적 조치에 따라 미국은 이 섬들의 주민 및 그 영해를 포함한 이들 영토에 대 한 행정·법률·관할의 모든 권한을 행사할 것이다.

5. 일본은 소련에 사할린의 남부와 그에 인접한 모든 섬들을 반환할

---

76 "Provisional Memorandum", (1951. 2. 8), RG 59, Department of State, Decimal File, 694.001/2-1051.

77 1951년 3월 13일의 덜레스 초안은 미국 제9차 초안에 해당하는 것으로, 그 후 영국 초안 및 미·영 합동초안을 반영하여 몇 차례 자구 수정을 가하여 미국 제14차 초안까지 수정 되었으나 내용이 동일하므로 '덜레스 초안'으로 통합하고 수정 날짜를 표기하기로 한다.

(return) 것이며, 소련에 쿠릴열도를 이양할(hand over) 것이다.[78]

이 미국의 덜레스 3차 초안(1951. 3. 23.)은 미국의 국가이익을 위하여 미국의 신탁통치에 넣을 지역과 섬들은 구체적으로 명시한 반면에, 다른 지역에 대해서는 오직 나라 이름 또는 큰 지역 이름만 명시한 매우 간략한 조약문 초안이었다.

우리의 주제인 독도·한국 영토에 관해서는 제3장(3)에서 "일본은 한국(Korea), 대만 및 팽호도에 대한 모든 권리·권원 청구권을 포기한다."고, 대만, 팽호도와 함께 오직 '한국'(Korea) 한 단어로 표시되었다.

이 지나치게 간략한 초안은 미 국무부에는 연합국의 「구 일본영토 처리에 관한 합의서」라는 별도의 부속문서가 이미 비장되어 있었으니 있을 수 있는 일이었지만, 이 극비 부속문서의 존재를 모르는 다른 모든 국가들에게는 의혹을 일으키게 하는 것이었다. 뿐만 아니라 덜레스는 패전국과의 강화조약임에도 불구하고 종래의 전통적 강화조약과는 전혀 달리 징벌적 배상을 모두 배제하고, 오직 '평화'와 일본·주권'을 강조하면서 전범국 일본을 지나치게 배려해주면서도, 미국의 이익은 열심히 규정한 초안을 만들었다는 평가를 받게 되었다.

영국은 미국의 덜레스 3차 초안(미국 제10차 초안)의 작성 도중에 1951년 3월 12일자 외교 각서로서 '대일평화조약은 연합국의 포츠담선언과 일치되어야 하며, 평화조약에 이것이 언급되어야 한다'라고 지적하여 덜레스에게 전달하였다.[79] 다음 장의 영국 초안 작성 과정에서 다시 보겠지만, 영

---

78 'Provisional Draft of a Japanese Peace Treaty (Suggestive Only) (1951. 3. 23.), 원문은 신용하 편저, 2000, 『독도영유권 자료의 탐구』 제3권, 독도연구보전협회, 325~326쪽 참조.

② 정병준, 2010, 『독도 1947, 돌베개』, 519쪽.

③ 이석우, 2007, 『동아시아의 영토분쟁과 국제법』, 집문당, 173~199쪽.

79 AIDE-MEMOIRE, March 12, 1951 handed to Mr. John Foster Dulles by HMG Change

국은 포츠담선언 제8조를 비롯한 일본의 항복조건들이 평화조약문에서 언급될 것을 요구한 것이었다

미국은 1951년 3월 13일자로 영국에 보낸 답신 각서에서 영국 측 요구에 일반적으로 동의한다고 답변해서, 포츠담선언의 일본 항복조건을 샌프란시스코 평화조약문에 적용하겠다고 약속하였다.[80] 그러므로 '덜레스 제3차 초안'(1951년 3월 23일 완성)은 간략한 초안이었지만, 덜레스 위원장 등 미국은 구 일본 관할의 영토 처리에 대해서 포츠담선언 제8조를 담은 평화조약의 별도의 부속문서(「구 일본 영토 처리에 관한 합의서」)를 이미 정리해 비장하고 있었으므로, 이때 영국 측에게 외교 각서로 이러한 약속을 한 것이었다고 해석된다.

연합국의 포츠담선언 제8조와 그 집행인 SCAPIN 제677호에 의거하여 독도(Liancourt Rocks, Takeshima)를 대한민국 영토로 귀속시키기로 결정한 (일본에게는 보이지 아니한) 극비문서 「구 일본 영토 처리에 관한 합의서」가 간략해진 평화조약문의 부속문서로 사용될 것이라는 약속은 1951년 3월 13일자 미국 측이 영국 측에 보낸 외교 각서로 이때 덜레스의 의중에 내정 되어 있었다고 볼 수 있다.

대한민국 정부도 피란지 부산에서 '미국 덜레스 초안'(1951년 3월 23일의 초안) 에 대한 논평 답신을 1951년 4월 27일자로 발송하였다. 그 내용은 다음 장 에서 고찰하는 바와 같이, 이승만 대통령의 주장을 주로 반영한 것이었다.

UK, 54-D-423: Japanese Peace Treaty Files of John Foster Dulles, 1946~1952. Subject File, Lot 54D423, 1946-52, Box 13.

80 AIDE-MEMOIRE, March 13, 1951 handed to Mr. John Foster Dulles by HMG charge UK, 54-D-423; Ibid.

3. 영국의 제1·2·3차 초안 작성

미국 덜레스 3차 초안(1951. 3. 23.)에 가장 크게 반대한 것은 태평양 전쟁에서 일본군과 혈전을 전개한 영국, 오스트레일리아, 뉴질랜드, 버마, 인도 등 영연방 국가들이었다.

영연방국가들은 패전국이며 전쟁범죄 국가인 일본에게 미국 측이 어떠한 징벌과 배상도 면제해 주고 미국의 국가이익에만 집중하면서 일본을 동맹국 반열에 올려놓기 위한 미국 일방적 평화조약 초안 작성에 매우 불만이었다.

영국 외무성은 이에 1951년 1월부터 아예 독자적 영국초안을 작성하기 시작하여, 1951년 2월 28일 '제1차 영국초안'을 작성 발표하였다. 이어서 영국 외무부는 이를 수정하여, 제2차 영국초안(1951. 3)과 제3차 영국초안 (1951. 4. 7)을 연속적으로 작성하였다.[81]

영국측은 제1차 초안(1951. 2. 28)에서 영토문제에 대해서는 일본영역을 경위도(經緯度)로 표시하여 선(line)을 그어서 일본 근해의 섬들을 일본의 주권하에 포함시키겠다고 하면서, 한국 방향으로는 처음 엉뚱하게 울릉도와 제주도를 일본 영토권 안에 포함시켜 경위도를 기재하는 큰 실수를 하였다. 즉각 이것이 잘못임을 깨달은 영국은 며칠 후에 바로 제2차 영국 초안 (1951. 3.)을 작성했는데, 한국과 관련해서는 제1항에서 한국 제주도와 일본 복강도(福江島) 사이, 한반도와 대마도(對馬島) 사이, 한국 독도(Takeshima)와 일본 은기도(隱岐島) 사이를 나누어 연결하는 선을 그음으로써, 제주도와 울릉도·독도를 한국영토에 포함시키고, 대마도와 은기도를 일본영토에 포함시키어, 원래 연합국이 합의했던 대로 정확하게 복원하였다.

가장 중요한 제3차 영국초안(1951. 4. 7.)에서도 역시 한국쪽과 관련된

---

81 신용하 편저, 『독도영유권 자료의 탐구』, 제 3권, pp. 333~339 참조

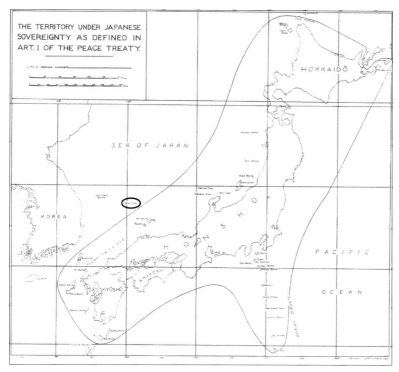

〈그림 2-9〉 영국 외무부 대일평화조약 초안 첨부지도 (1951. 3)

(○ 표자는 독도, 필자 첨가)

부분의 구획선을 한국 제주도와 복강도(福江島) 사이, 한반도와 대마도(對
馬島)사이, 한국 독도(獨島)와 일본 은기도(隱岐島) 사이에 그어서, 제주도
와 독도는 한국영토로 귀속시키고, 대마도와 은기도는 일본영토로 귀속시
키는 영국의 입장과 견해를 거듭 명확히 하였다.

영국의 이러한 입장은 연합국의 이미 합의한 포츠담선언 제8조 및 그
집행인 연합국최고사령관 지령 SCAPIN 제677호와 미국의 제1차 초안에
일치한 것이며, 연합국의 기존 합의를 존중한 것이었다.[82]

영국2차초안부터는 〈그림 2-9〉와 같이, 일본영토의 범위를 선으로 둘러

쳐서 표시하고 있는 일본영역 정의의 지도를 첨부하였다.[83] 이 부속지도에서 영국은 울릉도와 독도는 일본영역의 밖에 두어 한국영토임을 명백히 표시하였다. 특히 영국초안에 첨부된 일본정의의 지도는 '제1차 미국 초안'의 일본정의의 첨부 지도와 동일한 것이었다.

영국초안과 지도의 내용을 보면, 포츠담선언 제8조 → 그 집행인 연합국 극동위원회(FEC: Far Eastern Commission)가 합의했던 SCAPIN 제677호 (1946. 1. 29) → 제1차 미국 초안(1947. 3)과 근본적으로 유사한 것이었다. 이것은 영국이 미국에게 '제1차 미국 초안'과 같이 연합국의 포츠담선언 제8조 및 그 집행인 SCAPIN 제677호의 결정을 그대로 존중할 것을 강력히 시사하는 것이기도 하였다.

영국측의 이러한 내용의 영국초안의 제시는 미국측에게 미국의 일방적 국가이익 추구를 자제하고, 패전국가이며 전쟁범죄국가인 일본에게 징벌적 배상을 조금이라도 가하며, 영토문제에 대해서는 포츠담선언 제8조와 이를 집행한 연합국최고사령관의 SCAPIN 제677호의 영국 등 극동위원회의 결정을 포함한 연합국의 합의를 존중해야 하고, 제1차 미국 초안을 중시하라는 강력한 행동적 경고였다고 볼 수 있다.

4. 미·영합동초안의 성립

1) 두 차례의 미·영 실무자 회담

덜레스는 영국을 비롯한 영연방 국가들의 '덜레스 미국초안'(1951. 3.)에 대한 이의와 반대에 매우 당황하였다. 덜레스의 입장에서는 소련과 중국은

---

82 신용하 편저,『독도영유권 자료의 탐구』, 2000, pp. 339~344 참조
83 정병준, ①「영국 외무성의 對日 평화조약 초안·부속지도의 성립(1951. 3)과 한국독도영유권의 재확인」,『한국독립운동사연구』제 24집, 2005 참조.
  ②『독도 1947』, 2010, pp. 576~583 참조

평화조약에서 반대해도 제외시킬 수 있었으나, 영국과 영연방이 반대하면 평화조약은 도저히 비준될 수 없었다.

미국은 평화회의에 2개 국가의 평화조약 초안을 상정시킬 수 없으므로 영국을 설득하여 '미·영합동초안'(Joint United States-United Kingdom Draft)을 작성하기로 합의하였다.[84]

미·영 합동초안 작성을 위한 협의는 먼저 양측 실무자회담이 두 차례 개최되었다. 첫 번째 실무회담은 영국 런던에서 1951년 3월 20일부터 3월 21일까지 2일간 개최되었다. 이 회의에서는 미국의 덜레스 초안에 대한 영국측의 수정의견 제시가 논의되었다.[85]

영국측은 제1차 미·영 실무회담에서 한국관련 영토문제에 대해서는 덜레스 미국 초안의 "일본은 한국(Korea), 대만, 팽호도에 대한 모든 권리·권원·청구권을 포기한다"는 조약문 초안이 너무 소략하다는 견해를 제시하였다. 영국측은 일본영토에 대해서는 연합국 포츠담선언 제8조와 그 집행인 연합국최고사령관 지령 SCAPIN 제677호를 조약문에 반영하여, 일본 영토에서 제외한 한반도와 일본 본주 사이에 있는 섬들의 구체적 명칭의 기재를 희망하였다. 영국측은 조약문이 더욱 구체적이고 정확해야 하며, 일본에 대한 징벌적 배상 부분이 일부라도 표시되어야 한다고 주장하였다.

미국은 영국측의 견해에 대해 한반도와 일본 사이에 대표적 섬으로 '제주도'(Quelpa Island)를 넣는 방식을 제안하였다. 그밖의 섬들은 너무 작아서 간결한 조약문과 격이 맞지 않는다고 보았다. 그 밖의 작은 섬들은 별도의 부속문서로 처리될 수 있다는 견해였다. 일본의 징벌적 배상에 대해서는 의견이 합일되지 않았다.

제2차 미·영 실무회담은 1951년 4월 25일부터 5월 4일까지 미국 워싱턴

---

84 신용하 편저, 『독도영유권 자료의 탐구』, 제3권, 2000, pp. 354~359 참조
85 정병준, 『독도 1947』, 2010, pp. 528~549 참조

DC에서 개최되었다. 이 회담에서는 '영국 제3차 초안'(1951. 4. 7)과 '덜레스 미국초안'(1951. 3. 23.)을 항목 별로 비교 검토하였다. 이 실무회담에서 한국 관련 영토문제에 대해서는 미국측이 1951년 5월 2일회의에서, 한반도와 일본 본주 사이에 '제주도·거문도·울릉도'의 3개 대표적 섬들의 명칭을 넣음으로써, 런던에서의 영국 측의 구체적 섬들의 명칭을 넣어야 한다는 주장을 흡족하게 만족시켰다. 이 때 SCAPIN 제677호와 '영국 제3차 초안'에 명료하게 일본에서 제외되어 한국영토로 합의된 獨島(Liancourt Rocks)가 조약문 기재 명칭에서 누락된 것은 너무 작은 無人島였기 때문이었다. 거문도와 울릉도 영국 주장을 만족시키기 위해 넣은 섬들로서 간결한 조약문의 격에 맞지 않은 작은 섬들인데, 무인도인 'Rocks'(岩礁: 石島)를 조약문에 넣기는 불편했던 것이다. 그 대신 영국 주장의 바탕인 '연합국 합의의 SCAPIN 제677호'를 그대로 수용한 별도의 부속문서가 준비되어 있었으므로 영국 측도 더 세밀한 조약문을 요구할 필요가 없었을 것이다.[86]

이 실무자회담에 참석한 미·영 양국 실무자들을 보면, 영국측 실무자는 존스튼(C.H.Johnston), 핏츠모리스(G. G. Fitzmaurice), 발라트(F. A. Vallat), 톰린슨(F.S.Tomlinson), 프리담(K.R.C Pridham) 등이었고, 미국측 실무자는 앨리슨(John M. Allison), 스노우(Conrad Snow), 피어리(Robert A. Feary) 등이었다. 이들이 한국 영토 관련조항을 포함하여 샌프란시스코 평화조약 최종안을 작성한 실무자 집단이었다.

이 실무자 회의 기간에 덜레스는 급히 '영국 제3차 초안'에 대한 일본 측의 견해를 청취하였다. 1951년 4월 23일 동경에서 가졌던 덜레스-요시다 시게루(수상) 회담에서, 요시다는 한국과 관련하여 일본의 영토는 SCAPIN 제677호의 판정 그대로임을 인지하게 되었다. 그러나 요시다는 덜레스의 구상처럼 대한민국이 연합국의 일원으로 초대됨은 극력 반대하였다. 요시

---

86 신용하, 『독도 영유권 자료의 탐구』 제3권, pp.345~348 참조.

다는 만일 한국이 연합국의 일원으로 간주되어 평화외의에 정식으로 참가하게 되면 재일본 한국 공산주의자들이 식민지통치의 배상금을 강력히 요구하여 일본 재정을 파산시킬 것이라고 덜레스에게 극력 주장하였다. 그러나 덜레스는 아직 요시다의 주장에 동의하지 않고 돌아왔다.

2) 제 1차 미·영합동초안의 작성과 회람

이에 미국과 영국은 1951년 5월 3일 합의된 '미·영합동초안'(제1차 초안)을 미국은 관계자들에게, 영국은 영연방 국가들에게 회람시켜 토론과 논평을 구하였다. 이 때 회람시킨 제1차 '미·영합동초안'의 한국관련 영토조항(제2장 영토의 제2조의 일부)은 다음과 같았다.

> "「일본은, 한국(Korea)(제주도·거문도·울릉도 포함)[대만과 팽호도]」에 대한 모든 권리·권원·청구권을 포기하며, 또한 위임통치 체제[혹은 남극지방에서 일본 국민의 과거 모든 활동에 기초한] 와 연관된 모든 권리·권원·청구권을 포기한다.
> 일본은 구일본 위임통치령(mandate)이던 태평양 도서들에 신탁통치체제(trusteeship)를 적용한다는 1947년 4월 2일자 유엔 안정보장이사회의 조치를 수용한다."[87] ([ ]는 영국이 보류를 희망한 부분임)

위의 시안에 대한 회람과 논평의 결과는 1951년 6월 1일자로 요약 정리되었다.

(미국의 제안)
미국은 영국측 제안과 절충하여 영토문제를 다음과 같은 지역별 조문화

---

87 ①신용하, 『독도영유권 자료의 탐구』, 제3권, pp.348~350 참조.
　②정병준, 『독도 1947』, 2010, pp. 522~538 참조

를 제안하였다.

    (a) 일본은 한국의 독립을 승인하며, 제주도, 거문도, 울릉도를 포함하는 한국에 대한 모든 권리·권원·청구권을 포기한다.

    (b) 일본은 대만과 팽호도에 대한 모든 권리·권원·청구권을 포기한다.

    (c) 일본은 국제연맹 위임통치체제와 관련된 모든 권리·권원·청구권을 포기하며, 구일본위임통치령이던 태평양도서에 신탁통치체제를 적용한다는 1947년 4월 2일자 유엔안전보장이사회의 조치를 수용한다.

    (d) 일본은 남극지방에서 일본 국민의 과거 모든 활동에 기초한 모든 권리·권원·청구권을 포기한다.[88]

(영연방 국가들의 다수 견해)

오스트레일리아, 뉴질랜드, 세이론, 기타 대부분의 영연방 국가들은 미·영 합동초안이 간단하지만 모호한 요소가 강하다고 지적하면서 조약문이 길어지더라도 영국 제3차 초안처럼 명료한 조약문을 선호하였다.

(뉴질랜드의 견해)

특히 뉴질랜드 정부는 영국초안의 제1장에서 표시한 바와 같이 일본영역을 경도와 위도의 線으로 정확하게 한정하여 일본 부근에 있는 어떠한 섬도 '영토주권분쟁'을 남기지 않도록 명확히 보장해야 할 필요가 있다는 견해를 발표하였다. 이러한 방식을 택하면, 현재 소련 점령하에 있는 하보마이 제도와 시코탄도 일본영토에 남게 된다고 예를 들었다.[89]

3) 개정 제2차 미·영합동초안의 작성(1951. 6. 14)

미국과 영국의 실무자들은 회람시킨 영미합동초안의 시안(1951. 5. 3)에 대한 논평을 참작하여 1951년 6월 14일 개정된 제2차 미·영합동초안을 작

---

88 신용하, 『독도영유권 자료의 탐구』, 2000, 제3권, p. 351
89 신용하. 『독도영유권 자료의 탐구』, 2000, 제3권, p. 352~353

성하였다. 그 영토조항(제2장 제2조)은 다음과 같았다.

(「개정 미·영합동초안」 제2장 영토, 제2조)
a. 일본은 한국(Korea)의 독립을 승인하며, 제주도·거문도·울릉도를 포함하는 한국에 대한 모든 권리·권원·청구권을 포기한다.
b. 일본은 대만과 팽호도에 대한 모든 권리·권원·청구권을 포기한다.
c. 일본은 1905년 9월 5일 포츠마츠조약의 결과로 일본이 영유권을 획득한 쿠릴 열도와 사할린의 특정 부분 및 그에 인접한 섬들에 대한 모든 권리·권원·청구권을 포기한다.
d. 일본은 국제연맹 위임통치체제에 연계된 모든 권리·권원·청구권을 포기하며, 1947년 4월 2일 유엔 안전보장이사회가 구일본 위임통치령이었던 태평양 도서들에 대한 신탁통치체제의 적용의 조치를 수용한다.
e. 일본은 남극(Antarctic) 지방의 어느 부분에 연관된 일본 국민 또는 기타 사람들의 활동에서 도출된 모든 권리·권원 또는 이익을 포기한다.
f. 일본은 남사군도(Spratly Islands)와 서사군도(Parcel Islands)에 대한 모든 권리·권원·청구권을 포기한다.[90]

제2차 미·영합동초안이 제1차 미·영합동초안 영토조항과 다른 점은 제2차 합동초안에서는 일본이 포기하는 영토를 지역별로 세분하여, 한국(Korea)은 (a)항으로 분리시키고, (e)항 남극지역과 (f)항 남사군도 및 서사군도를 첨가한 것이었다.

그러나 (a) '한국'에 대한 내용은 "일본은 한국의 독립을 승인하며, 제주도·거문도·울릉도를 포함하는 한국에 대한 모든 권리·권원·청구권을 포기한다"는 조약문은 변함이 없었다.

---

90 ①신용하, 『독도영유권 자료의 탐구』, 제3권, pp.354~357
　②정병준, 『독도 1947』, pp. 539~545 참조

연합국의 對일본 평화조약 준비위원장 덜레스는 이 제2차 미·영합동초안을『對일본 평화조약 초안』이라는 제목을 붙여서 1951년 7월 20일 관련 각국에 발송하여 최종 의견을 물었다.

당시 한국전쟁 중이어서 부산에 있던 한국정부는 두차례(1951년 7월 19일과 1951년 8월 2일) 미국 국무부에 답신서를 보내었다. 1951년 7월 19일 주미 한국대사 양유찬을 통해 덜레스 위원장에게 보낸 의견서의 요점은 ①한국을 對일본 참전국으로 인정하여 조인국에 포함시켜줄 것, ②제2장 a항에 '제주도·울릉도·거문도' 뒤에 독도(Dokdo)와 파랑도(Parangdo, 이어도)를 넣어줄 것, ③한국에 있는 일본인의 재산청구권을 포기할 것, ④어업보호선으로서의 맥아더 라인을 존속시킬 것 등이었다.[91] 이어서 1951년 8월 2일 한국정부는 미국 애치슨 국무장관에게 공한을 보내 ①한국에 있는 일본인의 재산 포기와 ②맥아더 라인의 존속을 거듭 요청하였다.

1951년 8월 2일~10일 경에는 덜레스 평화조약 준비위원장과 영국측은 미·영 합동초안에서 포츠담선언 항복조건과 SCAPIN 제677호에 의거하여 일본영토를 처리하기로 내략이 되어 있던 시기였다. 따라서 이 때 그들 사이에서는 무인 소도의 명칭은 조약문에 넣지 않기로 합의되어 있었고, 리앙쿠르 암도(獨島, 다케시마)는 연합국의 결정에 따르기로 합의되어 있었다.

4) 러스크 서한(1951. 8. 10.)의 허위정보에 의거한 일본의 독도 재침탈 시도

그러나 미 국무부의 시볼드, 피어리, 앨리슨 등 친일적 행정관 소집단의

---

91 한국정부는 이에 앞서 덜레스 미국초안(1951. 3)에 대한 답신서(1951. 5. 7)에서 이 승만 대통령의 주장에 따라, 영토문제에서는 '대마도'의 한국 반환,'맥아더 線' 지속, 평화조약 참가 서명조인국, 재한 일본인 재산몰수, 재일본 한국인 재산회복 등을 포함해 주도록 요구하였다.

일원으로 간주되는 러스크 차관보가 주미한국 대사 양유찬에게 답장의 서한 형식으로 1951년 8월 10일 덜레스 위원장 및 영국 측 견해와는 다른 견해의 답신을 보내왔다. 소위 "러스크서한(Rusk letter)"이라고 통칭하는 이 편지에는 한국의 독도 영유를 인정하지 않는다는 다음과 같은 내용이 서술되어 있었다.

각하
귀하가 보낸 일본과의 평화조약의 초안에 관하여 미국 정부의 재고를 요청하는 1951년 7월 19일 및 8월 2일자의 문서를 확실히 수령했음을 알려드립니다.
초안 제2조 (a)항을, 일본은 "한국, 및 제주도, 거문도, 울릉도, 독도 및 파랑도 등 일본에 의한 한국 합병 이전에 한국의 일부였던 여러 섬들에 대한 모든 권리, 주권 및 청구권을 1945년 8월 9일에 포기한 것을 확인한다"고 규정하도록 수정해야 한다는 대한민국 정부의 요구에 대해서, 유감스럽지만 미국 정부는 그 제안에 동의할 수 없습니다.
미국 정부는, 1945년 8월 9일의 일본에 의한 포츠담 선언 수락에 의해 동선언의 대상이 되는 지역에 대하여 일본이 공식적, 또는 최종적으로 주권을 포기했다고 하는 이론을 평화조약에서 채택해야 한다고 생각하지 않습니다.
독도, 다케시마, 혹은 리앙쿠르 암으로서 알려져 있는 섬에 대하여, 우리 측의 정보에 의하면, 평상시 사람이 거주하지 않는 이 암초는, 한국의 일부로서 취급되었던 적은 전혀 없으며, 1905년경부터, 일본의 시마네 현 오키도청의 관할하에 있었습니다. 이 섬에 대하여, 한국에서 지금까지 주권을 주장한 적이 있다고 보이지 않습니다. "파랑도"가 본 조약에서 일본에 의해 포기되는 섬에 포함되어야 하는 것이라고 하는 한국정부의 요구는 취하되었다고 이해합니다. (…)[92]

92 Letter by Dean Rusk to Yu Chan Yang, Ambassdor of Korea, August 10, 1951, RG 59. File 54 D423. Japanese Peace Treaty files of John Foster Dulles, 1946~1952, Box 8: Secretary of State to Tokyo Embassy, Dean Letter 9, 1953, RG84, Entry 2846,

러스크 서한의 독도를 일본영토로 간주한다는 이유 설명은, 바로 연합국이 1946년 1월 29일 SCAPIN 제677호에 의해 이미 한국영토로 반환된 독도(Liancourt Rocks)를 3년 후 시볼드가 일본영토로 옮겨달라고 로비할 때 1949년 미국 국무부에 보낸 설명 내용과 완전히 동일한 것이었고, 연합국의 동의를 얻지 못해서 덜레스 준비위원장에 의해 이미 폐기당한 제6차 미국 초안의 독도 처리와 동일한 것이었다. 미국측의 '제6차 미국 초안'은 평화조약 준비위원장 덜레스가 이미 폐기하였고, 영국도 이를 반대해서 '독도'를 한국영토로 결정한 '영국초안'을 반영하여 '미·영합동초안'을 새로 작성한 것이 바로 1951년 6월 14일인데, 2개월도 안 되어 러스크 서한이 다시 '제6차 미국 초안'과 동일한 설명을 해온 것은 미국정부의 입장일 수 없는 일이었다.

그러므로 러스크서한의 독도에 대한 설명은 덜레스 위원장이나 애치슨 국무장관의 견해가 아니라, 러스크·시볼드·피어리·앨리슨 등의 행정관리 소집단의 의견이고, 미국의 '공식 견해'라고 볼 수 없는 것이었다. 미국 국가·정부의 공식 대표는 미국 대표단의 덜레스 단장이 그의 서명으로 대표하고 있었다.

필자가 덜레스의 평화조약 관련 문서를 조사해보니 러스크 서한은 미국정부의 견해나 입장이나 결정이 전혀 아니었고, 러스크 개인의 의견을 '국무장관을 대신한다'고 빙자하면서 일본을 위해 한국정부를 속인 것이었다. 러스크 서한에 관련해서는 특히 다음의 사실을 주목할 필요가 있다.

①평화조약 준비위원장 덜레스는 평화회의 둘째날인 1951년 9월 5일 평화회의 회의 석상에서 51개 참석 국가 대표들에게, 평화조약문의 유권적 해석을 내리면서 일본영토의 정의는 포츠담선언 제8조의 이미 집행된 것을 비준하는 것이고, 그 밖의 모든 해석은 '사적(私的) 이해'(private understanding)

Korea, Seoul Embassy, Classified General Record, 1953~1955, Box. 120

에 불과한 것이라고 설명하였다. 덜레스의 이 유권적 해석을 러스크 서한에 적용하면 러스크의 서한은 연합국 또는 미국의 견해가 아니라, 러스크의 '사적 이해'에 불과한 것이다.

②러스크서한의 독도 설명에서 미국 정부는 포츠담선언 제8조의 일본영토 조항을 평화조약에는 적용하지 않는다고 했는데, 이것은 포츠담선언 제8조와 그 이미 집행한 SCAPIN 제677호를 존중하는 미국정부와 연합국(특히 영국과 영연방국들)의 입장을 부정한 러스크의 거짓말이었다.

③문서 양식이 미국의 공식입장을 나타내는 공문서(公文)書 양식이 아니라 국무차관보 러스크가 주미 한국대사 양유찬에게 보내는 사신(私信) 양식, 또는 비공식적 서한 형식으로 되어 있다. 덜레스는 후에 1953년에도 '러스크서한'을 'Rusk note'(러스크 수기)라고 표현하면서, 러스크가 편지에서 미국의 공식적 견해라고 표방할지라도 공문서가 아님을 명백히 하였다. 덜레스는 1953년에 '러스크 서한'을 (미국 국가의 견해가 아니라) 미국 국무부의 "행정적 합의 하의 행위"(action under administrative agreement)였다고 설명하였다.

④러스크 서한에는 평화회의 미국 대표단장이며 평화회의 준비위원장인 덜레스 위원장의 결재 또는 동의를 얻었다는 언급이나 증거가 전혀 없다. '국무장관의 대행'이라고 러스크 서명 앞에 써서 권위를 빌리면서도 국무장관의 결재 또는 동의의 증거도 전혀 없다. 이러한 중대한 내용이 공문(公文)이 되려면 위원장이나 국무장관의 결재가 있어야 하는데 전혀 그러한 흔적이 없다. 그것은 미국정부의 견해가 아니라, 양유찬 대사에게 보낸 러스크의 사적(私的) 노트(note)에 불과한 것이었다.

⑤샌프란시스코 평화조약 체결 1년 2개월 후의 일이지만, 독도에 대한 미공군의 제2차 오폭(1952. 9. 15) 배후에 일본정부의 관여가 문제되었던 1952년에, 덜레스는 "'독도'에 대한 영토분쟁에 미국이 개입하지 않아야 마땅하다"는 요지의 전보를 1953년 12월 9일 한국과 일본의 미국대사에게

발송하였다. 이 때 미 국무장관직을 맡고 있던 덜레스는 주일본 미국대사 앨리슨이 "다케시마(독도)문제에 관한 한·일 논쟁에서 미·일 안보조약상 일본측은 미국이 일본을 보호 지지하기를 바라고 있다"는 요지의 요청문을 보낸데 대해, 1953년 12월 9일 주일본 및 주한국 미국대사에게 답신 전보를 보내었다.[93] 덜레스는 이 전보문에서, 그것은 정당한 주장으로 볼 수 없고, 미국은 평화조약 체결에 서명한 다수의 서명국의 하나일 뿐이며 (simply that of many signatories to Treaty), "내가 아는 한, 1951년 8월 10일자 러스크 노트(Rusk note)에 있는 대한민국에 보낸 미국의 공식적 언급은 일본에는 통보된 일이 없다"(However, to best our knowledge, formal statement U.S. position to R.O.K in Rusk note in August 10, 1951 has not been communicated Japan)고 설명하였다.[94] 이것은 러스크 서한의 내용이 미국대

---

93 나홍주, 「·러스크 서한'을 번복시킨 덜레스 장관의 조치 검토」, 『독도연구』 제24호, 2018 참조

94 Foreign Service of the United States of America, Telegram Incoming, Secret Security Information, from Sec-State Washington, Nr497, December 9, 1953, Sent Tokyo 1387 RPTD INFO Seoul 497 from Dept. 전보문 전문은 이 책 제4부 자료편 pp. 287~289에 수록되어 있음.
덜레스는 對일본 평화조약 준비위원장을 마친 후 공화당의 아이젠하워가 미국 대통령에 취임하자 1953년 1월 국무장관에 지명되었다. 그는 1953년 5월 앨리슨(John M. Allison)을 주일 미국대사에 임명하였다. 덜레스의 1953년 12월 9일자 주일본 미국대사와 주한국 미국대사에게 동시에 보낸 위의 전보는 한·일간의 독도영유권 논쟁에서 미국은 '중립'을 지키도록 긴급 전보로 훈련한 公文 전보이다. 이 전보 훈령의 직접적 계기는 1953년 여름 일본 어선이 독도에 접근했다가 한국 독도의용수비대의 공격을 받고 돌아온 사건과 한·일간 독도논쟁의 격화에 대해, 주일본 미국대사 앨리슨이 일본 여론을 수집해본 다음, 1951년 8월 10일 러스크 서한에 의거해 獨島(Takeshima)는 일본영토로 인정함이 미국 입장이라고 알렸는데, 지금 일본 어선을 미국이 보호해 주지 않고 중립을 취하여 분쟁은 국제재판소에 위탁하라는 결정을 함은 러스크 서한의 미국 입장의 번복(reverse)이라는 일본 여론이 있다고 보고한데 대해 긴급 대응한 것이다. 덜레스 전보 훈련의 요지를 간단히 정리하면 다음과 같다.

표의 국가 공식견해와 다르기 때문에 덜레스 위원장의 승인을 받지 못했고, 일본에의 '참조' 발송도 없었음을 알려주는 것이다.

위의 사실들은 '러스크 서한'은 덜레스의 지적과 같이 러스크의 '사적 이해'(私的 理解, private understanding)에 불과한 것이었고, "러스크의 노트(Rusk note)"에 불과한 것이었다. 이것은 '러스크 서한'이 평화조약 준비위원장 덜레스의 결재 없이 한국 대사 양유찬에게 보낸 사적 개인적 또는 미국 국무부 일부 행정관의 사적 노트에 불과한 것이었다. 러스크의 위치가 미국 대표단 단장이나 국무장관이 아니며 차관도 아닌 '차관보'에 불과하여 미국을 대표할 수 있는 지위에 있지 않았다. 그러므로 의견교환의 사신(私信) 노트에 일부러 일본을 위해 '미국의 공식 언급'인 것처럼 한국대사에게 허장성세의 어휘를 넣은 것으로 보인다. 정작 미국 국가를 대표하는

---

①우리가 아는한, 1951년 8월 10일 러스크 노트(Rusk Note)에서 한국에 알린 다케시마에 대한 러스크 입장의 공식적 언급은 일본에는 통보한 적이 없다.

②이미 한·일협상에 난제가 많은데, 독도(타케시마)에 대한 미국 입장을 일본에 통보하는 것을 국무부는 원하지 않는다.

③미국은 對일본 평화조약은 포츠담선언의 (항복) 조건 아래서 결정된 것으로 본다. 미국이 평화조약에서 타케시마(독도)를 일본에게 남겼다고 볼지라도(앨리슨의 견해), 평화조약에서 발생하는 일본의 국제분쟁, 영토문제 기타 등에 대해, 미국이 포츠담 선언과 對일본 평화조약과 행정적 합의 하의 행위(action under administrative agreement)'에 참가했다고 해서, 미국이 반드시 자동적으로 일본의 국제분쟁에 해결과 개입 책임이 있는 것은 아니다. (당시 미 국무부의 실무자들이 '행정적 동의의 행동'을 일본 측에 해 주었다 할지라도, 이것 때문에 평화조약으로 발생하는 국제 분쟁에 미국이 자동적으로 일본을 도울 의무는 없다.)

④미국의 타케시마에 대한 견해는 포츠담선언 항복조건 아래서 결정된 평화조약의 다수 조인국들의 견해들 가운데 하나에 불과한 것이다. (타케시마의 소속은 포츠담선언 항복조건과 對일본 평화조약으로 결정되어 있다. 미국 견해는 연합국의 견해들의 하나에 불과한 것이다.)

⑤평화조약에는 해석 논쟁의 해결 목적으로 평화조약 제22조가 설정되어 있다. 독도(타케시마) 문제에 대하여, 만일 일본과 한국이 스스로 문제를 해결할 수 없을 경우에는 국제사법재판소에 가는 것을 미국은 일반적 라인으로 본다.

미국 대표단 단장 덜레스는 8월 10일 이전에 이미 연합국의 포츠담선언 제8조와 그 집행인 SCAPIN 제677호를 수용하여 영국측의 동의를 얻어두고 있었다. 미국 국가 대표 덜레스와 미국의 국가 공식 입장은 한·일 독도논쟁에서는 평화조약때부터 1953년 말까지 엄정 중립이었고 연합국의 하나로 행동하는 어느 쪽에도 서지 않는 것이 미국 입장이었음을 덜레스는 스스로 밝히고 강조한 것이었다.

한국정부와 일본정부 기타 초청받은 모든 나라들은 1951년 8월 13일에 샌프란시스코 평화 회담에 상정 서명될 평화조약의 최종 조약문을 미리 받았다. 7월 20일 이후 한국관련 조약문은 전혀 변동이 없었다.

한국측이 요구해온 여러 가지 요구사항 가운데, 재한국 일본인 재산의 몰수와 한국 귀속만 승인받고, '독도'는 조약문에 기재하지 않은채 연합국의 이미 합의한 1945~1946년 판정과 집행에 의거토록 했으며, 대한민국의

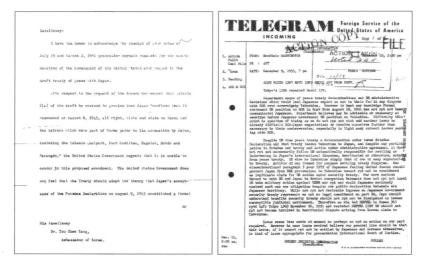

〈그림 2-10〉 러스크 서한(1951. 8. 10)과 덜레스 전보(1953. 12. 9)

서명조인국 참가, 맥아더 라인 존속, 대마도 요구, 재일 한국인의 재산 회복과 반출 등은 몇 단계를 거치면서 기각되었다.

결국 최종 조약문에서 한국영토에 관련된 조약문은 제2차 『미·영 합동 초안』에서 정한 "일본은 한국의 독립을 승인하며, 제주도, 거문도, 울릉도를 포함하는 한국에 대한 모든 권리·권원·청구권을 포기한다"는 그대로 한 문장의 극히 간단한 것이었다.

협력국으로서 대한민국 대표의 참석은 일본뿐만 아니라 영국도 강력히 반대하여 덜레스는 방청국으로서 한국 대표를 초청하기로 방침을 바꾸었다.

IX. 샌프란시스코 평화조약의 독도=한국영토 재확정 공인

1. 샌프란시스코 평화회담에서의 덜레스 위원장의 평화조약문 유권적 해석과 포츠담선언 제8조 채택 공표

연합국의 제2차 세계대전 종결과 평화체제 수립을 위한 對일본 평화조약 비준 목적의 평화회의는 1951년 9월 4일~9월 8일 5일간 미국 샌프란시스코 전쟁기념 공연예술센터에서 51개국 대표들이 참석하여 개최되었다.[95]

---

95 샌프란시스코 연합국의 對일본 평화회담에는 미국, 소련, 영국, 프랑스, 네덜란드, 룩셈부르크, 노르웨이, 체코슬로바키아, 폴란드, 그리스, 일본, 베트남, 캄보디아, 라오스, 필리핀, 인도네시아, 스리랑카, 파키스탄, 이란, 이라크, 사우디아라비아, 터키, 시리아, 레바논, 캐나다, 멕시코, 과테말라, 코스타리카, 온두라스, 엘살바도르, 니카라과, 파나마, 쿠바, 아이티, 도미니카 공화국, 콜롬비아, 베네수엘라, 에콰도르, 페루, 볼리비아, 브라질, 파라과이, 우루과이, 아르헨티나, 칠레, 에티오피아, 라이베리아, 남아프리카 공화국, 오스트레일리아, 뉴질랜드 등 51개국이 참가했다. 이 중에서 48개국이 對일본 평화조약에 서명 비준하였고, 소련·폴란드·체코슬로바키아

〈그림 2-11〉 트루먼 미국 대통령의 개회사 광경

첫날은 미국 대통령 트루먼(Harry S. Truman)의 환영 개회사 연설과 환영회가 있었다.

둘째날(1951. 9. 5.)은 오전에 그로미코 소련 대표의 중국대표로는 '중화인민공화국'을 대표로 초청해야 한다는 연설과 논쟁이 있었다. 오후에는 연합국의 對일본 평화조약 준비위원장 덜레스(John Foster Dulles)의 무려 4시간에 걸친 조약문의 유권 해석 연설이 있었다. 조약문이 이례적으로 매우 간결하게 축약된 문장이었기 때문에, 휴식 시간을 가지면서 오후 내내 위원장의 유권적 해설을 청취한 것이었다. 덜레스 위원장의 해설은 간결한 조약문 내용에 대한 국제법상 유권적 해석으로 매우 중요한 것이었다.

샌프란시스코 조약문은 총 7장 27조로 되어 있었으며, 前文, 제1장 평화상태의 회복, 제2장 영역(Territory), 제3장 안전, 제 4장 정치와 경제, 제5장

등 3개국은 서명하지 않았다. 초청받았으나 참가를 거부한 국가는 인도, 버마 및 유고슬라비아 등 3개국이었다.

청구권 및 재산, 제6장 분쟁의 해결, 제7장 최종 조항으로 되어 있었다. 특히 연합국의 對일본 평화조약문에는 일본의 영토조항이 삭제되어 있고, 제2조에 일본이 포기한 영역으로 간접 표현되어 있기 때문에, 덜레스 위원장의 유권적 설명은 더욱 중요한 것이었다.

한국 관련 조항은 제2장 영토의 제2항 (a)에 다음과 같이 매우 간단히 표기되어 있었다.

> "(a) 일본은 한국(Korea)의 독립을 인정하고, 제주도·거문도·울릉도를 포함하여 한국(Korea)에 대한 모든 권리, 권원 및 청구권을 포기한다."

이러한 일본의 영토포기에 대한 9월 5일 덜레스의 유권적 설명은 덜레스가 이 조약문의 시종일관한 작성자이고 평화조약 체결 준비위원장(겸미국대표단장)이기 때문에 조약문 내용의 정확한 해석에 매우 중요한 것이다. 필자가 최근 덜레스의 이 유권적 해석 연설문 전문을 발굴하여 읽어보니, '시볼드의 로비'는 물론이오 '러스크 서한'을 포함한 미국 국무부 극동국 행정요원들의 수정 해석은 전적으로 부정되어 있었고, 연합국의 '포츠담선언 제8조'와 그 집행인 연합국 공동합의결정(SCAPIN 제677호)이 충실하게 반영되어 있었다. 덜레스의 유권적 해석의 '일본영토' 조항인 제2조 (a)항 설명만을 전문을 옮기면 다음과 같다.

「일본의 영토 주권은 무엇인가? 제2장이 이것을 다룬다. 일본에 관한 한, 일본은 6년 전 실제로 집행되었던(actually carried into effect 6 years ago) 규정인 포츠담선언 항복 조건의 영토규정(the territorial provisions of the Postdam Surrender Terms)을 공식적으로 비준하는 것이다.

포츠담선언 항복 조건은 일본과 연합국의 전체가 구속(bound)받는 평화 조건의 유일한 정의(the only definition)를 구성하는 것이다. 어떤 연합국에

〈그림 2-12〉
샌프란시스코 평화회의에서 평화조약문의
유권적 해석을 연설하는 덜레스.
출처: The San Francisco Examiner, 1951. 9. 6.

따라서는 어떤 사적 해석(private understanding)이 있기도 하였다. 그러나 그러한 사적 해석에는 일본도 구속받지 아니하고, 다른 연합국도 구속받지 아니한다. 그러므로 평화조약은 포츠담선언 항복조건 제8조(article 8 of the surrender terms)인, 일본의 주권은 本州, 북해도(北海道), 구주(九州), 四國 및 약간의 작은 섬들로 한정한다는 조항을 실체화하는 것이다. 제2장의 제2조에 내포된 포기들(renunciations)은 엄격하고 치밀하게 (포츠담선언) 항복 조건과 일치하고 있다.

일부 국가들은 제2장 (c)에 언급되어 있는 하보마이 제도(Habomai Islands)를 지리적 명칭인 쿠릴 열도(Kurile Islands)가 포함하는가에 대하여 문제를 제기해 왔다. 미국의 견해는 문제가 없다고 본다. 그러나 만일 이에 대한 분쟁이 발생하는 경우에는 제22조의 국제사법재판소에 회부할 수 있을 것이다.

일부 연합국은 제2조에서 포츠담선언에 따라 일본의 주권이 미치는 범위를 한정하는데 그치지 않고, 구일본영토 각각의 최종적인 처분을 정확하게 구체적으로 명시할 것을 제안했다. 분명히 그것은 더 깔끔할 것이다. 그러나 그것은 지금 합의 일치된 해답을 얻을 수 없는 문제를 불러일으킬 것이다. 우리는 일본에게 포츠담 항복조건에 근거하여 평화를 주어야 하는가? 아니면 일본이 명백히 포기를 각오하고 있고 또한 포기를 요구받고 있는 것을 어떻게 처분하는가에 대해 연합국이 싸우고 있는 사이에, 일본에게 평화를 허락하지 않아야 하는가? 둘중의 하나를 택해야 하였다. 명백히, 일본에 관한 한 현명한 길은, 의문을 해소할 것은 이 조약이 아닌 다른 국제적 해결 수단을 원용하도록 장래로 넘기고, 지금 진행하는 것이었다.」[96]

---

96 덜레스의 이 부분 연설문의 원문은 다음과 같다.
John Foster Dulles's Speech at the San Francisco Conference (September 5, 1951)

「What is the territory of Japanese sovereignty? Chapter II deals with that. Japan formally ratifies the territorial
provisions of the Potsdam Surrender Terms, provisions which, so far as Japan is concerned, were **actually carried into effect 6 years ago.**
The Potsdam Surrender Terms constitute the only definition of peace terms to which, and by which, Japan and the Allied Powers as a whole are bound. There have been some private understandings between some Allied Governments; but by these Japan was not bound, nor were other Allies bound. Therefore, **the treaty embodies article 8 of the Surrender Terms which provided that Japanese sovereignty should be limited to Honshu, Hokkaido, Kyushu, Shikoku and some minor islands. The renunciations contained in article 2 of chapter II strictly and scrupulously conform to that surrender term.**
Some question has been raised as to whether the geographical name "Kurile Islands" mentioned in article 2 (c) includes the Habomai Islands. It is the view of the United States that it does not. If, however, there were a dispute about this, it could be referred to the International Court of Justice under article 22.
Some Allied Powers suggested that article 2 should not merely delimit Japanese sovereignty according to Potsdam, but specify precisely the ultimate disposition of each of the ex-Japanese territories. This, admittedly, would have been neater. But it would have raised questions as to which there are now no agreed answers. **We had either to give Japan peace on the Potsdam Surrender Terms** or deny peace to Japan while the Allies quarrel about what shall be done with what Japan is prepared, and required, to give up. Clearly, the wise course was to proceed now, so far as Japan is concerned, leaving the

〈그림 2-13〉 샌프란시스코 평화회의에 비공식적 방청국 대표로 참석한 한국대표단
(오른쪽부터 임병직·양유찬·한표욱)
출처: The San Francisco Examiner, 1951. 9. 4.

덜레스의 이 유권적 해석은 우리의 주제인 獨島의 영토귀속에 대해 매
우 중요하므로 이것을 분절하여 음미해볼 필요가 있다.

(1) 일본의 영토 주권은 연합국이 6년전 (1945년) 실제로 집행했던 규정
인 "포츠담선언 항복조건의 영토 규정을 공식적으로 이 평화회의에서 비
준하는 것"이다. 즉 1945년 포츠담선언(카이로 선언을 그대로 준수 승계한)
에 대한 항복조건의 일본영토 규정을 이 샌프란시스코 對일본평화조약에
서 연합국과 일본이 그대로 비준하는 것이다.

(2) 1945년(6년전) 포츠담선언 항복조건은 무엇인가? 그것은 포츠담선언
항복조건 제8조인 "카이로 선언의 모든 조항은 이행될 것이며, 일본의 주
권은 본주(本州), 북해도(北海道), 구주(九州), 사국(四國) 및 우리들(연합국)

이 결정하는 약간의 작은 섬들로 국한 한다"는 조항이다.

즉 1951년 샌프란시스코 연합국의 對일본 평화조약의 일본 영토 규정은 1945년 포츠담선언 항복조건 제8조의 영토규정을 실천하는 것이다.

(3) 연합국의 샌프란시스코 對일본 평화조약의 제2장 제2조의 일본 영토 주권 조항에서 포기(renunciation) 항목은 엄격하고 치밀하게 포츠담선언의 일본 항복조건 제8조와 일치시킨 것이다. 이것은 이미 연합국이 6년전 (1945년)에 이미 실제로 집행한(actually carried into effect)한 것과 엄격하고 치밀하게 일치시킨 것이다.

그렇다면 연합국이 포츠담선언의 일본 항복조건 제8조를 이미 엄격하고 치밀하게 집행한 것은 무엇인가? 그것은 1945년 9월 2일 연합국최고사령 관(SCAP)이 설치된 이후 연합국 극동위원회(Far Eastern Commission: 13개 국)의 합의 결정에 따라서 1946년 1월 29일 연합국최고사령관 지령으로서 공포한 SCAPIN 제677호의 '일본영토정의'(the definition of Japan)의 집행인 것이다. 연합국이 일본의 무조건 항복 조인을 받은 1945년 9월 2일부터 샌 프란시스코 평화회담이 개최된 1951년 9월 4일까지 사이에, 포츠담선언 항 복조건 제8조를 연합국 측이 이미 집행한 것은 〈1946년 1월 29일 SCAPIN 제677호〉가 유일한 것이다.

즉 연합국의 샌프란시스코 對일본 평화조약에서 다시 확정된 일본 영토 주권은 SCAPIN 제677호에 일치시킨 것임을 덜레스는 공포한 것이었다.

(4) 덜레스는 일본 영토의 유권적 해석에서 '포츠담선언 항복조건 제8 조' '포츠담선언 항복조건'을 5번이나 언급하였다. 그는 "평화조약은 포츠 담선언 항복조건 제8조인, 일본의 주권은 본주(本州), 북해도(北海道), 구주 (九州), 사국(四國) 및 연합국이 결정하는 약간의 작은 섬들로 국한한다"는 조항을 강조하고, 이것이 "유일한 정의(the only definition)이다"라고 하였 다. 즉 연합국의 SCAPIN 제677호의 "일본의 정의"가 "유일한 정의"임을 명료하게 설명한 것이었다.

(5) 덜레스가 포츠담선언 일본 항복조건 제8조(그리하여 SCAPIN 제677 호의 일본의 정의)을 선택하게 된 이유는 이것이 일본 및 연합국 전체 (Japan and Allied Power as a whole)가 구속(bound)되는 평화조건의 이미 합 의된 '유일한 정의'(the only definition)였기 때문이다.

덜레스에 의하면 나라에 따라 여러 가지 다른 의견과 다른 해석이 있었 다. 그러나 그러한 의견이나 해석은 개별적이고 사적인(private) 것들이다. 연합국과 일본이 전체적으로 모두 구속받는 것은 6년 전 포츠담선언의 일 본 항복조건 제8조(및 그것의 유일한 집행인 SCAPIN 제677호) 뿐이다. 그 러므로 연합국과 일본의 전체의 동의를 위하여, 이미 6년 전에 연합국과 일본이 이미 동의하여 이미 집행한 '일본의 정의'에다 이번 1951년의 對일 본 평화조약의 '일본 영토주권의 정의'를 엄격하고 치밀하게 일치시킨 것 이다.

즉 덜레스는 연합국의 對일본 평화조약 준비위원장의 직책을 맡게 되자, 독도(Liancourt Rocks), 쿠릴 열도, 대만, 팽호도, 남사군도, 태평양의 여러 섬들 기타 다수의 영토들에 대한 로비와 논쟁이 있음을 알게 되었다. 이번 평화조약에서 영토문제에 연합국과 일본의 전체가 누구도 이의 없이 동의 할 수 밖에 없는 조약을 체결하기 위해서는, 6년 전에 이미 연합국과 일본 이 합의해서 연합국이 이미 6년 전에 집행한 것을 그대로 조약문의 내용으 로 할 수 밖에 없다고 결정해 버렸던 것이다. 1949년 이후 미국 국무부 일 부 행정관리들의 독도를 일본에 귀속시키려는 로비 따위는 이 큰 목적을 위해 이 때 이미 완전히 무시되었다.

덜레스 준비위원장의 일본의 영토주권의 정의에 대한 이 유권적 설명은 이미 6년 전에 일본과 연합국이 합의했던 바이고, SCAPIN 제677호에 의하 여 연합국이 이미 6년 전에 집행해 버린 사실(actually carried into effect 6 years ago)을 다시 '비준'(ratify)하는 것이기 때문에, 일본은 물론 어느 연합 국도 반대하기가 어려운 것이었다. 노련한 외교가이며 국제법 변호사 출신인 평화조약 준비위원장은 스마트한 결정으로 극히 간결화된 평화조약문에 연합국과 일본의 누구도 거부할 수 없도록 내용을 담고 동의 비준을 받아낸 것이었다.

덜레스 위원장의 설명에 의하여 1951년 연합국의 對일본 평화조약 제2장 제2조 (a)항의 한국(Korea)에 대한 일본의 모든 포기는 포츠담선언의 일본 항복조건 제8조에 및 그 집행인 SCAPIN 제677호의 내용에 따라서 해석되어야 함이 명백하게 밝혀지고 공표된 것이다.

2. 샌프란시스코 평화조약 '제19조 (d)항'의 영구 보장 조치

또한 샌프란시스코 對일본 평화조약은 〈제19조 (d)항〉으로 다시, 연합국최고사령관의 1946년 1월 29일 SCAPIN 제677호 지령 효력을 다음과 같이 거듭 영구히 보장하였다.

「(제19조 d항) 일본정부는 점령기간 동안 점령당국의 지령에 따라 또는 그 지령의 결과로 행해졌거나, 당시의 일본법에 의해 인정된 모든 조치 또는 생략행위의 효력을 인정하며, 연합국 국민들에게 그러한 조치 또는 생략행위로부터 발생하는 민사 또는 형사책임을 묻는 어떠한 조치도 취하지 않는다.」

따라서 점령당국인 연합국최고사령관이 점령기간(1945.9.2.~1952.4.28.)에 지령(directives)을 발하여 집행한 행위는 샌프란시스코 평화조약에서 일본정부가 인정하여 그 후 소송하지 않는다고 비준하였다.

따라서 점령기간 동안인 1946년 1월 29일 점령당국인 연합국최고사령관이 지령 제677호(SCAPIN No. 677)로 獨島 (Liancourt Rocks)를 일본에서 제외하여 한국에 반환한 행위는 일본정부가 인정하여 영구한 효력을 가지며, 일본은 이를 부정하는 어떠한 조치도 취하지 못하도록 합의 비준되어 있는 것이다.

3. 샌프란시스코 평화조약에서의 獨島=한국영토 확정 공인

연합국의 1951년 對일본 평화조약에서 일본의 영토를 정의한 제2장 제2
조의 한국관련 (a)항 "일본은 한국(Korea)의 독립을 인정하고, 제주도·거문
도·울릉도를 포함하여 한국에 대한 모든 권리, 권원 및 청구권을 포기한
다"는 조항은 평화조약 준비위원장 덜레스의 유권적 해석 공표에 의하여
연합국의 포츠담선언 일본 항복조건 제8조 및 그 집행인 SCAPIN 제677호
에 의거해야 함이 명료하게 되었다.

SCAPIN 제677호는 제3항에서 일본에서 제외되는 지역으로 ①제주도·
울릉도·리앙쿠르 岩島(Liancourt Rocks, 獨島, 다케시마)를 들었다.

즉 한국(Korea)에 포함되는 그 주변의 3천여개의 섬들을 모두 거명할 수
없으므로, 대표적인 섬으로 1951년 평화조약의 조약문에서는 제주도·거문
도·울릉도를 들었고, 1946년 SCAPIN 제677호에서는 제주도·울릉도·獨島
(Liancourt Rocks)를 들었다. 그러므로 이 두 문서에 한 번이라도 들어가는
섬은 거문도이든지 獨島이든지 한국에 포함되는 대표적 섬인 것이다.

특히 샌프란시스코 조약의 일본영토 정의는 연합국의 SCAPIN 제677호
에 "엄격하고 치밀하게 일치"시키려고 했기 때문에, 조약문 간결화를 위하
여 처음에는 조약문에 한국(Korea)만 초안했다가, 영국의 항의 때문에 다
음에는 한국과 '제주도'만 넣으려 했으며, 다음에는 영국의 동의를 더 확실
하게 얻으려고 '거문도와 울릉도'까지 추가했다. 독도가 빠진 것은 사람이
살지 않는 작은 섬이었으므로, 조약문 간결화 목적 때문이었다.[97] 조약문
내용을 SCAPIN 제677호에 일치시키는 경우에는 조약문에 더 이상의 독도

---

97 신용하, 『독도영유의 진실 이해』, 서울대학교 출판문화원, 2012, pp. 297~303 참조

이름을 추가하지 않아도 독도는 일본에서 제외되어 한국영토로 귀속되는 것이다. 또한 SCAPIN 제677호의 부속지도도 엄격하고 치밀하게 일본영토의 한계를 정의해 줄 것이기 때문이었다.

여기서 꼭 필요하므로 앞서 제2장 제3절 〈그림 2-3〉의 SCAPIN 제677호의 부속지도 「연합국 행정지도: 일본과 남한(SCAP Administration Areas: Japan and Korea」을 다시 참고할 필요가 있다. 포츠담선언 제8조를 집행한 SCAP 지도에서 명백히 표시되는 바와 같이, 독도(Liancourt Rocks, Take)는 연합국에 의해 울릉도의 부속도서로 인지되어 한국영토로 판정되고 있음을 다시 확인할 수 있다.

연합국은 동해를 한국 영해와 일본 영해로 직선을 그어 반으로 나누어 오다가 울릉도와 독도가 분리될 가능성이 보이자 오른쪽으로 반원을 볼록하게 만들면서까지 독도가 울릉도의 부속도서이고 한국영토임을 확정하여 명료하게 표시한 것이었다.

일반적으로는 1951년의 샌프란시스코 연합국의 對일본 평화조약 제2장 제2조 (a)항에서 일본이 포기하는 섬 이름에 독도가 없더라도 제주도·거문도와 함께 '울릉도'를 대표적 섬의 하나로 기록했으면 이것만으로도 '울릉도의 부속도서인 獨島'는 당연히 한국영토로 공인되는 것이다.

뿐만 아니라 샌프란시스코 對일본 평화조약 제2장 제2조의 일본영토 정의는 연합국이 1951년으로부터 6년 전의 포츠담선언의 일본항복조건 제8조의 일본영토 규정 및 이미 연합국이 실제로 집행한(actually carried into effect) 것을 비준(ratify)하는 것이라고 조약문 작성 책임자 덜레스가 유권적 해석을 공표하였다. 포츠담선언의 일본 항복조건 제8조를 연합군이 6년 전에 유일하게 집행한 것은 SCAPIN 제677호뿐이고, SCAPIN 제677호는 바로 독도=한국영토라고 규정했으며, 이미 독도=한국영토로 한국에 반환되어 대한민국의 영토로 통치하고 있었으니, 샌프란시스코 對일본 평화조약은 독도=한국영토를 다시 확정하고 다시 공인한 것이었다.

연합국의 샌프란시스코 평화조약(1951. 9. 8.)의 일본 영토 규정이 포츠
담선언 제8조와 그 집행인 SCAPIN 제 677호에 일치시켰음이 공표되자, 도
쿄의 연합국최고사령부는 일본 영토인데 미국이 신탁통치하고 있는 북위
29도 이하의 류큐열도(오키나와)를 일본 영토로 귀속시키기 위한 SCAPIN
677/1을 1951년 12월 5일자로 공표하였다.[98] 그 내용은 ①류큐(난세이)열도

---

98 성삼제, 『독도와 SCAPIN 677/18』 우리영토, 2020. 참조.
GENERAL HEADQUARTERS
SUPREME COMMANDER FOR THE ALLIED POWERS
APO 500

AG 091(29 JAN 46)GS
5 December 1951
SCAPIN 677/1
MEMORANDUM FOR: JAPANESE GOVERNMENT

SUBJECT: Governmental and Administrative Separation of Certain Outlying Areas
from Japan

1. Reference:
a. Memorandum for the Japanese Government, AG 091(29 JAN 46)GS(SCAPIN 677),
29 January 1946, subject, "Governmental and Administrative Separation of Certain
Outlying Areas from Japan"
b. Memorandum for the Japanese Government, AG 091(29 JAN 46)GS (SCAPIN 841),
22 March 1946, subject, "Governmental and Administrative Separation of Certain
Outlying Areas from Japan".

2. Paragraph 3 of reference a, as amended by reference b, is further amended so that
the Ryukyu (Nansei) Islands north of 299 north latitude are included within the area
defined as Japan for the purpose of that directive.

3. The Japanese Government is directed to resume governmental and administrative
jurisdiction over these islands, subject to the authority of the Supreme Commander for
the Allied Powers.

북위 29도는 일본의 시정권에 포함하는 것으로 수정한다는 것과 ②연합국 최고사령관 권한 하에 이들 지역에 대한 일본의 정치적 행정적 관할권을 재개할 것을 지령한다는 것이었다.

그러나 연합국최고사령부는 SCAPIN 제677호를 이때나 그 후에도 폐기하지 않았다. 류큐열도(오키나와)를 반환해 줄 때에도 'SCAPIN 677/1'으로 표기하여 'SCAPIN 제677호'에 최초로 첨가함을 '677/1'로 표시하였고, SCAPIN 제677호는 계속 존속함을 명료하게 나타내었다. 1952년 12월 5일의 'SCAPIN 677/1'은 샌프란시스코강화조약의 일본 영토 규정이 SCAPIN 제677호에 의거했음을 '677/1' 표시로써 오히려 증명해 주고 있다고 해석할 수 있는 것이다.

샌프란시스코 연합국의 대일본 평화조약(1951. 9. 8)에 의하여 포츠담선언 제8조 및 그 집행인 SCAPIN 제677호의 독도=한국영토의 집행조치의 효력이 연합국과 일본에 의해 비준됨으로써 대한민국의 독도영유권은 국제법상 일백퍼센트 완벽하게 국제사회에서 다시 정립되고 다시 확인되었으며 다시 공인된 것이다.

4. 일본 정부와 일본 국회의 샌프란시스코 평화조약의 獨島 =한국영토 수락과 비준

연합국의 1951년 샌프란시스코 對일본 평화조약의 獨島=한국영토 확

FOR THE SUPREME COMMANDER:

C. C. B. WARDEN
Colonel, AGC
Adjutant general

정·공인을 일본측은 거부했을까? 수용했을까?

일본 측은 정부는 물론이오 중의원과 참의원 등 국회와 '천황' 등 모든 관계 헌법 기관이 샌프란시스코 평화조약의 獨島=한국영토의 재확정과 공인을 수용하고 비준하고 승인하였다. 평화조약 제2조 제2항이 이미 연합국과 연합국최고사령관이 이미 6년 전에 집행한 포츠담선언 제8조 및 SCAPIN 제677호(1946. 1. 29)를 엄격하고 치밀하게 적용한 것이었고, 일본정부가 점령당국이 점령기간(1945.9.2.~1952.4.28.)에 이미 집행한 모든 지령을 승인한다고 비준했기 때문이었다.

일본정부는 샌프란시스코 평화조약에 상정될 미·영합동 최종초안을 1951년 8월 13일경 통보받자, 포츠담선언의 항복조건 제8조에 기초한 SCAPIN 제677호의 부속지도가 샌프란시스코 평화조약의 연합국이 승인한 "일본영역"과 동일함을 인지하고, 이를 일본어로 번역하여 「일본영역참고도(日本領域參考圖)」를 준비하기 시작하였다.[99]

당시 일본 입헌군주국의 헌법은 외국과의 조약을 내각회의가 비준하고, 중의원과 참의원의 승인을 받아야 하며, 최종적으로 천황의 재가를 필요로

---

99 ①吉岡吉典, 「竹島問題とはなにか」, 1962; 「다케시마(竹島)문제란 무엇인가(번역)」 『獨島研究』, 제5호, 2008

②주선희, 「해방 후 연합국의 독도 영토처리에 관한 한·일 독도연구 쟁점과 향후 전망」, 『한국사학보』 제28집 (고려사학회), 2007.

③동북아역사재단 독도연구소, 『독도의 진실: 독도는 대한민국 영토입니다』(세미나 자료집), p. 8, 2008

④정병준, 『독도 1947』, 돌베개, p. 864, 2011

⑤최장근, 「미일행정협정과 '죽도' 영유권과의 무관성 논증」, 『동북아문화연구』(동북아시아문화학회) 제 30집, p. 509, 2012.

⑥최장근, 「한일협정 직후 일본의 '죽도'정책 소멸 - 일본 의회 의사록을 중심으로-」, 『일본근대학연구』제42집, pp. 357~358, 2013

⑦정태만, 「'일본영역참고도'와 연합국의 대일평화조약」, 독도연구보전협회 2015년도 학술대회 논문집, 2015. 참조

〈그림 2-14〉 평화조약에 서명하는 일본수상 요시다 시게루

하였다. 일본 정부의 비준은 수상 요시다 시게루(吉田茂)를 비롯한 일본대
표단이 1951년 9월 8일 샌프란시스코에서 연합국의 對일본 평화조약에 서
명하고 비준함으로써 완료되었다. 이 때 일본 수상 요시다 등 일본대표단
은 獨島(Liancourt Rocks, Takeshima)가 포츠담선언 제8조를 집행한 SCAPIN
제677호에 의거해서 일본영토에서 제외되어 한국영토로 확정되었음을 잘
인지하고 서명 비준한 것이었다.

　일본정부는 이어서 이 '평화조약'의 비준 승인을 먼저 중의원(衆議院)에
신청하였다. 이 때 일본정부는 일본어로 조약문을 번역함과 동시에 평화조
약에서 채택되었다고 공표된 포츠담선언 제8조를 집행한 SCAPIN 제677호
의 부속지도를 번역한 「일본영역참고도(日本領域參考圖)」를 참고자료로
평화조약문 머리에 붙여서 제출하였다. 일본 중의원 '평화조약 및 일·미안
전보장조약 특별위원회'에서는 1951년 10월 11일부터 10월 25일까지 9차
에 걸쳐 샌프란시스코 대일본 평화조약을 검토하고, 10월 26일 본 회의에
서 승인 가결하였다. 이 때 독도=한국영토로 그려진 「일본영역참고도」를

〈그림 2-15〉「일본영역참고도」(1951년)

읽고 이를 승인했음은 물론이다.

일본정부는 참의원에도 동일한 평화조약 승인을 신청하였다. 참의원 특별위원회에서는 10월 18일부터 11월 17일가지 무려 1개월 동안 21차에 걸쳐 심의한 후, 11월 18일 승인 가결하였다. 이 때 「일본영역참고도」가 제출되었을 것은 당연한데, 현재 참의원 통과 자료에는 이 지도가 보관되어 있지 않다.[100] 이것은 독도가 일본영토에서 제외되어 한국영토로 표기된 것이 문제가 되어서 후에 토론한 자료에서 이 지도를 다른 곳에 보관한 것으로 추정된다.

일본에서 샌프란시스코 평화조약은 최종적으로 1951년 11월 19일 일본 천황이 재가 인증하여 모든 절차가 종료되었다. 일본정부는 1951년 11월

---

100 정태만, ① 「'일본영역참고도'와 연합국의 대일평화조약」, 독도연구보전협회 2015 년도 학술대회 논문집, 2015. 참조.
② 「샌프란시스코 대일평화조약과 관련된 일본측 주장과 그 비판」, 『獨島硏究』 제24호, 2018 참조.

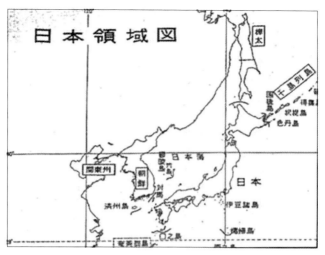

〈그림 2-16〉 每日新聞社,『對日本平和條約』의「일본영역도」, 1952

28일 평화조약의 '천황'의 인증서를 미국정부에 기탁하였다.

일본과 연합국의 비준 승인 절차가 완료되어, 샌프란시스코 평화조약은 1952년 4월 28일 효력을 발휘해서, 일본은 이 날짜로 재독립되었다.

일본이 재독립되자 약 1개월 후인 1952년 5월 25일자로 일본 마이니치 신문사(每日新聞社)에서 『대일본 평화조약(對日本 平和條約)』이라는 616쪽의 평화조약 해설서를 발행하고, 그 첫머리에 샌프란시스코 평화조약에서 연합국과 합의해 승인받은「일본영역도(日本領域圖)」를 수록하였다.

이「일본영역도」에서는 사실대로 獨島(Liancourt Rocks, 竹島)는 〈그림 2-16〉과 같이 일본에서 제외되어 조선령(朝鮮領)으로 귀속되어서 한국 독도와 일본 오키도 사이에 영토 경계선을 표시하였다.[101]

---

101 신용하,『한국의 독도영유권 연구』, 경인문화사, 2006, pp. 332~334 참조
  「日本領域參考圖」는 일본정부가 일본 중의원과 참의원에 평화조약의 비준·승인·재가 신청용으로 제작한 것이기 때문에 獨島를 半圓안에 넣어 일본에서 제외

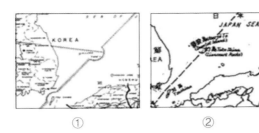

①   ②   ③

〈그림 2-17〉 ①「SCAPIN 제677호의 부속지도」
②「일본영역참고도(日本領域參考圖)」(1951)
③「일본영역도(日本領域圖)」(1952)의 비교

여기서 다시 ①1946년 1월의 SCAPIN 제677호의 부속지도와 ②1951년 10월 일본 중의원에 제출된 「일본영역참고도」와 ③1952년 5월 일본 마이니찌신문사의 『對일본 평화조약』의 「일본영역도」를 비교해보면 3자가 모두 동일하다는 사실을 알 수 있다.

즉 1951년 9월 8일 샌프란시스코 연합국의 '대일본 평화조약'은 일본영토의 규정에 포츠담선언의 일본 항복조건 제8조 및 그 집행인 연합국 SCAPIN 제677호를 적용했으며, 그에 따라 독도(Liancourt Rocks, Takeshima)는 일본 영토에서 제외하여 한국영토로 다시 확정하고 다시 공인했다는 사실을 일본측도 잘 인지하고 승인 비준했음을 거듭 확인할 수 있다.

샌프란시스코 연합국의 대일본 평화조약은 연합국(및 협력국)과 일본이

시키고 韓國領土에 포함되었음을 半圓曲線으로 그려 인정하면서도, 마치 경계선이 독도 위를 지나가는 것처럼 보이게 위장해서 국회의원들의 비판을 피하려는 奸智를 사용하였다. 그러나 확대경을 대어보면 SCAPIN 제677호의 지도와 근본적으로 同一한 것을 확인할 수 있다. 일본 중의원과 참의원의 승인이 의결되고 일본이 재독립한 후 1952년 5월 일본의 每日新聞社의 방대한 『對日本平和條約』 해설서 머리의 「日本領域圖」는 위장을 걷우고 SCAPIN 제677호의 부속지도와 일치하도록 獨島(竹島)와 隱岐島 사이에 한·일 국경선 표시를 하여 獨島(竹島)=韓國領土로 재확정되었음을 일본 독자·국민들에게 알렸다.

합의해서 서명 비준한 국제법상의 조약이므로, 독도는 국제법상 완벽한 대한민국의 영토로 재법인된 것이다. 따라서 독도가 국제법상 일본의 영토라는 일본측의 주장은 완전히 잘못된 것이며, 완전히 허위이다. 독도는 샌프란시스코 연합국의 대일본평화조약에 의해서도 연합국과 일본의 동의 비준을 마친 국제법상 대한민국의 완벽한 영토임이 진실인 것이다.

X. 샌프란시스코 평화조약에서 국제법상 완벽한 한국영토로 재비준된 한국의 독도영유권

이상의 고찰에서 우리는 결론적으로 특히 주목해야 할 다음의 사실들을 알 수 있다.

(1) 종래 일본측과 일부 한국 연구자들이 1950년 덜레스 평화조약 준비위원장 취임 이래 연합국의 샌프란시스코 對일본 평화조약은 포츠담선언 일본항복 조건 제8조의 원칙을 폐기했다고 주장해온 견해는 완전히 사실과 다른 잘못된 견해이다.

이 견해는 포츠담선언 제8조의 집행을 위해 연합국최고사령관이 공포한 1946년 1월 29일 SCAPIN 제677호의 獨島=한국영토의 판정과 집행을 샌프란시스코 조약에서 폐기한 것으로 해석해서, 1951년 9월 8일 조약문에 獨島명칭이 없는 것을 빌미로 독도=일본영토의 인정을 유도하기 위해 제시된 허위 주장에 불과하였다.

덜레스 위원장이 1951년 9월 5일 샌프란시스코 평화회의 석상에서 51개국 대표들에게 직접 설명한 유권적 해석을 읽어보면, 정반대가 진실이었다. 덜레스 위원장은 도리어 일본영토의 정의에 관련된 제2장 영토의 제2조 (a)항 (일본은 한국의 독립을 인정하고, 제주도·거문도·울릉도를 포함하는 한국에 대한 모든 권리·권원·청구권을 포기한다)에서 조약문을 간결하게 만든 것은 이미 6년전(1945년)에 연합국이 포츠담선언의 일본 항복조건 제8조에 일본영토를 규정하였고, 연합국(연합국최고사령관)이 포츠담선언 제8조를 SCAPIN 제677호로 실제로 집행했으므로(actually carried into effect) 샌프란시스코 평화회의에서는 단지 이 연합국의 6년 전 포츠담선언 제8조 및 그 이미 집행한 사실의 공식적 비준을 위해 조약문을 간결하게 만든 것이라고 유권적 해석을 공표했기 때문에 이를 알 수 있다.

따라서 샌프란시스코 조약의 일본영토 정의는 포츠담선언의 원칙을 폐기하기는커녕 도리어 6년전 포츠담선언 제8조와 이를 이미 집행한 SCAPIN 제677호에 의거한 것이었음이 극히 명료하게 되었다. SCAPIN 제677호는 독도를 한국영토로 판정하여 일본영토에서 제외시켜서, 주한 미군정 관리로 이관시킨 후, 1948년 대한민국에 인수인계토록 한 것이었다.

그러므로 샌프란시스코 조약에서 덜레스에 의하여 포츠담선언 제8조가 폐기되었다고 주장하는 일본 국제법학자들과 이에 동조하여 이를 수용한 일부 국내 역사학자·국제법학자들은 실증적으로 완전히 오류에 빠져서 샌프란시스코 조약의 독도=한국 영토 재확정 재공인을 알지 못하게 된 것이다.

(2) SCAPIN 제677호의 일본영토 정의는 미국이 규정한 정의가 아니라 '연합국'(연합국 극동위원회)이 규정한 정의였다. SCAPIN 제677호는 연합국 최고사령관이 對일본 정책을 결정하는 '극동위원회'(Far Eastern Commission)와 합의한 연합국 결정이었다. 극동위원회 회원국은 오스트렐리아·캐나다·중국·프랑스·인도·네덜란드·뉴질랜드·필리핀·영국·미국·소련·파키스탄·미얀마 등 제2차 세계대전에서 일본과 실제 교전했던 13개 국가로 구성되어 있었다. 연합국최고사령관은 '극동위원회'가 결정한 정책을 집행하는 연합국 기관이었다. 미국이 최강의 주도적 국가라 할지라도, 군사작전에서는 최강의 무력으로 타국가들을 무시할 수도 있을지 모르지만, 전쟁이 종료된 후 국제회의와 국제합의체에서는 미국은 '연합국의 하나'에 불과하

였다. 미국이 SCAPIN 제677호를 변경하려면 연합국 극동위원회(FEC) 국가들 가운데 우선 최소한 7개국 동의가 필요하였다.

미국은 연합국의 포츠담선언 일본항복조건 제8조와 그 집행인 연합국최고사령관의 SCAPIN 제677호(1946. 1. 29)를 존중하여 연합국의 對일본 평화조약 미국 제1차초안(1947. 3. 19)을 작성하였다. 제1차 미국 초안부터 제5차 초안(1949. 11. 2.)까지는 SCAPIN 제677호에 의거하여 독도=한국영토로서 연합국의 결정에 따른 미국초안이 작성되었다.

일본정부는 미해군 정보장교 출신 일본정부 고문 윌리암 시볼드(William J. Sebald)와 미 육군장교 출신 미국 극동 담당 국무차관보 러스크(David Dean Rusk)를 포섭하여 샌프란시스코 평화조약에서 독도(Takeshima)를 일본영토에 포함시키려고 맹렬한 로비 공작활동을 시작하였다. 시볼드는 리앙쿠르 岩島(Liancourt Rocks, Takeshima)는 한국에는 명칭도 없는 무주지인데 일본이 한국의 항의없이 1905년 평화적으로 영토 편입한 무인도이며, 이 섬은 미군의 레이다 기지와 기상관측소를 설립하기에 적합하니, 미국의 국가이익도 고려하여 이 섬을 한국(Korea) 영토에서 빼어내어 일본영토에 포함시키자는 수정안을 건의하면서 적극적 로비를 감행하였다.

이에 미 국무부는 시볼드의 건의를 참작하여 1949년 12월 두 개의 대책 초안을 준비하였다. 하나는 조약문을 간결화하는 경우 연합국의 동의를 용이하게 얻기 위해서 포츠담선언 제8조를 집행한 SCAPIN 제677호와 일치하도록 구 일본영토의 처리를 별도의 부속문서로 정리하여 비준받는 '부속문서' 작성이었다. 이 별도 부속문서가 연합국의 『구일본영토 처리에 관한 합의서』(Agreement Respecting the Disposition of Former Japanese Territories)(1949. 12. 15)이다. 이 문서에서는 원래 미국의 제1~5차 초안과 같이 독도=대한민국의 완전한 영토로 규정되어 있다.

다른 하나는 시볼드의 수정제안을 수용하여 새로 간결하지만 일본영토의 정의를 지명과 경위도로 표시하면서 설정한 『제6차 미국초안(1949. 12.

29.)』작성 대책이었다. 이 제6차 미국초안은 독도(Lincourt Rocks, Takeshima) 를 한국영토에서 빼내어 다케시마(竹島)라는 일본 호칭으로 일본영토에 이동 포함시켰다. 그러나 제6차 미국 초안은 1950년에 들어서자 미국 국무부 가 연합국 극동위원회 국가들에게 동의 의견을 요청했으나, 다른 연합국 극동위원회 국가들로부터 처음부터 거부당하였다. 영국을 비롯한 영연방 의 국가들이 포츠담선언 제8조와 그 집행인 연합국최고사령관의 SCAPIN 제677호의 실시 비준을 지지하고, 미국의 일방적 수정을 거부하였기 때문 이었다.

(3) 1950년 2월 매카시 선풍이 일어나서 미 국무부의 다수 인사들이 사 직하고 징계당하는 혼란 속에서, 민주당 출신 미국 대통령 트루만은 연합 국의 對일본 평화조약을 초당적으로 조기 체결하기 위해 1950년 5월 18일 공화당 출신 덜레스(John Foster Dulles)를 평화조약 준비위원장 겸 미국 대 통령 특사(평화회의 미국 대표단장)에 임명하였다. 덜레스는 미국 6차 초 안이 영국을 비롯한 연합국의 동의를 얻기 어렵다고 판단하고 이를 폐기 시켰다. 덜레스는 일본에게 '징벌적 배상'을 가하지 않고 '평화'를 강조하 는 '對일본 평화조약 7원칙'을 제시하고, 연합국의 평화조약 동의 비준에 용이하도록, 매우 간단한 자신의 새 '델레스 초안'(1951. 3.)을 최종적으로 작성하였다. 합의가 어려운 영토문제는 6년 전 이미 포츠담선언 제8조를 연합국최고사령관이 집행한 것을 연합국과 일본이 다시 비준토록 하며, 여 기에 불만이 있는 것은 평화조약 체결 후 당사국이 국제기관을 경유하여 해결하도록 하였다. 일본 영토에 대해서는 아예 항목을 삭제해 버리고, 일 본이 포기하는 지역을 매우 간결히 조문화하였다.

"덜레스 미국 초안"을 회람한 영국은 이를 반대하고 독자적 '영국초안' 을 작성하기 시작하였다. 영국은 연합국의 對일본 평화조약이 전통적 양식 에 따라 '징벌적 전제와 내용'이 있어야 하고, 연합국의 포츠담선언 제8조 와 그 집행(SCAPIN 제677호)이 조약문에 반영되어야 하며, 제1차 미국 초안과 같은 형식이어야 한다고 생각하였다.

영국초안은 제 1차 초안(1951. 2. 28), 제 2차 초안(1951. 3), 제 3차 초안 (1951. 4. 7)의 3차례 걸쳐 수정되었다. 영국 초안에서는 獨島(Liancourt Rocks, Take)는 한국(Korea) 영토에 포함되고, 일본영토는 경위도의 선(線)을 그려 한정하면서 독도를 일본영토에서 제외하였다.

(4) 연합국의 對일본 평화회의에 미국초안과 영국초안의 2개안이 상정 되는 것을 막기 위해 미국은 미·영합동초안(美·英合同草案, Joint United States -United Kingdom) 작성을 제의하여 합의되었다. 美·英 합동초안의 작성 방 법은 미국안과 영국안을 항목별로 대비하여 통합조정하되, 최대로 간략화 한다는 것이었다.

한국(Korea)에 대해서는 미국은 "한국(Korea)의 독립을 인정한다"만으로 족하고, 수많은 섬들은 부속문서 처리가 편의하다고 생각하였다. 그러나 영국은 'Korea' 명칭만 있고 섬들의 명칭들이 없으면 영역이 불명료하므로 미국 1차 초안처럼 한국과 일본 사이에 섬들의 명칭기재를 희망하였다. 이 에 미국은 처음에 "제주도"만 넣어서 "제주도를 포함한 한국의 독립을 인 정한다"고 표기하는 것을 생각하였다. 이것은 '대표적 섬'을 들어서 주변 의 섬들이 포함됨을 나타내기 위한 것이었다. 두 나라는 5월 3일의 합동회 의를 거쳐서 1951년 6월 14일 제2차 개정 미·영합동초안에서는 대표적 섬 명칭으로 '제주도'에 다시 '거문도'와 '울릉도'를 표기하여 "일본은 한국의 독립을 승인하며, (무인도 명칭은 빼고) 제주도·거문도·울릉도를 포함하는 한국(Korea)에 대한 모든 권리·권원·청구권을 포기한다"로 수정되었다.

그러므로 여기서 "제주도·거문도·울릉도를 포함한 한국"이라고 한 것은 일본이 제주도·거문도·울릉도만의 영토주권을 포기하고 나머지 한반도 주 변의 3천여개의 섬들을 영유한다는 뜻은 전혀 아니었다. 한반도 주변의 3 천여 개의 섬들의 대표적 섬으로 '제주도' '거문도' '울릉도' 3개 섬을 든 것이었다.

이것은 한국영토에 대한 3단계 표기에서도 확인할 수 있다. 제1단계: "일본은 한국(Korea)의 독립을 승인하며 한국에 대한 모든 권리·권원·청구권을 포기한다"에서, 제2단계: "일본은 한국의 독립을 승인하며, '제주도를 포함한' 한국에 대한 모든 권리·권원·청구권을 포기한다"로, 다시 제3단계: "일본은 한국의 독립을 승인하며, 제주도·거문도·울릉도를 포함한 한국에 대한 모든 권리·권원·청구권을 포기한다"로 섬들이 첨가되어 나갔다.

그러므로 샌프란시스코 평화조약 조약문에서 독도(Liancourt Rocks) 명칭이 빠진 것은 독도가 무인도로서 너무 작은 바위 섬 (Rocks)이었기 때문이었다. 이렇게 극히 간결한 조약문에서는 대만·팽호도 같은 큰 섬만 명칭이 들어가고 있으므로 '제주도'가 들어간 것만으로도 족한데, 울릉도 부속의 사람이 살지않는 작은 바위섬("Rocks")를 넣는다는 것은 영국·미국 두 나라 모두에게 납득이 가지 않는 일이었다. "독도" 명칭이 빠진 것은 영유권 문제 때문이 아니라 독도가 무인도였고 너무 작은 바위섬이었기 때문이었음을 주의해야 한다.

영유권 문제라면 미국과 영국 등 연합국은 이미 SCAPIN 제677호를 갖고 있었고, 일반 국제법의 영토조항에 무인소도는 모도(母島)의 영유국가의 영유로 한다는 원칙에 따라서 독도(Liancourt Rocks)는 울릉도(모도)의 부속도서이므로 '울릉도'만 표기되어도 그 부속도서 '독도'는 울릉도 영유국가인 한국의 영토로 규정되는 일반적 원칙이 있었다. 뿐만 아니라 조약문의 일본에게는 알려주지 않는 미국무부 별도 부속 준비문서인 연합국의 『구일본영토처리에 관한 합의서』에도 독도는 대한민국 영토로 규정되어 있었다.

덜레스는 1951년 7월 20일 제2차 '개정 미·영합동초안'을 샌프란시스코 평화회의 참석 초청국측에 모두 발송하였다. 이 초안은 한국과 일본에도 발송되었다.

(5) 당시 한국전쟁 도중이어서 부산에 있던 한국정부는 1951년 7월 19일

과 8월 2일 미 국무부에 '독도'와 '파랑도'(이어도)를 조약문에 넣어줄 것을 요청하였다. 이에 대하여 미국 국무부 차관보를 맡고 있던 러스크가 1951년 8월 10일 주미 한국대사 양유찬에게 서한을 보내어 이전에 시볼드의 주장을 되풀이하면서 독도를 일본영토를 간주한다는 견해를 전달하고 한국의 요청을 거절하였다. '러스크 서한'(Rusk letter)이라고 통칭하는 이 편지는 미국정부의 견해나 입장이 아니라 러스크의 개인 의견이었고, '러스크 서한'은 사문서에 불과하였다.

덜레스 위원장은 (러스크 서한의 25일 후인) 1951년 9월 5일 평화회의 석상에서 연합국이 6년전 포츠담선언 제8조의 일본영토 규정 및 그 이미 집행한 것 이외의 모든 해석은 '사적(私的) 이해'에 불과하다고 유권적 해석을 내렸다. 즉 러스크 서한은 미국의 공문서가 아니라 러스크의 '사적 이해'(私的 理解, private understanding)에 불과한 것으로 해석하였다. 또한 덜레스는 후에 이것은 1951년 8월 10일의 'Rusk note'(러스크의 수기·비망록)에 불과하며, 미국 국가의 공식 입장이 아니라 미 국무부 '행정적 합의하의 행위'(action under administrative agreement)의 종류, 즉 '행정행위의 일종'이라고 해석하였다. 덜레스는 한·일간 독도 영유권 논쟁에 대해 미국은 엄정 중립을 지키는 입장이었으며, 당시 모든 섬들의 영토문제는 미국의 견해에 의해서가 아니라 연합국의 합의에 의한 조약문에 의해 결정되었고, 미국은 그 하나에 불과했다고 설명하였다.

그러므로 일본측이 '러스크서한'을 지적하여 샌프란시스코 조약에서 독도가 일본영토로 승인된 증거라고 드는 것은 전적으로 부당한 것이다. 통칭 '러스크 서한'은 미국 대표단 덜레스 단장의 승인도 받지 못한 '러스크 개인의 사신(私信)'이었고, 미국정부의 공식 입장도 아닌 국무부 일본 로비스트들이 미국 공식입장을 표방한 '행정행위'에 속한 러스크의 수기, '러스크 노트(Rusk note)'에 불과한 것이었다. 이 러스크 서한은 직후의 샌프란시스코 조약에서는 완전히 무시되고 부정되었다.

(6) 샌프란시스코 평화조약 제2장 제2조(a)항 "일본은 한국의 독립을 승인하며, 제주도·거문도·울릉도를 포함하는 한국에 대한 모든 권리·권원·청구권을 포기한다"는 조항을 포함한 샌프란시스코 평화조약의 미·영합동 최종안이 1951년 9월 4일 샌프란시스코 평화회의에 상정되었다. 샌프란시스코 평화회의 둘째 날인 9월 5일 오후에는 간결한 조약문에 대해 미국 대표이며 조약문 작성자이자 평화조약 준비위원장인 덜레스의 유권적 해석을 모든 51개 참석국가 대표들과 전세계가 듣게 되었다.

덜레스는 평화회의장에서 51개 참석국 대표들에게 간단하게 문장화되어 있는 일본의 영토주권의 정의는 '제2장 영토'에서 규정되었는데, 6년전 (1945년)의 연합국의 포츠담선언 일본 항복조건 제8조의 영토 규정과 그 이미 집행한 결과에 의거했다고 유권적 해석을 연설로 공표해서, 샌프란시스코 평화조약의 내용은 포츠담선언 제8조 및 그 집행인 연합국의 SCAPIN 제677호에 의거했음을 명백히 설명하였다.

덜레스는 연합국의 일본영토 정의는 6년전 포츠담선언 항복조건 제8조 및 연합국이 이미 "실제로 집행해 버린 것" (actually carried into effect, 연합국최고사령관이 SCAPIN 제677호로 이미 1946년 1월 29일에 집행한 것)을 다시 평화회의에서 비준하는(ratify) 것뿐이라고 설명하였다.

이것은 우리의 주제인 독도와 관련해서는 연합국이 포츠담선언 제8조와 이미 집행한 연합국최고사령관의 SCAPIN 제677호(독도를 한국영토로 판정하여 한국에 귀속시킴)를 재비준하여 샌프란시스코 평화조약에서 "독도=한국영토"로 다시 확정했음을 의미하고 설명한 것이었다.

이에 더하여, 샌프란시스코 평화조약 제19조 (d)항은 "일본은 점령기간 동안의 점령 당국(연합국최고사령관)의 지령(directives)에 따라 또는 지령의 결과로 실행되었거나 또는 그 당시의 일본법에 의하여 승인된 모든 조치(acts)와 생략행위(omissions)의 효력(validity)을 인정한다"라고 규정하여 연합국최고사령관이 일본에서 1945년 9월 2일부터 일본 독립일(1952년 4

월 28일)까지 집행한 것은 모두 일본이 재독립 후에도 인정함을 규정해서, 모두 국제법상 영구히 합법적인 것으로 처리하는 조항을 설정하였다.

즉 연합국의 일본 점령기간(1945.9.2.~1952.4.28.)에 해당하는 1946년 1월 29일 점령당국인 연합국최고사령관이 집행한 SCAPIN 제677호의 "독도=한국영토"의 판정과 독도의 일본 영토로부터의 제외는 샌프란시스코 평화조약에 의하여 국제법상 영구히 합법적임을 연합국과 일본이 재차 승인하고 비준한 것이었다.

그러므로 샌프란시스코에서 1951년 9월 8일 연합국의 대일본평화조약을 연합국과 일본이 함께 비준함에 의하여 "독도(Liancourt Rocks)는 한국영토임"이 최종적으로 영구히 국제법상 다시 확정되고 다시 공인된 것이었다.

일본정부는 요시다 시게루(吉田茂) 수상 등 6명의 일본 대표단이 참석하여 평화조약에 서명 비준하였다.

일본국회는 대일본 평화조약에 의하여 독도(Liancourt Rocks, 죽도)가 일본영토에서 제외되어 한국영토로 확정되었음을 첨부한 「일본영역참고도」로 잘 인지하고 중의원은 1951년 10월 26일 평화조약을 의결 승인했고, 참의원은 1951년 11월 18일 의결 승인하였다. 일본 '천황'도 1951년 11월 28일 이 '샌프란시스코 평화조약'을 재가하였다. 이에 일본은 1952년 4월 28일 재독립되었고, 이와 동시각에 연합국최고사령부는 해체되었다.

일본 마이니치신문사는 1952년 5월 25일 그동안 준비한 616쪽의 『대일본평화조약(對日本平和條約)』의 방대한 평화조약 해설서 첫머리에 "독도=한국(조선)영토"로 표시된 「일본영역도」를 첨부하여 국제법상 독도가 일본영토가 아니고 영구히 한국영토로 귀결되었음을 전 일본국민 독자에게 해설하였다.

그뿐만 아니라 국제사회는 제2차 세계대전 후 체결된 많은 조약들의 조약문 해석에 논쟁이 일어나자, 그 해결을 위하여 「1969년 조약법에 관한 비엔나 협정(1969 Vienna Convention on the Laws of Treaties)」을 체결하였다. 이 협정 제32조에는 조약의 해석에 의문이 있을 때에는 "조약의 준비물과 결론의 환경(the preparatory work of the treaty and the circumstances of its conclusion)"을 해석의 보조수단으로 적용하도록 규정하였다. 샌프란시스코 조약 '영토문제'의 경우에는 이에 적용될 준비문서가 연합국의 『구일본 영토처리에 관한 합의서』(1949. 12. 15)이다. 이 합의서에서 독도는 "대한민국의 완전한 주권(full sovereignity to the Republic of Korea)에" 귀속된다고 규정하고 있다.

독도는 역사적으로는 물론이오, 샌프란시스코 '연합국의 대일본 평화조약'에 의하여 국제법상으로도 대한민국의 영구히 완벽한 한국영토로 다시 확정되고 다시 공인되었음이 매우 명백한 것이다.

제3부

SCAPIN 제 677호 및 샌프란시스코
평화조약과 독도에 대한 러스크 서한
— 독도와 샌프란시스코 평화조약 관련 연구
방향을 중심으로 —

I. 몇 가지 문제

최근 필자는 샌프란시스코 평화조약에서 독도가 한국영토임이 재확인 공인되었음을 논증한 학술논문을 발표하였다.[102] 그 후 이에 대한 몇 가지의 의문 또는 질문이 국내외에서 제기되었는데, 여기서는 핵심적인 세 가지 의문에 대하여 재검토하려고 한다.

(1) 첫째의 의문은 최근 일본과 한국의 독도관련 연구에서, 1946년 1월 29일 연합국최고사령관의 독도를 일본영토에서 제외하여 한국영토에 반환 귀속시키면서 일본영토를 규정한 SCAPIN 제 677호에 대하여, 과연 연합국최고사령관이 국제법상 일본영토를 규정할 지위와 권리를 가졌었는가에 대한 회의와 문제를 제기하는 경우가 있다.

(2) 둘째의 의문은 또한 연합국의 샌프란시스코 對일본 평화조약에서 독도문제가 언급이 없었는데도 간접적으로라도 독도문제를 한국의 독도영유권을 인정했다고 말할 수 있는가 의문과 문제를 제기하는 경우가 있다.

(3) 셋째는 일본 측이 1951년 8월 10일 미국 국무부 극동담당 차관보 러스크가 주미 한국대사 양유찬에게 보낸 이른바 '러스크 서한'에서 미국은 독도를 한국영토로 간주하지 않으며 일본영토로 본다는 내용이 국제법상 독도를 일본용토로 간주할 수 있는 근거라고 일본 정부가 여전히 제시하고 있는데, 이를 부정한 국제법상의 객관적 자료가

---

102 신용하, 「연합국의 샌프란시스코 對일본 평화조약에서 獨島=韓國領土 확정과 재확인」, 『학술원논문집』 인문·사회과학편, 제58집 제2호, 대한민국학술원, 2019 및 『독도 영토주권의 실증적 연구』(하권), 동북아역사재단, 2020, pp. 174~213 참조.

있는가의 의문과 문제제기이다.

이 글에서는 이 세 가지 의문과 문제제기에 대한 명백한 답변을 간단명료하게 거듭 제시하려고 한다.

II. 연합국최고사령관 일본영토 작은 섬들에 대한 영토 정의를 내린 권리의 근거

1) 연합국최고사령관은 연합국이 결정한 정책의 집행관으로서 포츠담선언 제8조의 항복조건을 일본이 영구히 수락하여 일본정부와 그 승계자가 성실하게 수행할 것을 항복문서에 확약받음으로써 일본영토를 정의할 권리를 갖고 있었다. 그 과정을 간단히 요약하면 다음과 같다.

제2차 세계대전에서 연합국이 일본 항복의 경우 일본의 영토를 명백히 정의한 것은 1945년 7월 26일 선언한 '포츠담선언' 제8조의 다음과 같은 내용이다.

(제8조) 카이로 선언의 모든 조항은 이행될 것이며, 일본국의 주권은 본주(本州)·북해도(北海道)·구주(九州)·사국(四國)와 우리들이 결정하는 작은 섬들에 국한될 것이다. (The terms of the Cairo Declaration shall be carried out and Japanese sovereignty shall be limited to the Islands of Honsu, Hokkaido, Kyushu, Shikoku, and such minor islands as we determine)

2) 이 포츠담선언 제8조에서 우리가 특히 주목하여 조사할 점은 다음의 세 가지 점이다.

① 연합국과 일본이 함께 이행할 것은 우선 "카이로 선언의 모든 조항은 이행될 것이며"의 구절이다. 카이로 선언에서는 일본영토와 관련하여

다음과 같이 선언하였다.

> (…) 위 연합국의 목적은 일본으로부터 1914년 제1차세계대전 개시
> 이후에 일본이 장악 또는 점령한 태평양의 모든 섬들을 박탈할 것과
> 아울러 만주(滿洲)·대만(臺灣)·팽호도(澎湖島) 등 일본이 중국인들로
> 부터 절취한 일체의 지역을 중화민국에 반환함에 있다. 또한 일본은
> 폭력과 탐욕(violence and greed)에 의하여 약취(掠取)한 모든 다른 지역
> 으로부터도 축출될 것이다.
> 위의 3대국은 조선 민중의 노예상태에 유의하여 적당한 시기에 조선
> (Korea)이 자유(自由)롭게 되고 독립(獨立)하게 될 것을 결의하였다.
> (…)

한국과 관련하여 위의 카이로선언에서 무엇보다도 주목할 것은 '한국의
독립'을 결의했다는 사실이다. 그리고 일본으로부터 반환받고 축출되어야
할 지역으로는 세 범주가 선언되고 있다. ① 미국과 영국의 입장을 반영하
여 1914년 제1차세계대전 개시 이후에 일본이 장악 또는 점령한 태평양
안에 있는 모든 섬들, ② 1894~1895년 청·일전쟁 이후 일본이 중국으로부
터 절취한 만주(滿洲)·대만(臺灣)·팽호도(澎湖島) 등, ③ 일본이 폭력과 탐
욕(violence and greed)에 의하여 약취한 모든 다른 지역들이다.

여기서 한국의 영토는 ③의 "일본이 폭력과 탐욕에 의하여 약취한 모든
다른 지역들"에 포함되었다. 울릉도의 부속도서인 독도는 매우 작은 섬이
므로 물론 이 선언에서는 언급될 수 없었다.

그렇다면 일본이 영토야욕으로 약취한 영토의 기준연도는 언제인가? 그
상한은 1894~1895년 청·일전쟁 때 일본이 절취한 영토라는 지적에서 알
수 있는 바와 같이, 비단 1910년부터만이 아니라 그 이전에라도 1894년 이
후 일본이 폭력과 탐욕에 의해 절취한 한국영토가 있으면 모두 독립된 한
국에 반환되어야 함을 카이로선언은 내포하고 있다. 따라서 일본이 대한제

국으로부터 1905년 2월에 약취한 독도가 여기에 포함됨은 논리적으로 명백한 것이다.

물론 이 카이로선언은 미국·영국·중국의 3대 연합국에 의한 공동선언이며, 따라서 그 자체가 아직 일본을 구속하고 있는 것은 아니었다. 그러나 이 카이로선언은 그 후 일본이 1945년 7월 26일의 미국·영국·소련의 포츠담선언을 수락함과 동시에 이 '포츠담선언'의 제8조에 흡수되어 국제법상 일본을 구속하는 국제규범이 되었다.

② 다음으로 주목할 것은 "일본의 주권은 본주(本州)·북해도(北海道)·구주(九州)·사국(四國)과 우리들이 결정하는 작은 섬들에 국한될 것이다"의 구절이다. 일본이 포츠담선언을 수락하는 경우, 연합국 수뇌들에 의해 본주·북해도·구주·사국은 이미 일본영토로 규정되었다. 연합국 수뇌들이 아직 일본영토로 결정하지 않은 것은 위의 4개 큰 섬 주변의 작은 섬들이며, 이들은 연합국이 일본 항복 후에 "우리들(연합국)이 결정하는 작은 섬들 (and such minor islands as we determine)"로 남아 있게 된 것이다.

일본 항복 후에 연합국이 설치한 일본통치 기관이 바로 연합국최고사령관이므로 일본 항복 후 연합국최고사령관은 연합국의 일본통치 기관장으로서 일본의 4개 큰 섬들 주변의 "우리들(연합국)이 결정하는 작은 섬들"의 일본영토 여부에 관한 결정권을 포츠담선언 제8조에 근거하여 갖게 되는 것이다. 단, 일본정부가 사전에 포츠담선언 제8조를 수용했다는 전제조건이 충족되는 경우에서이다.

③ 일본정부는 제2차 세계대전에서 1945년 8월 10일 연합국에게 조건부 항복의사를 전달했고, 연합국이 조건부를 거부하자 8월 14일에는 포츠담선언을 그대로 수용한 '무조건 항복'을 수락했으며, 8월 15일에는 이를 전 세계에 공표하였다.

이어서 일본정부는 1945년 9월 2일 미주리 함 위에서 연합군 미육군 태평양 지역 사령관 겸 연합국최고사령관(더글러스 맥아더, Douglas MacArthur)에게 '무조건 항복문서'를 조인 제출하여 연합국에 완전히 무조건 항복하였다. 일본의 항복문서에서 포츠담선언의 규정을 수락하고 수행할 것을 서약한 부분은 다음과 같다.

> 우리(일본)는……1945년 7월 26일 포츠담에서 미국·중국·영국의 정부 수뇌들에 의하여 발표되고, 그 후 소련에 의해 지지된 선언에 제시한 조항들을 수락한다.……우리는 이후 일본정부와 그 승계자가 포츠담선언의 규정을 성실히 수행할 것을 확약한다.

일본은 이 항복문서에 의하여 포츠담선언에서 제시한 조항을 성실히 수행할 국제법상 의무를 확실히 갖게 되었으며, 연합국의 점령하에서 일정 기간 연합국의 군정 통치를 받게 되었다.[103]

여기서 우리의 문제, 독도는 포츠담선언 제8조에서 규정한 일본항복 후에 연합국이 일본영토로 결정할 "우리들(연합국)이 규정하는 작은 섬들"에서 제외되었는가 또는 포함되었는가의 여부가 주목되는 것이다.

3) 연합국최고사령관은 최초에는 미 태평양지역 사령관 맥아더(Douglas

---

103 연합국은 카이로 선언을 전부 흡수한 포츠담선언에서 일본이 청·일전쟁(1894)에서 전리품으로 배상받은 대만과 팽호도를 일본영토에서 제외함으로써, 연합국의 일본영토의 처리에 관한 기본지침은 일본영토를 1894 청·일전쟁 이전의 상태로 환원시키려고 한 것을 분명하게 표현하였다. 일본의 獨島 침탈은 1894년 이후인 1905년 2월의 일이었고, 또한 바로 카이로선언에서 밝힌 바 "폭력과 탐욕에 의하여 약취"한 것에 해당하므로, 당연히 독도로부터 驅逐되어야 정당하도록 규정된 대상의 섬이었다. 따라서 독도영유권 문제는 포츠담선언 제8조에 규정된 "연합국이 결정하는 (일본영토의) 작은 섬들" 가운데 일본영토에서 제외되어 원주인에게 반환되는가의 여부가 결정적 중요성을 갖게 되었다.

MacArthur)가 겸임하여 1945년 8월 30일 요코하마에 연합국최고사령부를 설치하였다. 연합국최고사령관은 여기서 항복한 일본정부를 1945년 9월 2일 미주리 호 함상으로 불러내어 '항복문서의 조인'을 받고, 1945년 10월 2일 동경에 연합국최고사령부를 옮겼다.

1945년 12월 16일~25일 모스크바 3상회의에서 연합국의 일본에 대한 통치는 미국 단독 대행이 아니라 국제법상 '연합국'에 의한 점령 통치 형태를 취하기로 결정되어, 일본 점령의 연합국 최고 정책기관으로서 일본과 교전해서 일본항복문서에 서명한 11개국으로 구성한 연합국 극동위원회(Far Eastern Commission, FEC)를 워싱턴DC에 설치하고, 현지에는 연합국최고사령관의 자문기관으로 '對일본 연합국 이사회'(Allied Council for Japan, ACJ)를 동경에 설치하기로 합의 결정되었다.[104] 여기서 동경에 설치된 일본 통치기관이 '연합군'(Allied Armies)의 최고사령관이 아니라 '연합국'(Allied Powers)최고사령관이었음을 주의할 필요가 있다.

그러므로 동경의 연합국최고사령관은 미국과 미 육군 태평양지역 사령관 맥아더의 막강한 영향력 아래 있었음에도 불구하고, 1946년부터는 연합국최고사령관에 대한 워싱턴DC의 연합국 '극동위원회(FEC)'의 정책결정과 극동위원회에서 파견한 동경 현지의 '對일본 연합국 일본이사회(ACJ)'의 자문의 직접적 영향 아래 있었다.

워싱턴DC의 '극동위원회' 위원국은 미국·영국·소련·중국·프랑스·네덜란드·캐나다·오스트레일리아·뉴질랜드·인도·필리핀과 등 11개국이었다가 후에 미얀마·파키스탄 2개국을 추가하여 등 모두 13개 국가가 되었다. 이 가운데 미국·영국·소련·중국은 '거부권'을 갖기로 결정되었다.

---

104 ① Dean Acheson, *Present at the Creation, My Years in the State Department*, Norton, New York, 1969, pp.426~431 참조.
② Robert A. Fearey, *The Occupation of Japan, Second Phase: 1948~50*, The Macmillan, New York, 1950, pp.5~12 참조.

동경에 둔 연합국최고사령관 자문기구인 '對일본 연합국 이사회'는 미국·오스트레일리아·중국·소련 4개국으로 구성하여 연합국 최고사령관을 직접 자문하도록 하였다.[105]

종래 거의 모든 연구가 맥아더 연합국 최고사령관만 중시하고 연합국 '극동위원회'를 간과한 것은 잘못이었다. 군사적으로는 미군이 절대적으로 막강했지만, 국제법상 연합국최고사령관의 최고 정책결정 기관은 최고사령관과 함께 '극동위원회(FEC)'였고, 연합국의 對일본 평화조약 체결의 일차 담당기관도 최고사령관과 함께 '극동위원회'였다.

따라서 연합국의 對일본 평화조약 체결 준비에서도 연합국최고사령관의 정책결정권자인 (최고사령관과 함께) 연합국 '극동위원회(Far Eastern Commission)'가 매우 중요하였고, 미국도 거부권을 가진 미국 이외의 영국·소련·중국의 의견과 권익도 존중해서 조정해야 하는 입장에 있었다.

III. 연합국의 일본 통치기관인 연합국최고사령관 (SCAP)의 '일본의 작은 섬들'의 영토 정의 지령인 SCAPIN 제 677호 발표

1) 연합국최고사령관은 연합국 극동위원회의 최종결정과 승인을 받은 다음 포츠담선언 제8조를 집행하기 위하여 1946년 1월 29일 드디어 연합국최고사령관 지령(SCAPIN : Supreme Command Allied Powers Directives, Index No.677의 약칭) 제677호로서 「약간의 주변 지역을 정치상 행정상 일본으로부터 분리하는 데에 관한 각서(Memorandum for Governmental and

---

105 Alan Rix (ed.) *Intermittent Diplomat: The Japan and Batavia Diaries of W MacMahon Ball.* Melbourne University Press, 1988, pp. 17~234 참조

Administrative Seperation of Certain Outlying Areas from Japan)」를 발표하고 일본정부에 전달하였다.

연합국최고사령관의 SCAPIN 제677호는 연합국의 포츠담선언 항복조건 제8조에서 "우리들(연합국)이 결정하는 작은 섬들"을 결정한 지령(directive)으로서, '일본의 영토와 주권 행사 범위를 정의'한 것이었다. 연합국최고사령관은 이것을 제5조에서 '일본의 정의'(the definition of Japan)라고 성문화하여 포츠담선언 제8조의 연합국의 '일본 주변 작은 섬들'에 대한 '일본영토 결정'임을 명료하게 표현하였다. SCAPIN 제677조의 한국에 관련된 조항을 그대로 번역하면 다음과 같다.

1. 일본제국 정부는 일본 이외의 어떠한 지역(地域) 또는 그 지역의 어떠한 정부 관리와 피용자 또는 어떠한 사람에 대해서도 정치적 행정적 통치를 행사하거나 행사를 기도함을 종결(終結)할 것을 지령한다.
2. 일본제국 정부는 연합국최고사령관의 승인을 받지 않고서는 일본 국외의 정부 공무원, 직원 또는 다른 사람들과 (사령부에서) 승인받은 일상적 해운·통신 및 기상 서비스 시행 이외에는 어떠한 목적으로도 통신해서는 안 된다.
3. 이 지령의 목적을 위하여 일본은 일본의 4개 본도(本島, 북해도(北海道)·본주(本州)·구주(九州)·사국(四國))과 약 1천 개의 더 작은 인접 섬들을 포함한다고 정의된다. (1천 개의 작은 인접 섬들에) 포함되는 것은 대마도(對馬島) 및 북위 30도 이북의 유구(琉球, 南西)제도(諸島)이다. 그리고 제외되는 것은 ① 제주도·울릉도(鬱陵島)·리앙쿠르岩(Liancourt Rocks ; 獨島·竹島), ② 북위 30도 이남의 유구(琉球, 南西)제도(諸島, 口之島, 구치노 시마 포함)·이즈(伊豆)·난포(南方)·보닌(小笠原) 및 볼케이노(火山, 琉黃)군도(群島)와 다이토(大東諸島, 冲鳥島·中之鳥島)를 포함한 기타 모든 외부 태평양 제도, ③ 쿠릴(千島)열도(列島)·하보마이(齒舞群島, 小晶·勇留·秋勇留·志癸·多樂島 등 포함)·시코단(色丹島) 등이다.

4. 일본제국 정부의 정치적 행정적 관할에서 특히 제외되는 추가 지역은 다음과 같다. (a) 1914년 세계대전 이래 일본이 장악 또는 점령한 모든 태평양 섬들. (b) 만주, 대만, 페스카도르(Pescadores). (c) 한국(Korea). (d) 카라후토(Karafuto, 樺太)

5. 이 지령에 포함된 일본(日本)의 정의(定義)는 그에 관하여 다른 특정한 지령이 없는 한 또한 본 연합국최고사령부에서 발하는 모든 미래(未來)의 지령·각서·명령에 적용된다.

6. 이 지령의 어떠한 것도 포츠담선언의 제8조에서 언급된 작은 섬들(諸小島)의 최종적 결정에 관한 연합국 정책을 표시하는 것으로 해석되어서는 안된다.[106] (이하 생략)

연합국최고사령관(Supreme Commander for the Allied Powers: SCAP로 약칭)은 1946년 1월 29일 지령(SCAPIN) 제 677호를 발표하여 '일본의 정의'(the definition of Japan)를 내려서 주변 도서의 영토 소속을 판정하면서, 제주도·울릉도·독도(Liancourt Rocks, 竹島)를 한국영토로 판정하여 한국에 반환하도록 주한 미군정에 이관시켰다. 그리고 반환한 후 행정적으로 관리하는 일본과 한국의 경계를 〈그림 3-1〉과 같이 'SCAPIN 제677호의 부속지도'로 작성하여 명료하게 표시하였다.[107] 이 지도의 정식 명칭은 『연합국최고사령관 행정지역: 일본과 남한(SCAP Administratine Areas: Japan and South Korea』이었다.

2) 우리는 우선 여기서 SCAPIN 677호는 미 점령군의 지령이 아니라 연합국(Allied Powers)의 지령임을 주의할 필요가 있다. 연합국의 군정이 종결된 1952년 4월 28일까지의 연합국최고사령관의 지령은 모두 국제법상

---

106 『연합국최고사령부지령(SCAPIN)제677호』 (1946.1.29.)의 영어 原文은, 신용하 편저, 『독도 영유권 자료의 탐구』 제 3권, 독도연구보전협회, 2000, pp. 248~250과 이책 제4부, 자료편 pp. 231~232 참조.

107 ①신용하, 『독도영유권 자료의 탐구』, 제 3권, 독도연구보전협회, 2000, pp. 254~255

합법적인 것이었으며, 집행된 것은 수정된 것이 아닌 한, 모두 국제법상 일본의 항복문서와 샌프란시스코 평화조약 제19조 (d)항에 의거하여 영구히 유효한 것이다.

연합국최고사령관은 국제법상 효력을 갖는 SCAPIN 제677호와 함께 이 부속지도에서 연합국최고사령관의 직접적 행정(실제로는 미군정) 지역인 일본과 남한을 구분하면서 제주도·울릉도·독도(竹島 : Take)는 남한에 소속시키고, 대마도는 일본에 소속시켰다. 지도에서는 영역 구분 표시의 선으로 그려져 있다.

이것은 연합국의 일본 통치기관인 연합국최고사령관이 독도를 일본의 정치적, 행정적, 지역적 범위[영토]에서 완전히 제외하여 한국영토로 결정하고, 제주도·울릉도와 함께 주한 미군정에 이관시켰음을 의미한다. 특히 주목되는 것은 동해의 해양면적을 약 절반으로 나누어 직선으로 그어가다

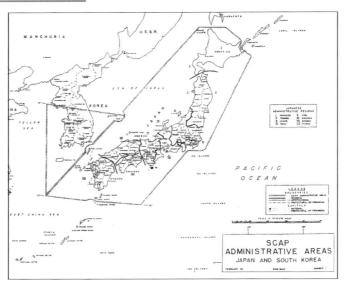

〈그림 3-1〉 SCAPIN 제677호의 부속지도 『연합국 최고사령관 행정지역: 일본과 남한』

가 독도 수역에 도달하자 반원(半圓)을 분명하게 그려가면서까지 獨島(竹島, Take, Liancourt Rocks)가 한국영토이며, 일본영토가 아니라는 사실을 명백히 하고, 독도를 주한 미군정이 행정관리하다가 한국이 독립되면 인수시킬 섬임을 명백히 표시한 것이다.

연합국최고사령관(SCAP)의 지령 제677호 지도의 내용은 카이로선언-포츠담선언-일본의 항복문서에 고리를 달아 연합국의 "우리들이 결정하는 작은 섬들"의 영유권 결정에서 국제법상 효력을 갖는 결정적으로 중요한 지도이다.[108]

연합국최고사령관의 지도 『연합국최고사령관 행정지역: 일본과 남한』은 연합국이 판정한 한국 귀속령과 일본 귀속령을 구별 분류하여 연합국최고사령관(연합국)이 독도를 한국영토로 판정하여 반환시켜서 미군정에게 관리시켰음을 지도상에서 시각적으로도 극명하게 보여준다. 이 지도 『연합국최고사령관 행정지역: 일본과 남한』은 지령 원문과 함께 국제법상 아직도 효력을 갖고 있는 SCAPIN 제677호 지령 부속 자료이며, 독도가 한국영토라는 연합국의 결정을 잘 증명해 주는 자료이다.

연합국최고사령관은 뒤이어 1946년 6월 22일 연합국최고사령관지령, SCAPIN 제1033호를 반포하여, 그 제3조에서 '일본인의 어업 및 포경업의 허가구역'(통칭 MacAthur Line)을 설정하고, 그 b항에서 다음과 같이 일본인의 독도 접근을 금지했다.

(b) 일본인의 선박 및 승무원은 금후 북위 37도 15분, 동경 131도 53분에 있는 리앙쿠르岩(獨島, 竹島 – 인용자)의 12해리 이내에 접근하지 못하며 또한 지적한 섬(리앙쿠르암, 독도)에 어떠한 접근도 하지 못함.((b) Japanese vessels or personnel thereof will not approach closer than

---

108 나홍주 「SCAPIN 제677호(1946. 1. 29)의 국제특별법령의 성격」, 독도학회·독도연구보전협회 2011년도학술회의 논문집, 2011, pp. 37~110참조.

〈그림 3-2〉위 지도 (〈그림 3-1〉)부분확대: 울릉도·독도 부분

twelve(12) miles to Takeshima(37°15' North Latitude, 131°53' East Longitude) nor have any contact with said island.)[109]

---

109 신용하 편저,『독도영유권 자료의 탐구』제3권, 독도연구보전협회, 2000, pp.257~260.

이와 같이 연합국최고사령관은 1946년 6월 22일 일본영토에서 제외하여 한국영토로 반환 귀속한 독도의 주변 12해리 이내에 일본어부들이 침입하여 고기잡이함을 금지하였다. 이것은 연합국최고사령관이 독도를 일본의 영토에서 완전히 제외하여 한국영토로 결정하고, 제주도·울릉도와 함께 주한 미군정에 이관시켰음을 재확인해주는 것이다. 연합국최고사령관은 한국영토인 독도(Liancourt Rocks) 주위 12마일까지는 한국 영해와 어업수역으로서 한국어부들의 어로구역이므로 일본 어부들의 접근과 어로활동을 금지한 구획선을 정해준 것이었다.[110]

3) 일본에서는 연합국최고사령관의 독도를 일본영토에서 제외한 1946년 1월 29일의 지령을 국제법적 효력이 없는 연합국의 임시조치로 해석하는 경우가 자주 있다. 그러나 이것은 전적으로 오류이다.

1945년 9월 2일 동경에 설치된 연합국최고사령부(GHQ)와 연합국최고사령관(SCAP)은 연합국이 '포츠담선언'(따라서 카이로선언)의 일본의 항복조건을 집행하기 위한 국제법상 공인된 연합국의 일본통치 기관이다. 따라서 연합국최고사령관이 포츠담선언과 일본 항복조건을 집행하기 위해 발령하는 지령(指令, directives, 훈령, 법령)은 일본의 항복문서 조인으로 국제법상 완전하게 합법적인 것이며, 다음절에서 설명하는 연합국의 對 일본 평화조약(1951.9.8.) 제19조 (d)항에서 "점령기간 동안 점령당국의 지령(directives) 하에서 또는 그 지령 결과로 실시되었거나 생략되었거나 또는 그 당시 일

---

110 이 SCAPIN 제1033호는 대한민국 정부가 수립된 1948년 8월 15일 이후 대한민국에 독도영유권이 완전히 인계되어 대한민국 주권이 독도에 행사된 이후 약 1년여가 지난 1949년 9월 19일 SCAPIN 제2046호에 의해 폐지되었다. 대한민국이 주권국가로 수립되고 UN총회에서 승인되어 독도와 그 인접 수역을 대한민국이 이미 관리하고 있었으므로 더 이상 존속시킬 필요가 없게 되었기 때문이다. 그러나 연합국최고사령관은 일본이 재독립되어 1952년 4월 28일 해체될 때까지도 SCAPIN 제677호는 폐지하지 아니하였다.

본법에 의하여 승인된 모든 조치와 조례를 인정한다"는 조항에 의거하여 영구히 연합국의 일본 통치에 관련된 국제법상 합법적이고 유효한 것이 되었다.[111] 1946년 1월 29일 발표된 SCAPIN 677호의 규정도 이 범주 안에 확실하게 포함되어 있다.

일본 외무성은 후에 SCAPIN 제677호 제6조에 "이 지령 가운데 어떠한 것도 포츠담선언 제8조에 언급된 작은 섬들[諸小島]의 최종적 결정(the ultimate determination of the minor islands)에 관한 연합국의 정책을 표시한 것은 아니다"고 한 조항은 이것이 일본영토를 규정한 것이 아님을 시사한다고 주장하고 있다. 그러나 SCAPIN 제677호 제6조에서 강조된 것은 복잡한 연합국들의 이해관계 속에서 다른 연합국들이 이의 제기를 할 경우를 대비해서 SCAPIN 제677호가 '최종적 결정'이 아니라 연합국이 합의하는 경우에 필요하면 앞으로 수정할 수 있다는 가능성을 열어둔 것에 불과하다. 이것을 수정할 기회가 연합국의 對일본 '평화조약'에서의 수정가능성이다. 연합국은 그 후 1952년 4월 28일 일본이 재독립할 때까지 SCAPIN 제677호를 수정한 일이 없었다.

이 사실은 연합국최고사령관이 SCAPIN 제677호 제5조에서 "이 지령에 포함된 일본의 정의(the definition of Japan)는 그에 관하여 다른 특정한 지령이 없는 한 또한 본 연합국최고사령부에서 발하는 모든 미래의 지령·각서·명령에 적용된다"[112]고 하여, 이 지령의 '일본의 정의'에 변경을 가하고

---

111 우리는 우선 여기서 SCAPIN 677호는 미 점령군의 지령이 아니라 연합국(Allied Powers)의 지령임을 주의할 필요가 있다. 연합국의 군정이 종결된 1952년 4월 28일까지의 연합국최고사령관의 지령은 모두 국제법상 합법적인 것이었으며, 실행된 것은 수정된 것이 아닌 한, 모두 국제법상 일본의 항복문서와 샌프란시스코 평화조약 제19조 (d)항에 의거하여 영구히 유효한 것이다.

112 「SCAPIN 제677호 제5조」, "The definition of Japan contained in this directive shall also apply to all future directives, memoranda and orders from this Headquarters unless otherwise specified therein." 참조

자 할 때는 반드시 연합국최고사령관이 그에 관한 '다른 특정한 지령'을 발해야 하며, 그렇지 않은 한 이 지령에서의 '일본의 정의'가 미래에도 적용됨을 밝힌 것에서도 또한 알 수 있다. 즉 연합국최고사령관은 이 지령이 최종결정이 아니라 연합국이 합의하는 경우에 이 지령에 이의를 제기하고 앞으로 수정할 수도 있으나, 이 지령에서 규정한 '일본의 정의'에 수정을 가할 때는 연합국최고사령관이 그에 관한 '별도의 다른 지령'을 내리도록 규정한 것이다.

즉, 연합국최고사령관은 포츠담선언 제8조를 집행하여 1946년 1월 29일 SCAPIN 제677호로써 獨島를 제주도 및 울릉도와 함께 일본영토로부터 제외시켰는데, 만일 미래에 연합국이 합의해서 이를 수정하여 독도를 일본영토에 포함시키고자 할 때는 연합국최고사령관(또는 연합국)이 독도를 일본에 부속시킨다는 내용의 '별도의 다른 특정한 지령'을 발해야 하며, 그렇지 않은 한 이 지령은 미래에까지 유효하다는 조항이다. 연합국최고사령관 또는 연합국은 1946년 1월 29일의 SCAPIN 제677호에서 독도를 일본영토에서 제외한다는 지령을 내려 독도를 한국에 반환한 후에 일본이 재독립할 때까지 이를 수정한다는 지령을 내린 바 없으니, 독도는 이 SCAPIN 제677호에 의하여 일본영토로부터 완전히 제외되어 국제법상으로도 영구히 한국영토가 된 것이다.

일본측은 연합국의 SCAPIN 제677호는 일본의 주권이 상실되었을 때 일본의 동의 없이 발령된 것이라는 주장도 하고 있다.

그러나 이것은 일본의 주권이 있을 때인 1945년 9월 2일 일본 독립의 마지막 날 일본제국 정부가 항복문서에서 "우리(일본)는 … 1945년 7월 26일 포츠담에서 미국·중국·영국 정부 수뇌들에 의하여 발표되고 그 후 소련에 의해 지지된 선언에 제시한 조항들을 수락한다. … 우리는 이후 일본정부와 그 승계자가 포츠담선언의 규정을 성실히 수행할 것을 확약한다"고 무조건 항복문서에 서명 조인했기 때문에 '일본정부의 동의를 사전에 받고'

연합국최고사령관이 그 후 국제법상 합법적으로 발령한 것이다. 그러므로 SCAPIN 제677호는 일본정부와 그 승계자가 영구히 순종해야 할 연합국의 결정 지령이라고 해석해야 정확한 것이다.

또한 일본정부가 비준한 1951년 9월 8일 샌프란시스코 평화조약 제19조 (d)항에서 일본은 연합국의 점령기간(1945년 9월 2일~1952년 4월 28일) 중에 점령당국의 모든 지령(directives)의 효력을 인정하며 소송하지 않는다고 합의 비준했으니, SCAPIN 제677호의 지령은 일본이 영구히 준수해야 할 결정이 되어 있는 것이다.

최근 일본 일부 국제법학자들이 연합국최고사령관의 1946년 1월 29일 SCAPIN 제677호를 임시적 행정조치이며 1952년 4월 28일 일본의 재독립으로 국제법상 효력이 이미 소멸된 것이라고 주장하는 견해는 위에서 본 바와 같이 어느 경우에나 완전히 오류이고, 완전히 잘못된 견해이다.

4) 연합국최고사령부와 극동위원회의 전문가들이 SCAPIN 제677호에서 독도를 한국영토로 판정한 근거 자료들은 무엇이었을까? 필자는 여러 독도 관련 자료들 가운데서도 일본육군참모본부 육지측량부의 『지도구역일람도(地圖區域一覽圖)』(1935년~1944년까지 8차례 발행)임을 여러 차례 밝혔다.[113] 일본군 최고 수뇌부 기관이 발행한 이 공식지도는 일본 제국주의가 승승장구하던 시기에, 일본제국이 패망할 줄은 예상하지 못하고, '대일본제국'에 속한 영토를 원주인을 나타내는 지리적 지역별로 묶어서 ①일본(日本) ②조선(朝鮮) ③관동주(關東州) ④대만(臺灣) ⑤화태(樺太, 사할린) ⑥천도열도(千島列島) ⑦남서제도(南西諸島) ⑧소립원군도(少笠原群

---

113 신용하, ① 「일제하의 독도와 해방 직후 한국에의 반환과정」, 『한국사회사연구회 논문집』 제34집, 1992.
　　② 『독도의 민족영토사 연구, 지식산업사, 1996, pp. 251~253.
　　③ 『독도영유의 진실 이해』, 서울대학교 출판문화원, 2012, pp. 258~260.

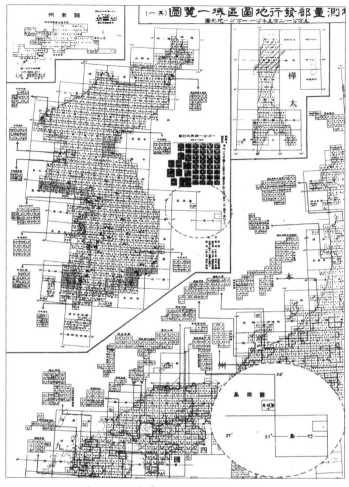

〈그림 3-3〉『지도구역일람도』부분

島) 등으로 집단 분류하였다. 이 지도에서 獨島(Liancourt Rocks, 竹島)는 울릉도와 함께 '조선구역'으로 분류되어 있다.(〈그림 3-3〉 참조)

　SCAPIN 제677호의 일본 주변의 "작은 섬들" 집단 분류가 이 일본육군

참모본부 육지측량부의 『지도구역일람도』와 거의 정확히 일치하고 있는 데서 『지도구역일람도』가 연합국최고사령관의 결정에 매우 중요한 자료가 되었음을 알 수 있다. 이 지도 중에서도 1936년 판 『지도구역일람도』는 상단에 "조선총독부 임시토지조사국 측도(測圖)"라고 표기하여 조선총독부도 협조하여 제도했음을 알려주어서 독도가 울릉도의 부속도서로 일본군 수뇌부도 잘 인지하고 있었음을 재확인할 수 있다.

이 중요한 지도에 대한 최근의 정밀한 실증연구는 일본육군참모본부 육지측량부가 『지도구역일람도』 외에도, 1939년 군사용 극비자료로서 『울릉도 전도』(鬱陵島全圖)를 발행했는데, 독도를 울릉도의 부속섬으로 넣고 "울릉도와 독도"를 경상북도 소속 관할로 표기한 것을 발견하였다.[114] 이 것은 매우 중요한 발견이며, 필자는 연합국최고사령부 참모와 전문가들이 일본군의 최고기관의 하나인 일본육군참모본부 육지측량부가 독도(Liancourt Rocks, 다케시마)를 조선 경상북도의 울릉도의 속도로 판정하여 그린 이 『울릉도 전도』를 접수하여 보고 SCAPIN 제677호와 그 부속지도 제작에서 '독도'(다케시마)를 울릉도에 속한 울릉도의 부속섬으로 처리한 중요한 근거자료의 하나로 활용했을 것이라고 본다.[115]

일본육군참모본부 육지측량부의 『울릉도 전도』(1939)는 독도가 일제강점기에도 원래 시마네현 소속이 아니라 조선 울릉도 부속도서임을 일본군 수뇌부가 인지하고 있었다는 증거가 된다.

---

114 서인원, 「일본 육지측량부 지도제작과 독도영유권 인식에 대한 고찰」, 『영토해양연구』, 제14호, 2017 참조.
115 서인원의 「일본 육지측량부 지도제작과 독도영유권 인식에 대한 고찰」에 의하면, 이 『鬱陵島全圖』는 동경대학교 자료관과 국토지리원에 수장되어 있다.

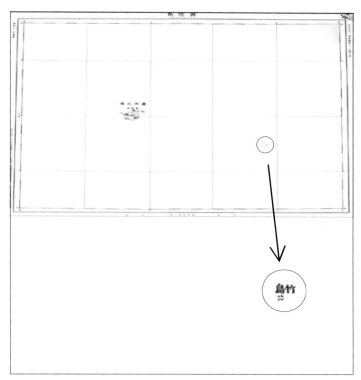

〈그림 3-4〉 ①울릉도 전도 ②독도부분 확대

출처: 서인원, 「일본 육지측량부 지도제작과 독도영유권 인식에 대한 고찰」,
『영토해양연구』, 제14호, 2017.

IV. 샌프란시스코 평화조약에서 '포츠담선언 제 8조' 에 포함되어 다루어진 독도=한국영토

1) 다음은 샌프란시스코 연합국의 對일본 평화조약에서 '독도'명칭이 나온 적이 없는데, 연합국과 일본이 결국 "독도=한국영토"로 재확인했다는

필자의 주장은 이해할 수 없다는 의문과 문제제기에 대한 답변이다.

샌프란시스코 평화조약에서는 조약문에 '독도' 이름은 나오지 않지만, 일본영토 정의에서 ①한국에 포함되는 섬에 '울릉도' 명칭이 나오므로 '독도'는 울릉도의 부속섬이기 때문에 한국영토로 재확인 된 것이며 ②덜레스 조약문 작성자이며 준비위원장의 조약문 유권적 해석에서 일본영토를 엄격하게 일치시켰다는 "포츠담선언 제 8조와 그 이미 집행된 것인 SCAPIN 제 677호의 본문과 부속지도에서 '독도'를 일본영토에서 제외하여 '남한(South Korea)'에 귀속시켰고, ③샌프란시스코 평화조약 제19조 (d)항에서 1946년 1월 29일 연합국최고사령관 지령 SCAPIN 제677호(독도를 한국영토에 귀속)를 독립 후의 일본도 영구히 준수해야 할 지령으로 인정했으니, 샌프란시스코 평화조약에서 국제법상 "독도=한국영토"임을 재확인하고 공인하였다. 이것으로써 대한민국의 국제법상 독도 영유는 최종적으로 거듭 공인된 것이다.

2) 미국무부는 연합국의 위임을 받아 對일본 평화조약의 제1차 미국 초안을 1947년 3월 19일 작성했는데, 제1차 미국 초안은 "포츠담선언 제 8조"와 "연합국의 집행인 SCAPIN 제 677호"를 충실히 잘 반영한 초안이었다. 보튼(Hugh Borton)이 중심이 되어 미국 국무부가 작성한 이 초안은 일본영토를 일본이 청일전쟁을 일으킨 해인 1894년 1월 1일 현재의 일본으로 정하였다. 독도는 1905년 2월 일본이 침탈한 대한제국의 섬이므로 일본영토에서 제외하여 원주인인 한국영토로 귀속시키고, 〈그림 3-5〉와 같이 일본영역의 지도도 첨부하였다. 이 지도에서 독도를 일본영토에서 제외했음은 물론이다.

연합국 극동위원회는 물론이고 연합국최고사령관 맥아더도 이때는 獨島(Liancourt Rocks)를 한국영토로 결정한 이 제1차 미국 초안에 전혀 이의가 없었다. 맥아더는 對일본 평화회담이 미국 본토에서가 아니라 1948년

여름에 일본 동경에서 맥아더의 감독 하에 개최되기를 희망한다는 의견을 보튼에게 제시했을 뿐이었다.[116]

3) 미국은 그후 다른 지역문제에 수정을 가한 제5차 미국 초안(1949년 11월 2일자 초안)까지는 '독도'(Liancourt Rocks)를 일본영토에서 제외하여 한국영토에 귀속시키는 초안에 변동이 없었다. 그러나 일본정부 외무성은 제5차 미국 초안을 입수하여 보게 되자 샌프란시스코 평화조약에서 '독도'(Takeshima)를 일본영토에 포함시켜달라고 일본정부 고문 시볼드(William J. Sebald)를 내세워 미국 국무부에 맹렬한 로비를 하였다. 시볼드는 1949년 11월 초순부터 일본을 위하여 연합국최고사령관은 물론이오 미국 국무부를 향해서 적극적 로비활동을 하였다. 1950년 6·25 한국전쟁이 일어나고 같은 시기에 미국 정가와 관료계에서는 매카시 선풍이 휩쓸어 미국 국무부 관료들에도 상당한 변동이 일어나게 되었다. 원칙주의자 보튼은 미국 컬럼비아 대학 조교수로 돌아가고 미국 국무부 극동국에 새로 충원된 러스크(Dean Rusk), 앨리슨(J. M. Alison)과 시볼드 자신이 국무부 극동국 행정관으로 들어가서 로비활동을 적극 전개하였다. 그 결과 미국은 1949년 12월 두 개의 초안 문서를 준비하였다.

하나는 연합국의 '포츠담선언 제8조와 SCAPIN 제 677호'를 그대로 존중하여 반영한 연합국의『구일본영토 처리에 관한 합의서』(Agreement Repsecting the Disposition of Former Japanese Territories, 1949. 12. 15일자)이다. 이 준비문서에는 독도(Liancourt Rocks)는 '대한민국의 완벽한 영토'로 규정하여 귀속시켰다.

다른 하나는 일본을 위하여 활동한 시볼드의 로비를 수용해서 반영한 對일본 평화조약 '제6차 미국 초안'(1949. 12. 29.)이었다. 이 초안에서는 독

---

116 Hugh Borton, *Spanning Japan's Modern Country; The Memoirs of Hugh Borton*, 2002, pp.192~193 참조.

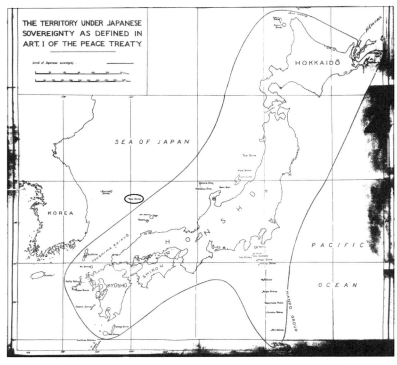

〈그림 3-5〉 對일본평화조약 제1차 미국초안 부속지도

(1947/3/20 [USNARA/740.0011 PW(PEACE)/3-2047]) (o표는 독도, 필자 표시)

도(Takeshima)를 한국영토에서 빼어내어 일본영토로 귀속시켰다. 이 제6차 미국 초안은 독도의 영유권자를 한국으로 규정한 연합국의 SCAPIN 제 677호의 결정과 달리 일본으로 변경했기 때문에, 먼저 연합국 극동위원회 13개국의 동의가 반드시 필요하였다.

미국 국무부 극동국에서는 1950년 1월 초부터 제 6차 초안을 연합국 극 동위원회 소속 국가들에게 열심히 회람시키면서 동의와 코멘트를 구했으 나, 찬성한 국가는 한 나라도 없었다. 일본과 그를 대리한 시볼드의 로비는 완전히 실패하였다. 오히려 제6차 미국 초안은 영국·오스트레일리아·뉴질랜드 등 연합국들의 반발만 초래하였다. 민주당 출신 대통령 트루먼은 1950년 5월 18일자로 매카시 선풍에 영향을 받지 않을 공화당 출신 국제법 변호사 덜레스(John. F. Dulles)를 대통령 특사 겸 대일평화조약 준비위원장 (미국 대표단장)으로 임명하였다.

4) 덜레스는 위원장에 취임하자마자 영국과 영연방에 속한 나라들의 절대다수인 연합국 극동위원회의 동의를 얻지 못한 미국 제 6차 초안을 폐기하였다. 그리고 1950년 11월 24일 對일본 평화조약 7개 원칙을 공표한 후, 1950년 3월 13일 그 자신의 "덜레스 미국 초안"을 작성, 발표하였다. '덜레스 미국 초안'의 일본영토 관련 초안의 한국 관련 부분은 다음과 같았다.

제3장 영토
3. 일본은 한국(Korea), 대만 및 팽호도에 대한 모든 권리·권원·청구권을 포기한다. 또한 남극지방에서 (행한) 일본 국민의 활동에서 비롯되었거나 혹은 위임통치체제와 관련된 모든 원리·권원·청구권을 포기한다. 일본은 이전에 일본의 위임통치하에 있던 태평양도서를 신탁통치체제 하에 둘 것과 관련한 1947년 4월 2일자 유엔안전보장이사회 결정을 승인한다.
4. 미국은 유엔에 대해 북위 30도 이남의 류큐제도, 로사리오 섬을 포함한 보닌제도(오가사와라), 볼케이노섬(이오지마), 파레체 벨라 및 마커스섬에 대해 미국을 시정권자로 하는 신탁통치체제 하에 둘 것을 제안한다. 일본은 이러한 제안에 동의할 것이다. 이러한 제안을 행하며 그에 따른 긍정적 조치에 따라 미국은 이 섬들의 주민 및 그 영해를 포함한 이들 영토에 대한 행정·법률·관할의 모든 권한을 행사할 것이다.
5. 일본은 소련에 사할린의 남부와 그에 인접한 모든 섬들을 반환할 (return) 것이며, 소련에 쿠릴 열도를 이양할(hand over) 것이다.[117]

이 덜레스 미국 초안(1951. 3)은 독도와 한국영토에 관해서는 제3장(3)에서 "일본은 한국(Korea), 대만 및 팽호도에 대한 모든 권리·권원·청구권을 포기한다"라고 대만·팽호도와 함께 오직 '한국(Korea)'한 단어로 표시하고 모든 섬들의 명칭은 제외하였다.

이것은 미 국무부에게는 연합국의 『구일본영토 처리에 관한 합의서』라는 별도의 부속문서가 작성되어 보존되어 있었으므로 이해될 수 있는 것이었지만, 이 극비 부속문서의 존재를 모르는 다른 모든 국가들에게는 의혹을 일으키게 하는 것이었다.

5) 덜레스의 1951년 3월 미국 초안에 가장 크게 반대한 것은 태평양 전쟁에서 일본군과 혈전을 전개한 영국, 오스트레일리아, 뉴질랜드, 버마, 인도 등 영연방 국가들이었다. 영연방국가들은 패전국이며 전쟁범죄 국가인 일본에게 미국 측이 어떠한 징벌과 배상도 면제해 주고, 미국의 국가이익에만 집중하면서 일본을 동맹국 반열에 올려놓기 위한 미국 일방적 평화조약 초안 작성에 매우 불만이었다.

영국 외무부는 이에 1951년 1월부터 아예 독자적 영국초안을 작성하기 시작하여, 1951년 2월 28일 '제1차 영국초안'을 작성 발표하였다. 이어서 영국 외무부는 이를 수정하여, 제2차 영국초안(1951. 3)과 제3차 영국초안(1951. 4. 7)을 연속적으로 작성하였다.[118]

영국의 미국측에 보낸 제2차 및 제3차 영국 초안에서, 한국과 관련해서는 제1조에서 제주도와 복강도(福江島)사이, 한반도와 대마도 사이, 독도(Takeshima)와 은기도(隱岐島)사이에 선을 그음으로써, 제주도와 울릉도·

---

117 ①"Provisional Draft of a Japanese Peace Treaty(Suggestive Only)", (1951. 3).
　　②정병준, 『독도 1947』, 2010, p. 519 참조
　　③이석우, 『동아시아의 영토분쟁과 국제법』, 2007 pp. 173~199
118 신용하 편저, 『독도영유권 자료의 탐구』, 제 3권, pp. 333~339 참조

독도를 한국영토에 포함시키고, 대마도와 은기도를 일본영토에 포함시키어, 원래 연합국이 합의해서 연합국최고사령관이 이미 집행했던 SCAPIN 제677호의 내용대로 일본영토의 정의를 정확하게 복원하였다. 그리고 〈그림 3-6〉과 같은 부속 지도도 첨부하였다.[119]

주목할 것은 영국의 제2·제3차 초안은, 부속지도 〈그림 3-5〉와 〈그림 3-6〉의 비교에서 볼 수 있는 바와 같이, 미국 제 1차 초안과 거의 동일한 지도를 그리어 제 1차 미국초안과 같은 조약문을 요구했다는 사실이다. 이 영국 초안에서 '독도'(Liancourt Rocks)는 일본영토에서 제외하여 한국영토로 귀속되어 있었다.

6) 미국과 영국은 평화회의에 2개 연합국의 2개 초안을 상정해 심의할 수 없으므로 '미국·영국 합동초안'을 작성하기로 합의해서 두 차례 실무자 회의가 열렸다. 제 1차 회의(1951년 3월 20~21일)는 영국 런던에서 개최되었는데, 영국측은 덜레스 초안의 "일본은 한국(Korea), 대만 팽호도에 대한 모든 권리·권원·청구권을 포기한다"라는 조약문이 너무 소략하다는 견해를 제출했고, 미국측은 그렇다면 코리아 다음에 제주도(Quelpa Island)를 넣는 방식을 고려하였다.

제 2차 실무회의(1951년 4월 25일~5월 4일)는 미국 워싱턴D.C.에서 열렸는데, 미국 덜레스 초안과 영국 제 3차 초안을 조목별로 하나씩 대조해가면서 합의를 도출하였다. 한국과 관련된 일본영토 조항에서 조약문 간결화를 유지하기 위해 모든 무인도는 빼고 대표적 섬들로 제주도와 함께 거문도와 울릉도를 넣기로 합의되었다. 독도는 당시 무인도였기 때문에 빠지게 되었다. 그 결과 한국 관련 일본영토 조항은 "일본은 한국(Korea)과 제주도·거문도·울릉도에 대한 모든 권리·권원·청구권을 포기한다"는 문장으

---

119 정병준, 『독도 1947』, 2010. pp. 576~583 참조.

로 정리하기로 합의되었다. 주의할 것은 이 때 SCAPIN 제677호와 영국 제 3차초안에 명료하게 일본에서 제외되어 한국영토로 합의된 독도(Liancourt Rocks)가 조약문 기재 명칭에서 누락된 것은 너무 작은 무인도였기 때문이었다. 거문도와 울릉도도 영국 주장을 만족시키기 위해 넣은 섬들로서 간결한 조약문의 격에 맞지 않은 작은 섬들인데, '독도'라는 무인도인 'Rocks'(암초: 석도)를 조약문에 넣기는 불편했던 것이다. 그 대신 '연합국 합의의 SCAPIN 제677호'를 그대로 수용한 별도의 부속문서(연합국의 『구일본영토처리에 관한 합의서』)가 준비되어 있음을 영국측도 이 때에는 알게 되었으므로 영국 측도 더 세밀한 조약문을 요구할 필요가 없었을 것이다.[120]

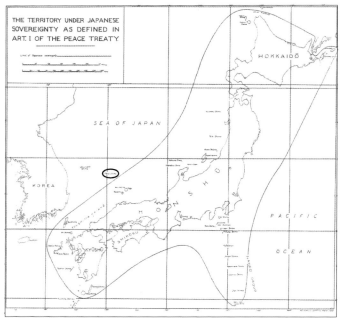

〈그림 3-6〉 영국 외무성 대일평화조약 초안 첨부지도
(1951. 3) (o 표자는 독도, 필자 첨가)

미국측은 1951년 6월 14일 제 2차 미·영 합동초안의 일본영토 초안을 나라별로 구분해서 문장화하였다(개정 제 2차, 미·영 합동초안). 그 한국관련 조항은 일본영토조항(제 2장) 제 2조 a항에 다음과 같이 정리되었다.

(「개정 미·영합동초안」 제2장 영토, 제2조)

a. 일본은 한국(Korea)의 독립을 승인하며, 제주도·거문도·울릉도를 포함하는 한국에 대한 모든 권리·권원·청구권을 포기한다.

b. 일본은 대만과 팽호도에 대한 모든 권리·권원·청구권을 포기한다.

c. 일본은 1905년 9월 5일 포츠마츠조약의 결과로 일본이 영유권을 획득한 쿠릴 열도와 사할린의 특정 부분 및 그에 인접한 섬들에 대한 모든 권리·권원·청구권을 포기한다.

d. 일본은 국제연맹 위임통치체제에 연계된 모든 권리·권원·청구권을 포기하며, 1947년 4월 2일 유엔 안전보장이사회가 구일본 위임통치령이었던 태평양 도서들에 대한 신탁통치체제의 적용의 조치를 수용한다.

e. 일본은 남극(Antarctic) 지방의 어느 부분에 연관된 일본 국민 또는 기타 사람들의 활동에서 도출된 모든 권리·권원 또는 이익을 포기한다.

f. 일본은 남사군도(Spratly Islands)와 서사군도(Parcel Islands)에 대한 모든 권리·권원·청구권을 포기한다.[121]

미국측은 이 '개정 제 2차 미·영합동초안'을 1951년, 9월 4일~8월 5일간 샌프란시스코 전쟁기념 공연예술센터에서 개최된 51개국 대표의 연합국의 對일본 평화회의에 상정하였다. 對일본 평화조약 총 7장 27조의 조약문 가운데서 한국과 관련된 것은 제 2조 일본영토조항의 (a) 항에 "일본은 한국

---

120 신용하, 『독도 영유권 자료의 탐구』 제3권, pp.345~348 참조.

121 ①신용하, 『독도영유권 자료의 탐구』, 제3권, pp.354~357
　　②정병준, 『독도 1947』, pp. 539~545 참조

(Korea)의 독립을 인정하고, 제주도·거문도·울릉도를 포함하여 한국(Korea)에 대한 모든 권리, 권원, 청구권을 포기한다"는 한 개 문장뿐이었다.

7) 샌프란시스코 평화회의의 첫째날은 미국 대통령 트루먼(Harry S. Truman)의 환영사와 51개국 대표 및 수행원을 위한 환영 파티가 있었다. 둘째날(1951. 9. 5.) 오후에는 평화조약 조약문이 너무 간결하므로 조약문 작성 책임자인 평화회의 준비위원장 덜레스의 유권적 해석 책자와 연설을 무려 4시간에 걸쳐 가졌다. 덜레스의 해석은 그가 준비위원장이고 초안작성 책임자였기 때문에 조약문 해석에 결정적인 중요성을 가진 것이었다. 덜레스는 일본영토조항(제 2조)의 한국 관련 항목(a항)에 대하여 다음과 같이 유권적 해석을 내려 설명하였다.

> 「일본의 영토 주권은 무엇인가? 제2장이 이것을 다룬다. 일본에 관한 한, ①일본은 6년 전 실제로 집행되었던(actually carried into effect 6 years ago) 규정인 포츠담선언 항복 조건의 영토규정(the territorial provisions of the Postdam Surrender Terms)을 공식적으로 비준하는 것이다.
> ②포츠담선언 항복 조건은 일본과 연합국의 전체가 구속(bound)받는 평화조건의 유일한 정의(the only definition)를 구성하는 것이다. 어떤 연합국에 따라서는 어떤 사적 해석(private understanding)이 있기도 하였다. 그러나 그러한 사적 해석에는 일본도 구속받지 아니하고, 다른 연합국도 구속받지 아니한다. 그러므로 평화조약은 ③포츠담선언 항복조건 제8조(article 8 of the surrender terms)인, 일본의 주권은 본주(本州), 북해도(北海道), 구주(九州), 사국(四國) 및 약간의 작은 섬들로 한정한다는 조항을 실체화하는 것이다. 제2장의 제2조에 내포된 포기들(renunciations)은 엄격하고 치밀하게 ④(포츠담선언) 항복 조건과 일치하고 있다.
> 일부 국가들은 제2장 (c)에 언급되어 있는 하보마이 제도(Habomai Islands)

를 지리적 명칭인 쿠릴 열도(Kurile Islands)가 포함하는가에 대하여 문제를 제기해 왔다. 미국의 견해는 문제가 없다고 본다. 그러나 만일 이에 대한 분쟁이 발생하는 경우에는 제22조의 국제사법재판소에 회부할 수 있을 것이다.

일부 연합국은 제2조에서 포츠담선언에 따라 일본의 주권이 미치는 범위를 한정하는데 그치지 않고, 구일본영토 각각의 최종적인 처분을 정확하게 구체적으로 명시할 것을 제안했다. 분명히 그것은 더 깔끔할 것이다. 그러나 그것은 지금 합의 일치된 해답을 얻을 수 없는 문제를 불러일으킬 것이다. 우리는 일본에게 ⑤포츠담 항복조건에 근거하여 평화를 주어야 하는가? 아니면 일본이 명백히 포기를 각오하고 있고 또한 포기를 요구받고 있는 것을 어떻게 처분하는가에 대해 연합국이 싸우고 있는 사이에, 일본에게 평화를 허락하지 않아야 하는가? 둘중의 하나를 택해야 하였다. 명백히, 일본에 관한 한 현명한 길은, 의문을 해소할 것은 이 조약이 아닌 다른 국제적 해결 수단을 원용하도록 장래로 넘기고, 지금 진행하는 것이었다.」[122](번호는 필자 첨부)

딜레스의 이 유권적 해석은 우리의 주제인 독도의 영토귀속에 대해 매우 중요하므로 이것을 분절하여 검토해볼 필요가 있다.

(1) 일본의 영토 주권은 연합국이 6년전 (1945년) 포츠담선언 항복조건 제8조와 그 실제로 집행했던 영토 규정을 "공식적으로 이 평화회의에서 비준하는 것"이다. 딜레스는 1945년 포츠담선언(카이로 선언을 그대로 준수 승계한)에 대한 항복조건의 일본영토 규정을 다섯 번이나 강조해 언급하면서 이 샌프란시스코 對일본평화조약에서 연합국과 일본이 포츠담선언 항복조건을 그대로 비준하는 것이라고 강조하여 해석하고 설명하였다.

(2) 1945년(6년전) 포츠담선언 항복조건은 무엇인가? 그것은 포츠담선언 항복조건 제8조인 "카이로 선언의 모든 조항은 이행될 것이며, 일본의 주

122 딜레스의 평화조약 유권적 해석 연설문의 원문 "John Foster Delles's Speech at San Francisco Conference"(September 5, 1951)는 이 책의 pp. 0~0에 수록되어 있다.

권은 본주, 북해도, 구주, 사국 및 우리들(연합국)이 결정하는 약간의 작은 섬들로 국한 한다"는 조항이다.

(3) 샌프란시스코 평화조약의 제2장 제2조의 일본영토주권 조항에서 포기(renunciation) 항목은 이미 연합국이 6년 전(1945년)에 "이미 실제로 집행한(actually carried into effect)한 것과 엄격하고 치밀하게 일치시킨 것"이라고 해석하고 설명하였다.

그렇다면 연합국이 포츠담선언의 일본 항복조건 제8조를 '이미' 엄격하고 치밀하게 집행한 것은 무엇인가? 그것은 1945년 9월 2일 연합국최고사령관(SCAP)이 설치된 이후 연합국 극동위원회(Far Eastern Commission: 13개국)의 합의 결정에 따라서 1946년 1월 29일 연합국최고사령관 지령으로서 공포한 SCAPIN 제677호의 '일본영토정의'(the definition of Japan)의 집행인 것이다. 연합국이 일본의 무조건 항복 조인을 받은 1945년 9월 2일부터 샌프란시스코 평화회담이 개최된 1951년 9월 4일까지 사이에, 포츠담선언 항복조건 제8조를 즉각 연합국 측이 이미 집행한 것은 〈1946년 1월 29일 SCAPIN 제677호〉가 유일한 것이다.

즉 연합국의 샌프란시스코 對일본 평화조약에서 다시 확정된 일본영토주권은 연합국이 이미 실제로 집행한 SCAPIN 제677호에 일치시킨 것임을 덜레스는 공표한 것이었다. 샌프란시스코 조약에서 독도(Liancourt Rocks) 명칭은 언급되지 않았지만 "연합국이 이미 실제로 집행한 포츠담선언" 제8조 및 그의 집행인 SCAPIN 제 677호에는 '독도(Liancourt Rocks)' 명칭이 나오고 한국영토로 판정되어 독도=한국영토의 연합국의 1946년 1월 29일 결정을 샌프란시스코 조약에서 다시 비준하게 된 것이다.

(4) 덜레스는 "평화조약은 포츠담선언 항복조건 제8조인, 일본의 주권은 본주(本州)·북해도(北海道)·구주(九州)·사국(四國) 및 연합국이 결정하는 약간의 작은 섬들로 국한한다는" 조항을 강조하고, 연합국의 이미 실제로 집행한 이것이 "유일한 정의(the only definition)이다"라고 하였다. 그리고

그 밖의 모든 다른 해석들은 사적(私的) 이해(private understanding)라고 설명하였다. 즉 포츠담선언 제 8조와 그 집행인 연합국의 SCAPIN 제677호의 "일본의 정의"가 "유일한 정의"임을 명료하게 설명한 것이었다.

덜레스가 포츠담선언 일본 항복조건 제8조(그리하여 SCAPIN 제677호의 일본의 정의)를 선택하게 된 이유는 이것이 일본 및 연합국 전체(Japan and Allied Power as a whole)가 구속(bound)되는 평화조건의 이미 합의된 '유일한 정의'(the only definition)였기 때문이었다.

따라서 일부 일본 국제법학자들과 일부 한국 국제법학자들 및 역사학자가 "포츠담선언의 對일본영토규정"은 덜레스 미국 초안을 작성할 때부터 폐기했다고 서술하는 것은 전적으로 오류이다.[123] 그 정반대가 진실이다.

덜레스는 연합국의 對일본 평화조약 준비위원장의 직책을 맡게 되자, 독도(Liancourt Rocks), 쿠릴 열도, 대만, 팽호도, 남사군도, 태평양의 여러 섬들 기타 다수의 영토들에 대한 로비와 논쟁이 있음을 알게 되었다. 이번 평화조약에서 영토문제에 연합국과 일본의 전체가 누구도 이의 없이 동의할 수 밖에 없는 조약을 체결하기 위해서는, 6년 전에 이미 연합국과 일본이 합의해서 연합국이 이미 집행한 것을 그대로 조약문의 내용으로 할 수 밖에 없다고 결정해 버렸던 것이다. 1949년 이후 미국 국무부 일부 행정관리들의 독도를 일본에 귀속시키려는 로비 따위는 이 큰 목적을 위해 이 때 이미 완전히 무시되고 부정되었다.

덜레스 준비위원장의 일본의 영토주권의 정의에 대한 이 유권적 해석은 이미 6년 전에 일본과 연합국이 합의했던 바이고, SCAPIN 제677호에 의하여 연합국(연합국최고사령관)이 이미 집행해 버린 사실을(actually carried into effect 6 years ago) 다시 '비준'(ratify)하는 것이기 때문에, 일본은 물론 어느 연합국도 반대하기가 어려운 것이었다. 노련한 외교가이며 국제법 변

---

123 정병준, 『독도 1947』, 돌베개, pp. 503~506.

호사 출신인 평화조약 준비위원장은 스마트한 결정으로 극히 간결화된 평화조약문에 연합국과 일본의 누구도 거부할 수 없도록 내용을 담고 동의 비준을 받아낸 것이었다. 덜레스 위원장의 설명에 의하여 1951년 연합국의 對일본 평화조약 제2장 제2조 (a)항의 한국(Korea)에 대한 일본의 모든 포기는 포츠담선언의 일본 항복조건 제8조에 및 그 집행인 SCAPIN 제677호의 내용에 일치시켜 해석되어야 함이 명백하게 밝혀지고 공표된 것이다. 그러므로 독도는 본 조약문에는 명칭이 없어도 연합국이 이미 실제로 집행한 SCAPIN 제 677호에는 '독도'(Liancourt Rocks) 명칭과 함께 한국영토임이 기록되어 있었으며, 샌프란시스코 평화조약에서 재비준, 재확인된 것이다.

샌프란시스코 對일본 평화조약은 48개국이 서명했는데, 일본 대표단에서는 단장(일본수상) 요시다 시게루(吉田 茂), 이케다 하야토(池田勇人), 토마베치 기조(苫米地義三), 호시지마 니로(星島二郎), 토쿠가와 무네요시(德川宗敬), 이사토 이치마다(一万田尙登)등 전권위원 6명이 서명하였다. 일본 수상(단장) 요시다 시게루 이하 일본 전권사절단 대표들이 덜레스 준비위원장의 일본영토는 '포츠담선언 제 8조와 그 이미 실제로 집행된 것(SCAPIN 제 677호)에 한정된다는 유권적 해석을 1951년 9월 5일 문서화된 소책자로서도 읽고 유권적 해석 연설도 경청하여 이 조약에서 독도가 영구히 한국영토로 국제법상 재비준·재확정된다는 사실을 숙지한 다음에, 이틀 동안 심사숙고하여 잘 확인한 후 1951년 9월 8일 샌프란시스코 평화조약에 동의 서명한 것이므로 국제법상 독도는 샌프란시스코 조약에서도 한국영토로 재비준되고 재확인된 것이었다.

8) 이뿐만 아니라 샌프란시스코 對일본 평화조약은 "제 19조 (d)항"에서 연합국(연합국최고사령관)의 군정기간(1945. 9. 2.~1952. 4. 28.)에 발령한 모든 지령(directives)의 효력을 영구히 보장하였다. 즉 연합국의 일본에 대

한 군정기간에 포함된 연합국최고사령관의 1946년 1월 29일 SCAPIN 제677호 지령 효력을 다음과 같이 거듭 보장하였다.

> 「(제19조 d항) 일본정부는 점령기간 동안 점령당국의 지령에 따라 또는 그 지령의 결과로 행해졌거나, 당시의 일본법에 의해 인정된 모든 조치 또는 생략행위의 효력을 인정하며, 연합국 국민들에게 그러한 조치 또는 생략행위로부터 발생하는 민사 또는 형사책임을 묻는 어떠한 조치도 취하지 않는다.」

따라서 점령당국인 연합국최고사령관이 점령기간(1945.9.2.~1952.4.28.)에 지령(directives)을 발하여 집행한 행위는 샌프란시스코 평화조약에서 일본정부가 인정하여 그 후 소송하지 않는다고 동의하여 비준하였다. 따라서 점령기간 동안인 1946년 1월 29일 점령당국인 연합국최고사령관이 지령 제677호(SCAPIN No. 677)로 독도 (Liancourt Rocks)를 일본에서 제외하여 한국에 반환한 행위는 일본정부가 인정하여 영원한 효력을 가지며, 일본은 이를 부정하는 어떠한 조치도 취하지 못하도록 거듭 합의 비준되어 있는 것이다.

샌프란시스코 연합국의 對일본 평화조약(1951. 9. 8)에 의하여 포츠담선언 제8조 및 그 집행인 SCAPIN 제677호의 독도=한국영토의 집행조치의 효력이 연합국과 일본에 의해 비준됨으로써 대한민국의 독도영유권은 영구히 국제법상 일백퍼센트 완벽하게 국제사회에서 다시 정립되고 다시 확인되었으며 다시 공인된 것이다.

V. 일본국회와 국왕의 SCAPIN 제677호를 포함한 샌프란시스코 평화조약 비준과 재가

1) 일본 헌법에는 정부의 국제조약 체결은 반드시 국회(중의원과 참의원)의 비준 승인과 국왕('천황')의 재가를 받아야 완결된다고 규정하고 있다.

독도(Liancourt Rocks)가 일본영토에서 제외되어 원주인인 한국영토로 귀속된 SCAPIN 제677호를 포함한 샌프란시스코 평화조약을 요시다 일본대표단 귀국 후 일본 중의원과 참의원은 비준 승인했을까?

비준 승인하였다. 귀국 후 일본정부는 이어서 샌프란시스코 '평화조약'의 비준 승인을 먼저 중의원에 신청하였다. 이 때 일본정부는 일본어로 샌프란시스코 평화조약 조약문을 번역함과 동시에 평화조약에서 채택되었다고 공표된 포츠담선언 제8조의 집행인 연합국최고사령관의 'SCAPIN 제677호의 부속지도'를 번역한 〈그림 3-7〉과 같은 「일본영역참고도(日本領域參考圖)」를 참고자료로 평화조약문 머리에 붙여서 제출하였다.[124] 일본

---

124 정태만, 「·'일본영역참고도'와 연합국의 대일평화조약」, 독도연구보전협회 2015년도 학술대회 논문집, 2015. 참조

〈그림 3-7〉「일본영역참고도」(1951년)(부분)

중의원 '평화조약 및 일미안전보장조약 특별위원회'에서는 1951년 10월 11일부터 10월 25일까지 9차에 걸쳐 샌프란시스코 '대일본 평화조약'을 검토하고, 10월 26일 일본 중의원은 본 회의에서 승인 가결하였다. 이 때 일본 정부가 독도를 한국영토로 번역하여 그린 「일본영역참고도」를 일본 중의원이 읽고 이를 승인했음은 물론이다.

일본정부는 참의원에도 동일한 평화조약 승인을 신청하였다. 참의원 특별위원회에서는 10월 18일부터 11월 17일까지 무려 1개월 동안 21차에 걸쳐 심의한 후, 일본 참의원도 11월 18일 샌프란시스코 평화조약을 승인 가결하였다. 이 때 「일본영역참고도」가 제출되었을 것은 당연한데, 현재 참의원 관계자료에 보관되어 있지 않다. 이것은 독도가 일본영토에서 제외되어 한국영토로 표기된 것이 문제가 되어서 후에 토론한 자료의 지도 보관을 일부 다른 곳으로 옮긴 것으로 추정된다. 그러나 이것은 자료보관 문제일 뿐이지, 객관적 사실은, 일본 참의원도 중의원의 경우와 마찬가지로 샌프란시스코 평화조약이 연합국최고사령관의 SCAPIN 제677호를 재확인한 샌프란시스코 평화조약을 심의하여 비준 승인한 것이다.

일본 국회(중의원과 참의원)에서, 일본정부 대표단(단장 요시다 시게루 수상)이 1951년 9월 8일 샌프란시스코 평화회의에서 동의 비준 서명한, 즉 독도를 한국영토로 결정한 SCAPIN 제677호를 영구히 재확인한 샌프란시스코 평화조약을 승인비준(중의원, 1951년 10월 26일; 참의원, 1951년 11월 18일)한 것은 일본국회도 독도(Liancourt Rocks)가 샌프란시스코 평화조약

일본정부가 만든 「일본영역참고도」 한국과 일본 부분은 SCAPIN 제677호 부속지도의 한국과 일본 부분은 그대로 일본어로 번역한 지도였다. 단지 독도(죽도)가 한국영토로 귀속된 것을 표시하는 반원 부분의 오른쪽 일본영토위치에 "죽도 Takeshim(Liancourt Rocks)" 글자를 크게 써넣어 눈에 덜 띄게 분식했을 뿐이다. 샌프란시스코 평화조약에서 일본대표단이 독도가 한국영토로 결정된 SCAPIN 제677호를 포함한 사실을 인지한 후 조약에 비준 동의하고 온 사실을 일본 국회의원들의 눈에 덜 띄게 자극하지 않도록 노력한 흔적이다.

에 의해 일본영토에서 영구히 제외되어 원주인 한국의 영토로 영구히 귀속 재확정되고 재공인되었음을 잘 알고 승인 비준한 것이었다.

일본에서 샌프란시스코 평화조약은 최종적으로 1951년 11월 19일 '일본 천황'이 재가하였다. 이로써 일본의 모든 절차가 종료되었다.

일본정부는 1951년 11월 28일 평화조약의 '천황'의 인증서를 미국정부에 기탁하였다.

샌프란시스코 평화조약은 일본과 연합국의 국내 비준 승인 필요 조건의 절차가 1952년 4월 28일 완료되어, 효력을 발휘해서 일본은 이 날짜로 재독립되었다.

2) 일본이 재독립되자 약 1개월 후인 1952년 5월 25일자로 일본 마이니치(每日)신문사에서 『대(對)일본 평화조약』이라는 616쪽의 평화조약 해설서를 발행하고, 그 첫머리에 샌프란시스코 평화조약에서 일본과 연합국과 합의해 국제적으로 승인받은 〈그림 3-7〉과 같은 「일본영역도(日本領域圖)」를 수록하였다. [125]

이 「일본영역도」에서는 사실대로 獨島(Liancourt Rocks, 竹島)는 〈그림 3-7〉과 같이 일본에서 제외되어 '조선'령으로 귀속되어서 한국 독도와 일본 오키도 사이에 영토 경계선을 표시하였다. 이 「일본영역도」는 SCAPIN 제677호 부속지도와 그 번역인 「일본영역참고도」와 동일한 지도이다. 단지 동해를 세로로 빗겨 지르는 ―·― 선 대신 독도(竹島)가 일본에서 제외되어 울릉도와 함께 "조선(朝鮮)"에 속한 것을 곡선으로써 한국영토로 표시했을 뿐이다. 이 「일본영역도」는 샌프란시스코 평화조약에서 SCAPIN 제677호가 내용에서 재확인 재공인되었고, 따라서 독도(獨島)가 한국영토로 재확인 재공인되었음을 명증하여 일본국민과 독자들에게 알린 것이다.

---

125 신용하, 『한국의 독도영유권 연구』, 경인문화사, 2006, pp. 332~334 참조

〈그림 3-9〉 ①「SCAPIN 제677호의 부속지도」와 ②「日本領域參考圖」
(1951)와 ③「日本領域圖」(1952)의 비교

3) 샌프란시스코 평화조약의 내용에서 SCAPIN 제677호가 재확인 재공
인되었다는 사실은 ①1946년 1월의 SCAPIN 제677호의 부속지도와 ②1951
년 10월 일본 중의원에 제출된 「일본영역참고도」와 ③1952년 5월 일본 마
이니찌신문사의 『對일본 평화조약』의 「일본영역도」를 비교해보면 3자가
모두 동일하다는 사실에서 잘 알 수 있다.

즉 3개 지도가 동일하다는 사실은 1951년 9월 8일 샌프란시스코 '對일

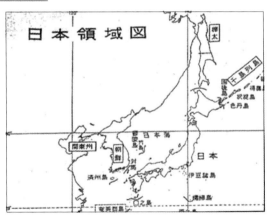

〈그림 3-8〉 每日新聞社, 『對日本平和條約』의
「일본영역도」, 1952

본 평화조약'의 일본영토 규정에 포츠담선언의 일본 항복조건 제8조 및 그
집행인 연합국 SCAPIN 제677호를 적용했고, 그에 따라 獨島(Liancourt
Rocks, Takeshima)는 일본영토에서 제외하여 한국영토로 다시 확정하고 다
시 공인했다는 사실을 일본측도 잘 인지하고 승인 비준했음을 증명하는
것이며, 거듭 이를 확인하여 알 수 있게 하는 것이다.

연합국의 샌프란시스코 對일본 평화조약은 연합국(및 협력국)과 일본이
합의해서 서명 비준한 국제법상의 조약이므로, 獨島는 샌프란시스코 평화
조약에서도 국제법상 대한민국의 완벽한 영토로 재법인된 것이다. 따라서
독도가 국제법상 일본의 영토라는 일본측의 주장은 완전히 잘못된 것이며,
완전히 허위이다. 獨島는 샌프란시스코에서 체결된 연합국의 對일본평화
조약에 의해서도 연합국과 일본의 동의 비준을 마친 국제법상 영구히 대
한민국의 완벽한 영토임이 진실인 것이다.

VI. '러스크 서한'의 문제에 대한 답변

셋째 문제인 '러스크 서한'은 샌프란시스코 평화 조약문 해석에 적용이
가능한가? '러스크 서한'은 이미 사문서로 폐기되어 샌프란시스코 평화조
약 해석에는 적용되지 않는 러스크 개인의 '러스크 노트'에 지나지 않는
것이다. 그 과정을 다음과 같이 간단히 추적해 볼 수 있다.

샌프란시스코 조약이 체결되기 약 1개월여 전 미국 국무부가 보내온 회
람문서에 당시 부산에 있던 한국 정부는 두 차례(1951년 7월 19일과 1951
년 8월 2일) 미 국무부에 보낸 답신 의견서에서 몇 가지 사항을 평화회의
에서 반영시켜주도록 요청하였다. 그 요점은 ①한국을 對일본 참전국으로
인정하여 조인국에 포함시켜줄 것, ②독도와 파랑도를 한국영토에 포함시
킬 것[126], ③한국에 있는 일본인의 재산청구권을 포기할 것, ④어업보호선

으로서의 맥아더 라인을 존속시킬 것 등이었다.

1951년 8월 2일~10일의 시기에는 덜레스 평화조약 준비위원장과 영국 측이 미·영 합동초안에서 포츠담선언 항복조건과 SCAPIN 제677호에 의거하여 일본영토를 처리하기로 내락이 되어 있던 시기였다. 따라서 이 때 그들 사이에서는 리앙쿠르 岩島(獨島, 다케시마)는 일본에서 제외되는 것으로 합의되어 있었다.

그러나 미 국무부의 러스크 차관보가 덜레스 위원장의 승인도 받지 않고 주미한국 대사 양유찬에게 답장의 서한 형식으로 1951년 8월 10일 덜레스 위원장 및 영국 측 견해와는 다른 견해의 답신을 보내왔다. 소위 "러스크서한(Rusk letter)"이라고 통칭하는 이 편지에는 한국의 독도 영유를 인정하지 않고 일본영유로 간주한다는 요지의 다음과 같은 내용이 서술되어 있었다.

각하
귀하가 보낸 일본과의 평화조약의 초안에 관하여 미국 정부의 재고를 요청하는 1951년 7월 19일 및 8월 2일자의 문서를 확실히 수령했음을 알려드립니다.
초안 제2조 (a)항을, 일본은 "한국, 및 제주도, 거문도, 울릉도, 독도 및 파랑도 등 일본에 의한 한국 합병 이전에 한국의 일부였던 여러 섬들에 대한 모든 권리, 주권 및 청구권을 1945년 8월 9일에 포기한 것을 확인한다"고 규정하도록 수정해야 한다는 대한민국 정부의 요구에 대해서, 유감스럽지만 미국 정부는 그 제안에 동의할 수 없습니다.
미국 정부는, 1945년 8월 9일의 일본에 의한 포츠담 선언 수락에 의해

---

126 한국정부는 이에 앞서 덜레스 미국초안(1951. 3)에 대한 답신서(1951. 5. 7)에서 이승만 대통령의 주장에 따라, 영토문제에서는 '대마도'의 한국 반환, '맥아더 線' 지속, 평화조약 참가 서명조인국, 재한 일본인 재산몰수, 재일 한국인 재산회복 등을 포함해 주도록 요구하였다.

동선언의 대상이 되는 지역에 대하여 일본이 공식적, 또는 최종적으로 주권을 포기했다고 하는 이론을 평화조약에서 채택해야 한다고 생각하지 않습니다.

독도, 다케시마, 혹은 리앙쿠르 암으로서 알려져 있는 섬에 대하여, 우리 측의 정보에 의하면, 평상시 사람이 거주하지 않는 이 암초는, 한국의 일부로서 취급되었던 적은 전혀 없으며, 1905년경부터, 일본의 시마네 현 오키도청의 관할하에 있었습니다. 이 섬에 대하여, 한국에서 지금까지 주권을 주장한 적이 있다고 보이지 않습니다. "파랑도"가 본 조약으로 일본에 의해 포기되는 섬에 포함되어야 하는 것이라고 하는 한국정부의 요구는 취하되었다고 이해합니다. (…)[127]

러스크 서한의 독도를 일본 영토로 간주한다는 이유 설명은 바로 1946년 1월 연합국의 SCAPIN 제677호로써 한국영토로 반환된 독도(Liancourt Rocks)를 시볼드가 일본영토로 옮겨달라고 로비할 때 1949년 미국 국무부에 보낸 설명 내용과 완전히 동일한 것이었다. 또한 이것은 시볼드의 로비를 반영하여 제6차 미국 초안을 만들었다가 연합국 극동위원회 위원국가들의 동의를 얻지 못해서 덜레스 준비위원장에 의해 이미 폐기당한 (미국 제6차) 초안의 독도 설명 내용과 동일한 것이었다.

현재 일본 정부는 이 '러스크 서한'을 미국이 일본의 독도영유권을 승인했고, 따라서 샌프란시스코 조약에서 일본의 독도영유권을 승인받은 증거인 것처럼 오용하고 있다.[128]

---

127 원문은 신용하, 『독도영유권자료의 탐구』 제3권, 2000, pp. 379~381 참조.
128 일본외무성, 『다케시마 문제를 이해하기 위한 10의 포인트』(2008~현재) 〈포인트 7〉에서 "이상 주고받은 문서(양유찬의 요청서와 러스크 서한)를 바탕으로 샌프란시스코 평화조약에서 다케시마가 일본영토임을 인정하고 있음은 명백한 사실이다"라고 한 것은 완전히 거짓이고 오류이다. 러스크 서한은 샌프란시스코 조약에서 전혀 참고조차 되지 않았고 알지조차 못했던 것으로, 미국 대표 덜레스가 샌프란시스코 평화조약의 일본영토 조항(제2조 제2항)의 유권적 해석을 내릴 때, "사적 이해"(private understanding)이라고 규정한 견해에 포함되는 개인적 편지 또는

그러나 이 '러스크 서한'은 미국 정부(국무부)의 공식 문서가 전혀 아니었다. 미국 국무부의 공식문서 용지를 사용하여 공식문서 작성 양식을 사용하지 않았고, 국무부의 문서번호도 없으며, 러스크 개인의 개인용 타자용지에 개인의 사적 편지 형식으로 보낸 것이었다. 비록 러스크의 직책이 당시 미국 국무부 극동담당 차관보였다 할지라도, 이것은 그의 사적 편지의 일종이었지, 미국 국가나 정부의 견해는 아니었다. 국무장관(애치슨) 또는 미국 대표단장(덜레스)의 서명도 아무것도 없었다. 미국 외교의 관례로 동일한 내용을 일본측에도 알렸다는 참조 표시도 없었다. 그러므로 러스크 서한은 미국 국무부 차관보 러스크가 자기 개인의견은 일본을 위해 로비하는 행정관 시볼드와 동일하게 독도는 일본이 1905년 한국 정부의 반대표시 없이 일본에 편입된 섬이므로 일본영토로 간주한다는 러스크의 개인 견해를 알려준 사적 편지에 불과한 것이었다.

그렇다면 미국 정부의 입장은 무엇인가? 그것은 샌프란시스코 평화회의 준비위원장이며 평화조약 조약문 작성자인 미국 대표단장 덜레스의 1951년 9월 5일 샌프란시스코 평화회의장에서의 평화조약문의 유권적 해석 설명을 통해서 명료히 알 수 있다.

첫째, 앞장에서 이미 밝힌 바와 같이 덜레스 미국 대표는 샌프란시스코 조약의 일본영토는 연합국의 "포츠담선언 제8조와 그 이미 집행한 것(SCAPIN 제677호)"을 그대로 비준하는 것이라고 1951년 9월 5일 평화회의장에서 평화회의 51국 대표들에게 조약문의 유권해석을 내리면서, 이 이외의 개인 및 국가의 여러 가지 해석들은 모두 '사적(私的) 이해'(private understanding)에 불과하고, 조약문 작성 책임자인 덜레스 자신의 이 해석이 정확히 유일한 유권적 해석임을 명료하게 설명하였다.

개인적 노트일 뿐이다. 러스크 서한은 샌프란시스코 조약에는 전혀 영향을 끼치지 못한 개인 서한이다.

덜레스 미국 대표의 1951년 9월 5일자 이 유권적 해석을 1951년 8월 10일자 미국 국무차관보 러스크 서한에 적용하면, '러스크 서한'은 국무차관보 러스크의 '사적 이해'에 불과한 것이다. 러스크 서한은 미국의 국가나 정부 견해가 전혀 아니라, 러스크의 '사적 이해'에 지나지 않은 것이었다. 현재 일본 정부의 주장은 전적으로 오류인 것이다.

둘째, 미국 정부의 입장은 덜레스가 1953년 미국 국무장관에 재임했을 때 독도 문제에 대하여 주일본 미국대사 앨리슨(John M. Allison)에게 보낸 1953년 12월 9일자 전보문에서도 매우 명료하게 드러난다. 1953년 일본 측의 독도상륙 시도로 한·일 간에 긴장상태가 팽배해있을 때, 주일본 미국대사 앨리슨이 러스크 서한을 근거로 삼아 미국은 일본 입장을 지지해주자고 제의하자, 직속상관인 국무장관 덜레스는 이를 강력히 거절하면서 1953년 12월 9일자로 급히 전보문을 주일본 미국대사에게 공문으로 발송하였다.[129] 그 내용과 요지는 다음과 같다.[130]

①덜레스 국무장관은 주일본 미국대사(앨리슨)가 내세운 '러스크 서한'(Rusk letter)을 '러스크 노트'(Rusk note)라고 규정하고 표현하였다. 이것은 덜레스가 '러스크 서한'을 미국 외교공문서로 인정하지 않고 러스크의 개인적 사적 노트로 규정하고 있음을 나타낸 것이다.

②미국은 1951년 8월 10일 러스크 노트(Rusk note)의 독도 주권에 관한 언급을 당시 일본에게도 통보한 바 없다고 지적하였다. 이것은 러스크 노트가 미국 정부의 공식 결정에 의한 통보가 아니라, 국무차관보 러스크가 자기의 개인적 견해를 편지형식으로 주미국 한국대사(양유찬)에게 통보한 것임을 지적한 것이다. (미국은 양국의 관련 문제에 대한 미국 정부의 공

---

129 나홍주, 「'러스크 서한'을 번복시킨 덜레스 장관의 조치 검토」, 독도연구, 제24호, 2018 참조.
130 신용하, 『독도영토주권의 실증적 연구』(하), 동북아역사재단, 2020, pp. 467~470 및 이 책 제4부, 자료편 pp. 287~289 참조.

식 입장 결정은 양국에게 동시에 통보하는 관례와 규범이 있었다)

③미국의 공식 입장은 연합국의 샌프란시스코 對일본 평화조약의 포츠담선언 항복조건 아래서 결정된 일본영토 정의를 존중하고 따르는 것이라고 훈령하였다.

④독도 주권에 대한 미국의 입장은 포츠담선언 항복조건 아래서 결정된 샌프란시스코 평화조약에 서명한 연합국의 하나로서 연합국과 함께 한 것이다. 미국 행정관들이 독도를 일본영토로 남겼다고 해석하는 행정적 결정이 있었다는 주장이 있다고 할지라도, 미국 정부의 공식 입장은 연합국의 하나로서 포츠담선언 항복조건을 실행한 샌프란시스코 평화조약의 일본영토 정의에 의거하는 것이다. 샌프란시스코 평화조약은 미국과 일본의 조약이 아니라 연합국과 일본의 조약이며, 미국은 연합국의 하나였음을 주의하여 연합국의 결정을 존중해야 한다고 훈령하였다.

즉 미국 국무장관 덜레스는 당시 '러스크 서한'의 독도에 대한 입장을 당시 미국의 공식 입장이 아니라 국무차관보 러스크의 개인적 이해나 입장이라고 알려준 것이다. 미국의 공식적 입장은 연합국과 함께 포츠담선언의 항복조건의 이미 집행한 것을 재비준한 샌프란시스코 평화조약에 의거한 것임을 강조하였다.[131]

---

131 미국 국무장관 덜레스(샌프란시스코 평화조약 체결 때의 준비위원장 겸 미국 대표이며 조약문 작성 책임자)는 샌프란시스코 조약은 포츠담선언의 일본항복조건 제8조에 의거하여 연합국의 합의로 독도(Liancourt Rocks)를 일본영토에서 제외하여 원주인 한국에 반환한 것이므로, 이제 와서 미국 국무부 행정관 일부가 독도를 일본영토로 해석해주기로 행정적 결정을 합의하는 경우에도 이것은 불가능함을 자기의 비서관을 지냈던 주일 미국대사 앨리슨에게 알려준 것이다. 왜냐하면 샌프란시스코 조약은 미국과 일본 간의 조약이 아니라, 연합국과 일본 간의 조약이며 국제법상 미국은 연합국의 하나에 지나지 않기 때문이다. 덜레스는 샌프란시스코 조약 해석에 분쟁이 있을 때를 대비해서 조약 제22조를 설정해 두었으니, 일본이 지금 와서 불만이 있으면 '국제사법재판소'에 당사국과 함께 기탁하여 판결을 받는 방법 밖에 없다고 충고하였다. 국제사법재판소의 관할권 요구 신청에 일본은 가입

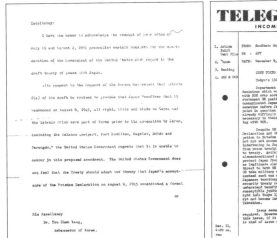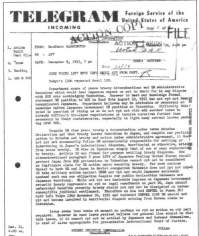

〈그림 3-10〉 러스크 서한(1951. 8. 10. 왼쪽)과 덜레스 전보(1953. 12. 9. 오른쪽)

다시 말하면, 샌프란시스코 평화조약 이전에 쓴 '러스크 노트'에 불과한 '러스크 서한'을 미국 대표단 단장이며 對일본 평화조약문 작성 책임자(덜레스)가 그 직후 평화회의 회의장에서 51개국 대표들 앞에서 공개적으로 유권적 해석의 연설문 소책자와 유권적 연설로서 이것을 '사적 이해'(private understanding)에 불과한 것이라고 부정했었다. 그 뒤에 1953년 주일본 미국 대사에게도 이미 2년 전에 조약문 작성자인 덜레스 자신이 '러스크 서한'

───────

했으나, 한국과 미국 등은 가입하지 않았다. 그러므로 일본은 독도 문제를 국제사법 재판에 기탁하려면 단독 소송은 불가능하고, 먼저 한국의 동의를 얻어서 공동으로 기탁하지 않으면 안건 성립이 되지 않는다. 한국은 우산도와 석도·독도의 호칭으로 독도를 역사적 고유영토로 영유해오다가 1905년에 독도를, 1910년에 한반도 전체를 일본에게 침탈당했으나 1945년 8월 15일 광복과 SCAPIN 제677호에 의거해 다시 회복했으며, 이것을 1951년 9월 8일 샌프란시스코 조약에서 국제법상 다시 재확인·재법인 받았다. 국제법상 완전한 한국영토로서 법인 받은 독도를 후에 일본이 요구한다고 해서 한국 정부가 자기의 완전한 영토를 국제 재판의 도마 위에 올려놓는 어리석은 매국행위를 할 리가 없으니 독도는 영구히 한국영토로 남게 된 것이다.

은 미국의 공식 견해가 아니라 러스크 개인의 '사적 이해'에 불과하고 러스크 편지는 '러스크 노트'에 불과한 것임을 거듭 부정하여 알려주었다.

샌프란시스코 평화조약은 포츠담선언 항복조건 제8조와 그 이미 집행한 SCAPIN 제677호를 채택하여 독도가 한국영토임을 재확인 했는데, 오늘날의 일본 정부가 개인편지 '러스크 서한'을 샌프란시스코 평화조약이 일본의 독도영유권을 인정한 증거자료로 주장하고 제시하는 것은 전적으로 황당무계한 거짓이고 전적으로 오류인 것이다.

1951년 8월 10일자 '러스크 서한'의 내용은 1951년 9월 5일 미국대표(덜레스)에 의해 미국의 공식 입장이 아니고 '사적 이해'에 불과하다고 부정되었고, 1953년 12월 9일 미국 국무장관(덜레스)의 전보문으로 다시 부정되었다. 그러므로 '러스크 서한'은 독도영유권에 대한 일본의 증거자료로서는 완전히 무효의 것이다. 하물며 이 거짓 사문서로 샌프란시스코 평화조약이 일본의 독도영유권을 승인한 증거문서로 사용하다니, 이것은 일본 외무성의 망발이고 완전 사기행위에 불과한 것이다.

독도영유권에 대한 국제법적 증거자료는 1951년 9월 8일 연합국과 일본이 모두 서명 비준한 샌프란시스코 對일본 평화조약의 내용이며, 그것은 포츠담선언 항복조건 제8조 및 그 이미 집행한 SCAPIN 제677호와 평화조약 제19조(a)항의 내용인 것이다.

VII. 맺음말

지금까지의 고찰에서 밝힌 바와 같이, 머리말의 세 가지 의문에 대해서는 다음과 같은 요지의 답변을 결론적으로 말할 수 있을 것이다.

1) 연합국최고사령관은 1946년 1월 29일 SCAPIN 제677호를 발령하여 일본영토의 일부인 "우리들(연합국)이 결정하는 작은 섬들"에 대한 일본영

토를 규정할 국제법상의 지위와 권한을 갖고 있었다. 그 이유와 근거는 연합국은 1945년 7월 26일 포츠담선언 항복조건 제8조에서 일본영토로서 본주·북해도·구주·사국을 지정하고, 그 주변의 작은 섬들에 대해서는 일본 항복 후에 일본을 점령 통치하는 연합국(우리들)이 결정할 것이라고 했는데, 일본이 1945년 8월 15일 포츠담선언을 모두 수용하여 연합국에 무조건 항복했고 항복문서에서 일본 정부와 그 승계자는 포츠담선언의 규정을 성실히 수행한다고 동의 서명하여 확약했기 때문이다. 일본 정부의 항복문서로 일본의 동의를 받은 연합국은 1945년 9월 일본 통치기관으로 연합국최고사령관을 동경에 두어, 1946년 1월 29일 연합국최고사령관 지령(SCAPIN) 제677호로서 "우리들(연합국)이 결정하는 작은 섬들"의 결정을 국제법상 합법적으로 집행한 것이었다.

그러므로 연합국최고사령관(SCAP)은 연합국의 일본 통치기관으로서 국제법상 합법적으로 (이미 결정된 일본의 4개 큰 섬인 북해도·본주·구주·사국을 포함하여) 그 주변의 작은 섬들의 일본영토 포함 또는 제외의 결정 권리를 갖고 이를 결정 집행한 것이며, 일본은 1945년 9월 2일 사전에 이를 무조건 수용하여 성실히 수행할 것을 연합국과 미리 합의한 것이었다.

따라서 연합국최고사령관이 SCAPIN 제677호에서 '독도'(Liancourt Rocks)를 일본영토에서 제외하여 한국영토로 반환한 것은 국제법상 일본영토를 결정할 합법적 권리를 갖고 판정한 것이다.

2) 1952년 9월 8일 샌프란시스코에서 체결된 연합국의 對일본 평화조약의 조약문 작성책임자는 미국대표단 단장(미국 대통령특사)이며 평화조약 준비위원장인 덜레스(John Foster Dulles)였다. 평화조약 일본영토 규정의 한국 관련 부분은 제2장 제2조 (a)항에 "일본은 한국(Korea)의 독립을 인정하고, 제주도·거문도·울릉도를 포함하여 한국에 대한 모든 권리·권원·청구권을 포기한다"는 한 줄로 매우 간단히 규정되어 있다. 한국 주변에는 3,000여 개의 작은 섬들이 있는데 이것들은 어떻게 되며 독도는 어떻게 되

는지 오해가 없도록 유권적 해석이 필요하였다.

평화조약문 작성책임자인 덜레스는 1951년 9월 5일 오후에 평화회의 참가 51개국 대표 앞에서 무려 4시간에 걸쳐 장시간 간단한 평화조약문에 대한 '유권적 해석'을 내리는 책자를 배포하고 연설을 하였다. 일본영토 조항에 대해서는 연합국과 일본이 6년 전에 이미 합의한 "포츠담선언 항복조건 제8조와 그 이미 집행한 것"을 그대로 평화조약이 다시 비준한 것이라고 유권적 해석의 설명을 하였다.

포츠담선언 제8조와 그 이미 집행한 것은 SCAPIN 제677호를 그대로 평화조약에서 다시 비준함을 의미한 것이었다. SCAPIN 제677호에서 연합국의 일본 통치기관인 연합국최고사령관은 독도(Liancourt Rocks)를 일본영토에서 제외하여 한국영토로 반환 부속시켰으므로, 조약문의 문장에는 쓰지 않았더라도 내용은 샌프란시스코 평화조약에서 독도는 일본영토에서 제외되어 한국영토로 재법인되고 재확인된 것이다.

샌프란시스코 평화조약의 일본영토 규정은 포츠담선언 제8조와 그 이미 집행한 SCAPIN 제677호(독도를 영구히 대한민국 영토로 공인)를 다시 비준한다는 유권적 해석을 일본도 정부·중의원·참의원·천황 등이 독도가 한국영토로 그려진 지도들까지 확인 후에 수락하여 연합국과 일본이 모두 함께 비준 서명한 것이므로, 내용에서 국제법상 독도(獨島)는 샌프란시스코 조약에서 최종적으로 일본영토에서 제외되어 영구히 대한민국 영토로 다시 비준된 것이다.

3) 미국 국무부 국무차관보 러스크는 1951년 8월 10일 주미 한국대사 양유찬에게 독도는 1905년에 한국 정부의 항의 없이 일본이 영토 편입한 섬이므로 1905년부터 독도는 일본영토이고 한국영토가 아닌 것으로 미국은 간주한다는 요지의 개인 편지를 보냈다. 그러나 한 달 뒤인 1951년 9월 5일 미국대표 덜레스는 샌프란시스코 평화회의 51개국 대표 앞에서 독도를 일본영토에서 제외하여 원주인 한국영토로 반환시킨 SCAPIN 제677호를

포함한 연합국 "포츠담선언 제8조와 그 이미 집행한 것"을 그대로 비준한 다는 유권적 해석을 하였다. 국제법에서는 조약은 뒤의 것이 앞의 것을 무효화하여 공인되며, 조약은 조약체결의 능력과 권리를 가진 대표의 서명한 것만이 공식 체결된 것으로 공인된다. 덜레스의 유권적 해석은 러스크 편지의 견해보다 뒤의 것이며, 덜레스는 국무장관 애치슨과 함께 평화조약에 서명한 미국 대표인데 비해서, 러스크는 미국 국무부의 차관보에 불과하였다. 따라서 미국의 입장은 덜레스의 입장과 행위가 대표하는 것이지, 러스크의 개인 입장과 행위는 무효이고 무의미한 것이다.

덜레스는 1951년 9월 5일 평화조약의 일본영토 조항의 유권적 해석에서 일본영토 정의는 연합국과 일본이 합의한 "6년 전의 포츠담선언 제8조와 그 이미 집행한 것"만 "유일한 정의"(the only definition)이지 그 밖의 여러 나라의 집단이나 개인의 정의나 견해는 모두 "사적 이해"(private understanding)라고 선언적으로 설명하였다. 덜레스는 그가 평화조약 조약문의 작성자이기 때문에 이것은 절대적인 유권적 해석의 설명인 것이다. 덜레스의 이 해석에 따르면 러스크 서한은 러스크의 한 개 "사적 이해"에 불과한 것이다.

평화조약이 체결되어 일본이 재독립한 후, 1953년 주일본 미국대사 앨리슨이 당시 국무장관인 덜레스에게 평화조약문에 '독도'(Liancourt Rocks) 명칭이 없는 것을 기회로 미국은 러스크 서한과 같이 일본 입장을 지지하자고 제의했을 때, 덜레스는 긴급 전보문을 보내어, '러스크 서한'(Rusk letter)은 미국의 공식문서나 입장이 아니라 개인의 사적 러스크 노트(Rusk note)에 불과하다고 다시 설명해 주었다. 이것은 러스크 서한이 공적 외교문서가 아니라 차관보의 사적 노트라고 오용하지 않도록 정확히 지적해준 것이다.

러스크 서한은, 덜레스가 지적한 바와 같이, ①미국의 공식 입장이 아니라 러스크의 개인적 사적 이해이고 개인적 노트에 불과하며 ②일본영토에 대한 미국의 공식입장은 포츠담선언 제8조와 그 이미 집행한 것(SCAPIN

제677호)을 비준한 샌프란시스코 평화조약을 존중하는 것이고 ③독도영유권에 대한 미국의 입장은 샌프란시스코 평화조약의 연합국 합의인 포츠담선언 제8조와 그 집행인 SCAPIN 제677호(독도를 한국영토로 판정 기록)를 존중하는 것이며, ④평화조약은 미국 단독으로 체결한 것이 아니라 미국도 연합국의 하나로 체결한 것이므로 국제사회가 이를 존중하고 있는 것이고 미국도 이를 존중해야 한다고 미국 국무장관 덜레스는 주일본 미국대사 앨리슨에게 훈령한 것이었다. 조약문 작성자인 러스크 위원장의 유권적 해석에 따라서 '러스크 서한' 따위는 평화조약 체결에 의해 완전히 무효화된 개인 노트로 처리되어 있는 것이다.

거듭 지적하면 독도영유권과 관련하여 '러스크 서한'은 미국의 공식 입장이 전혀 아니라 러스크의 개인적 사적 이해와 견해에 불과한 것이며, '개정 미·영 합동초안' 작성 때 이미 무효화된 것이다. 이것을 오늘날 일본정부가 연합국의 샌프란시스코 평화조약이 일본의 독도영유권을 승인해주었다고 거짓 주장하고 증거로 오용하여 국제사회를 기만하려는 것은 국제적 사기행위이며 매우 큰 잘못이다.

독도영유권과 관련된 샌프란시스코 평화조약 연구는 이 조약이 연합국의 포츠담선언 제8조와 그 집행인 SCAPIN 제677호를 재비준했다는 평화조약 조약문 작성책임자인 덜레스의 유권적 해석에 따라 진실과 일치한 방향으로 추진해야지, 일본측의 샌프란시스코 평화조약에서 포츠담선언과 SCAPIN 제677호는 폐기되었다는 허위 주장에 속아서는 안 될 것이다.

일본 정부·중의원·참의원·일본'천황'도 샌프란시스코 평화조약으로 국제법상 독도가 영구히 한국영토로 귀속 재공인되었음을 숙지한 후에 평화조약에 동의·비준·재가 했음을 다시 주목할 필요가 있다.

The San Francisco Peace Treaty and Korea's Territorial Sovereignty over Dokdo (Liancourt Rocks)

Shin Yong-ha

Abstract

The San Francisco Peace Treaty between Allied Powers and Japan signed on September 8, 1951 is interpreted to have abolished Paragraph 8 of the terms of surrender of Japan in the Potsdam Declaration and SCAPIN no. 677 and have newly adopted seven principles of peace following the inauguration of Chairman Dulles of the preparatory committee in 1950. As a result, in Article 2 (a) of Chapter Il Territory set forth a simple treaty text that reads, "Japan, recognizing the independence of Korea, and renounces all rights, titles, and claims to Korea, including Quelpart, Port Hamilton, and Dagelet." Since 'Dokdo' is missing in the names of islands renounced by Japan, Japan claims that Dodo is Japanese territory under the international law.

However, on tracing the historical process of formation of the treaty text, it can be seen that the opposite is true. The Allied Powers stated in Article 8 of the Potsdam Declaration dated July 26, 1945, "The Cairo Declaration shall be carried out, and the Japanese sovereignty will be limited to the Islands Honshu, Hokkaido, Kyushu, Shikoku, and such minor islands as we determined." The Allied Powers executed Paragraph 8 of the Potsdam

Declaration on January 29, 1946, with SCAPIN no. 677. In this execution, the Allied Powers excluded Dokdo (Liancourt Rocks) from Japanese territory and returned it to its original owner Korea.

The reason why Dokdo was missing in the Peace Treaty with Japan was that Dodo was an uninhabited island too small to be included in the treaty text. Instead, Dokdo was "transferred in full sovereignty to the Republic of Korea" (as the absolute territory of Korea) in the preparatory document Agreement Respecting the Disposition of Former Japanese Territories separately made by the United States Department of State.

Chairman Dulles provided a "concrete authoritative interpretation of the 'simple treaty text' in front of representatives from the 51 participating countries of the San Francisco Peace Talks on September 5, 1951. Here, Dulles declared that the treaty embodies article 8 of the Surrender Terms and the definition of Japanese territory was only to ratify the terms of surrender in the 1945 Potsdam Declaration, already execuied six years ago (and its execution, SCAPIN No. 677: Dokdo is included in Korean territory) again as a peace treaty.

In addition, Article 19 (d) of the San Francisco Peace Treaty set forth a provision indicating that "Japan recognizes the validty of all acts and omissions done during the period of occupation (September 2, 1945 until Japan's re-independence in 1952) under or in consequence of directives of the occupation authorities (SCAP) or authorized by Japanese law at that time, and will take no action subjecting Allied nationals to civil or ciminal liability arising out of such acts or omission." Therefore, the directives and actions with which Supreme Commander For the Allied Powers' promulgated SCAPIN No. 677 on January 29. 1946, which is within the occupation period, and returned Dokdo to Korean territory were already ratified by the Japanese government in the San Francisco Peace Treaty.

The House of Representatives of Japan approved the peace treaty on October 16, 1951, and the House of Councilors of Japan approved the peace treaty on November 18, 1951 after recognizing the San Francisco treaty text attached with the 'Japanese Territory Reference Map' in which Dokdo was drawn as Korean territory. When Japan became independent again on April 28, 1945, the Mainichi Shimbun of Japan attached the Japanese Territory Mapa, which is a map in which Dokdo was drawn as Korean territory to the massive guidebook titled Peace Treaty with Japan_(1952. 5. 25) thereby informing all Japanese readers that Dodo finally became Korean territory rather than Japanese territory.

Dodo has been reconfirmed and re-certified as an absolute Korean territory not only by history but also under the international law by the San Francisco Peace Treaty between Allied Powers and Japan in 1951.

제4부

샌프란시스코 평화조약과
독도영유권 관련 주요 자료

1. 포츠담 선언(Proclamation Defining Terms for Japanese Surrender, 1945. 7. 26.)

Proclamation Defining Terms for Japanese Surrender

Issued, at Potsdam, July 26, 1945

1. We-the President of the United States, the President of the National Government of the Republic of China, and the Prime Minister of Great Britain, representing the hundreds of millions of our countrymen, have conferred and agree that Japan shall be given an opportunity to end this war.

2. The prodigious land, sea and air forces of the United States, the British Empire and of China, many times reinforced by their armies and air fleets from the west, are poised to strike the final blows upon Japan. This military power is sustained and inspired by the determination of all the Allied Nations to prosecute the war against Japan until she ceases to resist.

3. The result of the futile and senseless German resistance to the might of the aroused free peoples of the world stands forth in awful clarity as an example to the people of Japan. The might that now converges on Japan is immeasurably greater than that which, when applied to the resisting Nazis, necessarily laid waste to the lands, the industry and the method of life of the whole German people. The full application of our military power, backed by our resolve, will mean the inevitable and complete destruction of the Japanese armed forces and just as inevitably the utter devastation of the Japanese homeland.

4. The time has come for Japan to decide whether she will continue to be controlled by those self-willed militaristic advisers whose unintelligent

calculations have brought the Empire of Japan to the threshold of annihilation, or whether she will follow the path of reason.

5. Following are our terms. We will not deviate from them. There are no alternatives. We shall brook no delay.

6. There must be eliminated for all time the authority and influence of those who have deceived and misled the people of Japan into embarking on world conquest, for we insist that a new order of peace, security and justice will be impossible until irresponsible militarism is driven from the world.

7. Until such a new order is established and until there is convincing proof that Japan's war-making power is destroyed, points in Japanese territory to be designated by the Allies shall be occupied to secure the achievement of the basic objectives we are here setting forth.

8. The terms of the Cairo Declaration shall be carried out and Japanese sovereignty shall be limited to the islands of Honshu, Hokkaido, Kyushu, Shikoku and such minor islands as we determine.

9. The Japanese military forces, after being completely disarmed, shall be permitted to return to their homes with the opportunity to lead peaceful and productive lives.

10. We do not intend that the Japanese shall be enslaved as a race or destroyed as a nation, but stern justice shall be meted out to all war criminals, including those who have visited cruelties upon our prisoners. The Japanese Government shall remove all obstacles to the revival and strengthening of democratic tendencies among the Japanese people. Freedom of speech, of religion, and of thought, as well as respect for the fundamental human rights shall be established.

11. Japan shall be permitted to maintain such industries as will sustain her economy and permit the exaction of just reparations in kind, but not those

which would enable her to re-arm for war. To this end, access to, as distinguished from control of, raw materials shall be permitted. Eventual Japanese participation in world trade relations shall be permitted.

12. The occupying forces of the Allies shall be withdrawn from Japan as soon as these objectives have been accomplished and there has been established in accordance with the freely expressed will of the Japanese people a peacefully inclined and responsible government.

13. We call upon the government of Japan to proclaim now the unconditional surrender of all Japanese armed forces, and to provide proper and adequate assurances of their good faith in such action. The alternative for Japan is prompt and utter destruction.

2. 일본항복문서(Instrument of Surrender of Japan, 1945. 9. 2.)

INSTRUMENT OF SURRENDER

We, acting by command of and in behalf of the Emperor of Japan, the Japanese Government and the Japanese Imperial General Headquarters, hereby accept the provisions set forth in the declaration issued by the heads of the Governments of the United States, China, and Great Britain on 26 July 1945 at Potsdam, and subsequently adhered to by the Union of Soviet Socialist Republics, which four powers are hereafter referred to as the Allied Powers.

We hereby proclaim the unconditional surrender to the Allied Powers of the Japanese Imperial General Headquarters and of all Japanese armed forces and all armed forces under the Japanese control wherever situated.

We hereby command all Japanese forces wherever situated and the Japanese people to cease hostilities forthwith, to preserve and save from damage all ships, aircraft, and military and civil property and to comply with all requirements which may be imposed by the Supreme Commander for the Allied Powers or by agencies of the Japanese Government at his direction.

We hereby command the Japanese Imperial Headquarters to issue at once orders to the Commanders of all Japanese forces and all forces under Japanese control wherever situated to surrender unconditionally themselves and all forces under their control.

We hereby command all civil, military and naval officials to obey and enforce all proclamations, and orders and directives deemed by the Supreme Commander for the Allied Powers to be proper to effectuate this surrender and issued by him or under his authority and we direct all such officials to remain at their posts and to continue to perform their non-combatant duties unless specifically relieved by him or under his authority.

We hereby undertake for the Emperor, the Japanese Government and their successors to carry out the provisions of the Potsdam Declaration in good faith, and to issue whatever orders and take whatever actions may be required by the Supreme Commander for the Allied Powers or by any other designated representative of the Allied Powers for the purpose of giving effect to that Declaration.

We hereby command the Japanese Imperial Government and the Japanese Imperial General Headquarters at once to liberate all allied prisoners of war and civilian internees now under Japanese control and to provide for their protection, care, maintenance and immediate transportation to places as directed.

The authority of the Emperor and the Japanese Government to rule the state shall be subject to the Supreme Commander for the Allied Powers who will take such steps as he deems proper to effectuate these terms of surrender.

Signed at TOKYO BAY, JAPAN at 0904 I on the SECOND day of SEPTEMBER, 1945
MAMORU SHIGMITSU
By Command and in behalf of the Emperor
of Japan and the Japanese Government
YOSHIJIRO UMEZU
By Command and in behalf of the Japanese
Imperial General Headquarters
Accepted at TOKYO BAY, JAPAN at 0903 I on the SECOND day of SEPTEMBER, 1945, for the United States, Republic of China, United Kingdom and the Union of Soviet Socialist Republics, and in the interests of the other United Nations at war with Japan.

DOUGLAS MAC ARTHUR

Supreme Commander for the Allied Powers

C. W. NIMITZ

United States Representative

[Hsu Yung-Chang]

Republic of China Representative

BRUCE FRASER

United Kingdom Representative

[Lieutenant-General K. Derevoyanko]

Union of Soviet Socialist Republics Representative

T. A. BLAMEY

Commonwealth of Australia Representative

L. MOORE COSGRAVE

Dominion of Canada Representative

LE CLERC

Provisional Government of the French Republic Representative

C. E. L. HELFRICH

Kingdom of the Netherlands Representative

L. M. ISITT

Dominion of New Zealand Represetative

3. 연합국최고사령관지령 제677호(SCAPIN NO. 677; General
   Headquarters, Supreme Commander for the Allied
   Powers, 1946. 1. 29.)

SCAPIN NO. 677

GENERAL HEADQUARTERS

SUPREME COMMANDER FOR THE ALLIED POWERS

(29 January 1946)

AG 091 (29 Jan. 45) GS

(SCAPIN-677)

MEMORANDUM FOR : IMPERIAL JAPANESE GOVERNMENT

THROUGH : Central Liasion Office, Tokyo.

SUBJECT : Governmental and Administrative Separation of Certain Outlying Areas from Japan

1. The Imperial Japanese Government is directed to cease exercising, or attempting to exercise, governmental or administrative authority over any area outside of Japan, or any government officials and employees or any other persons within such areas.

2. Except as authorised by this Headquarters, the Imperial Japanese Government will not communicate with government officials and employees or with any other outside of Japan for any purpose other than the routine operation of authorised shipping, communications and weather services.

3. For the purpose of this directive, Japan is defined to include the four main islands of Japan(Hokkaido, Honshu, Kyushu and Shikoku) and the approximately 1,000 smaller adjacent islands, including the Tsuima Islands and the Ryukyu(Nansei) Islands north of 30°North Latitude (excluding Kuchinoshima Island) ; and excluding (a) Utsryo(Ullung) Island, Liancourt Rocks(Take Island) and Quelpart(Saishu or Cheju Island), (b) the Ryukyu(Nansei) Islands south of 30°North Latitude (excluding Kuchinoshima Island), the Izu, Nanpo, Bonin(Ogasawara) and Volcano(Kazan or Iwo) Island Groups, and all other outlying Pacific Islands (including the Daito [Ohigashi or Oagari] Islands), and (c) the Kurile(Chishima) Islands, the Habomai(Hapomaze)

Island group (including Suisho, Yuri, Akiyuri, Shibotsu, and Taraku Island) and Shikotan Island.

4. Further areas specifically excluded from the governmental and administrative jurisdiction of Imperial Government are the following : (a) all Pacific Islands seized or occupied under mandate or otherwise by Japan since the beginning of the World War in 1914, (b) Manchuria, Formosa and the Pescadores, (c) Korea, and (d) Karafuto.

5. The definition of Japan contained in this directive shall also apply to all future directives, memoranda and orders from this Headquarters unless otherwise specified therein.

6. Nothing in this directive shall be construed as an indication of Allied policy relating to the ultimate determination of the minor islands referred to in article 8 of the Potsdam Declaration.

7. To Imperial Japanese Government will prepare and submit to this Headquarters a report of all governmental agencies in Japan the functions of which pertain to areas outside a statement as defined in this directive. Such report will include a statement of the functions, organization and personnel of each of the agencies concerned.

8. All records of the agencies referred to in paragraph 7 above will be preserved and kept available for inspection by this Headquarters.

FOR THE SUPREME COMMANDER :

(sgd.) H. W. ALLEN,

Colonel, AGD,

Asst. Adjutant General.

4. 연합국의 『구 일본영토 처리에 관한 합의서』(Agreement Respecting the Disposition of Former Japanese Territories, 1949. 12. 15.)

SECRET

AGREEMENT RESPECTING THE DISPOSITION OF
FORMER JAPANESE TERRITORIES

The Allied and Associated Powers party to the treaty of peace concluded with Japan on, 1950, dispose of the territories renounced by Japan in that Treaty in the following manner :

Article 1

The Allied and Associated Powers agree that the following territories shall be returned in full sovereignty to China: The island of Taiwan (Formosa) and adjacent minor islands, including Agincourt(Hoka Sho), Crag(Menka Sho), Pinnacle(Kahei Sho), Samasana(Kasho To), Botel Tabago(Koto Sho), Little Botel Tabago(Shokoto Sho), Vele Reti Rocks (Shichisei Seki), and Lambay(Ryukyu Sho); together with the Pescadores Islands(Hoko Shoto); and all other islands to which Japan had acquired title within a line beginning at a point in 26°N. latitude, 121°E. longitude, and proceeding due east to 122°3 0 ′ E. longitude;

thence due south to 21°30 ′ N. latitude;

thence due west through the Bashi Channel to 119°E. longitude;

thence due north to a point in 24°N. latitude;

thence northeasterly to the point of beginning.

This line in indicated on the map attached to the present Agreement.

Article 2

The Allied and Associated Powers agree that the island of Sakhalin (Karafuto) south of 50°N. latitude, and adjacent islands, including Totamoshiri(Kaiba To, or Moneron), and Robben Island(Tyuleniy Ostrov, or Kaihyo To) shall be transferred to the Union of Soviet Socialist Republics in full sovereignty.

Article 3

The Allied and Associated Powers agree that there shall be transferred in full sovereignty to the Republic of Korea all rights and titles to the Korean Mainland territory and all offshore Korean islands, including Quelpart(Saishu To), the Nan how group (San To, or Komun Do) which forms Port Hamilton(Tonaikai), Dagelet Island(Utsuryo To, or Matsu Shima), Liancourt Rocks(Takeshima), and all other islands and islets to which Japan had acquired title lying outside ⋯ and to the east of the meridian 124°15 ′ E. longitude, north of the parallel 33°N. latitude, and west of a line from the seaward terminus of the boundary approximately three nautical miles from the mouth of the Tumen River to a point in 37°30 ′ N. latitude, 132°40 ′ E. longitude.

This line is indicated on the map attached to the present Agreement.

Article 4

The Allied and Associated Powers undertake to support an application by the United States for the placing of the Bonin Islands (Ogasawara Gunto) including Rosario Island(Nishino Shima), the Volcano Islands(Kazan Retto), Parece Veln(Douglas Reef), and Marcus Island(Minamitori Shima) under trusteeship in accordance with Articles 77, 79, and 83 of the Charter of the United Nations, the trusteeship agreement to designate the islands as a strategic area and to provide that the United States shall be the administering authority.

Article 5

The Allied and Associated Powers undertake to support an application of the United States for the placing of the Ryukyu Islands south of 29°N. latitude under trusteeship in accordance with Article 77, 79 and 85 of the Charter of the United Nations, the trusteeship agreement to provide that the United States is to be administering authority.

Done at the city of _____ in the English language, this _____ day of _____, 1950.

5. 러스크 서한(Rusk letter, 1951. 8. 10.)

The government of the United States regrets that it is unable to accept the Korean Government's amendment to Article 9 of the draft treaty. In view of the many national interests involved, any attempt to include in the treaty provisions governing fishing in high seas areas would indefinitely delay the treaty's conclusion. It is desired to point out, however, that the so-called MacArthur line will stand until the treaty comes into force, and that Korea, which obtains the benefits of Article 9, will have the opportunity of negotiating a fishing agreement with Japan prior to that date.

With respect to the Korean Government's desire to obtain the benefits of Article 15(a) of the treaty, there would seem to be no necessity to oblige Japan to return the property of persons in Japan of Korean origin since such property was not sequestered or otherwise interfered with by the Japanese Government during the war.

In view of the fact that such persons had the status of Japanese nationals it would not seem appropriate that they obtain compensation for demage to their property as result of the war.

Accept, Excellency, the renewed assurances of my highest consideration.

for the Secretary of State :

Dean Rusk

FE:NA:RFEAREY:SB

August 9, 1951

6. 덜레스 평화조약준비위원장의 샌프란시스코 평화조약문 유권적 해석 연설문(John Foster Dulles's Speech at the San Francisco Peace Conference, 1951. 9. 5.)

[Title] John Foster Dulles's Speech at the San Francisco Peace Conference

[Place] San Francisco

[Date] September 5, 1951

[Full text]

Mr. President, Distinguished Delegates, we have met here for a consecrated purpose. We shall here make peace. "Blessed are the peacemakers." But the most blessed of this peace are not those of us who assemble here. The foundation for this peace was laid by the many who gave up their lives in faith that the very magnitude of their sacrifice would compel those who survived to find and take the way to peace.

We are here to redeem, in some small measure, the vast debt we owe.

That task is not a simple one. Victory usually gives power greater than should be possessed by those who are moved by the passions that war engenders. That is a principal reason why war has become a self-perpetuating institution.

The treaty before us is a step toward breaking the vicious cycle of war-victory-peace-war. The nations will here make a peace of justice, not a peace of vengeance.

True peace is possible because of what has been accomplished by 6 years of Allied occupation. That occupation was calm and purposeful. Japan's war-making power was destroyed. The authority and influence of those who committed Japan to armed conquest was eliminated. Stern justice was meted out to the war criminals, while mercy was shown the innocent. There has come freedom of speech, of religion, of thought; and respect for fundamental human rights. There has been established, by the will of the people, a peacefully inclined and responsible government, which we are happy to welcome here.

The Allied occupation goals set forth in the Potsdam Surrender Terms have been met, with the loyal cooperation of the Japanese people. It is now time to end that occupation, and make a peace which will restore Japan as a sovereign equal.

It is possible now to make that kind of a peace, to make this a peace of reconsiliation, because the Japan of today is transformed from the Japan of yesterday.

The past is not forgotten or excused. Bitterness and distrust remain the sentiment of many. That is human. Those who have suffered less have no warrant to set themselves up as moral judges of those who have suffered more. But time, and the good use to which it has been put in Japan, have somewhat healed the scars of war. New hopes have gradually displaced old fears. Now, by an effort of self-control which is perhaps unprecedented in history, the Allies present to Japan a treaty which shows no trace of angry passion.

That is not merely an act of generosity towards a vanquished foe, it is an act of enlightened self-interest. For a treaty warped by passion often becomes a boomerang which, thrown against an enemy, returns to strike its authors.

For this treaty, we are deeply indebted to the man who led the Allied Powers to victory in the Pacific. After that victory he devoted 5 1/2 years to service in Japan as Supreme Commander for the Allied Powers. As such he showed not only magnanimity, but strength, without which magnanimity is counted weakness. He provided the Occupation with moral leadership which has been the impulsion for the kind of peace we make. The present generation and generations to come owe much to General MacArthur.

In framing the peace, the United States has taken an initiative. That was plainly our duty.

Some now find it expedient to disparage the role played by the United States in the Pacific war. None did so in the hour of victory. Then, by a unanimous Allied act, the United States was given the exclusive power to name the Supreme Commander for all the Allied Powers and to direct the Occupation which would prepare Japan for the peace to come. That Allied act put us in a position uniquely to judge when the Japanese were prepared for peace. It surely entitled us, indeed it obligated us, to take timely steps to bring our Occupation responsibilities to their normal predestined end.

We first moved in this matter 4 years ago. In 1947 the United States proposed a preliminary conference of the governments represented on the Far Eastern Commission to consider plans for a Japanese peace treaty. That proposal was blocked by the insistence of the Soviet Union that the treaty could only be considered by the Council of Foreign Ministers where the Soviet Union would have veto power. The Soviet Union continued stubbornly to adhere to that position.

Last year the United States decided to abandon the conference method, which afforded excessive possibilities of obstruction, and to seek peace through diplomatic precesses which no single nation could thwart. That has been done with the hearty cooperation of most of the Allies and has resulted in a finished text.

The negotiations began about a year ago when the Allies principally concerned were gathering to attend the United Nations General Assembly in New York. The various delegations principally concerned had frequent consultations at that time. Then came conferences at many capitals and many written exchanges of views. A United States Presidential Mission toured the globe, visiting 10 capitals of countries especially concerned. Meanwhile, the United Kingdom was exploring the problem within the Commonwealth, and its Representative will tell you more of that.

The first round of discussions dealt with the question of whether it was time for peace and, if so, what basic principles should be applied. In this connection the United States outlined seven principles which it felt ought to govern the framing of the treaty.

We found complete agreement to the urgency of prompt peace and general agreement as to the basic principles. So, in January of this year, the United States undertook to make the first draft of a text which would translate the agreed principles into treaty words. That draft was circulated last March, and was subjected to intensive study by over 20 countries. These included not only the Far Eastern Commission countries, but others which had expressed interest. The American states were kept informed, as was their due. Mexico had actively participated in the Pacific war, as had Brazil in the European war. All had made important political, economic, and moral contributions.

Meanwhile, the United Kingdom produced a text of its own, drafted in the light of the Commonwealth conferences. Then in June, the United States United Kingdom combined their parallel efforts and jointly drafted a text to reconcile and reflect still more fully the different views that had been developed. This text was circulated to Allied Powers during the first half of July and was kept open for further changes until mid-August.

Throughout this period the Soviet Union took an active, though reluctant, part. We had several conferences with Yakov Malik, and our Governments have exchanged 10 memoranda and drafts.

Every nation which has constructively interested itself in the treaty can claim authorship of important parts of the present text. Also each of these nations can claim the equally honorable distinction of voluntarily subordinating some special interests so that a broad base of unity might be found. The Allied Powers have been conducting what, in effect, is an 11 months' peace conference participated in by so many nations as to make this treaty the most broadly based peace treaty in all history.

Any who are interested in studying the evolutionary processes which have been at work can compare our March draft with the present text. To make that comparison easy, a parallel-column document has been prepared for distribution here.*1* It shows how our conference methods have worked.

The treaty remains, as first agreed, a non-punitive, non-discriminatory treaty, which will restore Japan to dignity, equality and opportunity in the family of nations. But it has been found increasingly possible to do justice to particular situations without violating these basic concepts.

I now turn to a consideration of the principal provisions of the text.

The Preamble is an important part of the treaty. It affords the Japanese nation the opportunity to record intentions and aspirations which the whole world welcomes.

Japan declares its intention to apply for membership in the United Nations; to conform to the principles of the Charter; to adhere to the new ideals of human rights and freedoms which have become implanted in the Constitution and legislation of Japan; and, in public and private trade and commerce, to conform to internationally accepted fair practices.

If Japan's intentions in these respects are sincere, which we believe, and if they are pursued with resolution, they will go far to restore good will between the Japanese and Allied people.

It may be asked why, if that is so, the treaty does not attempt to put the Japanese under legal compulsion in these respects. There are good reasons for not doing so. Japan, when it applies for membership in the United Nations, should do so because it wants to be a member, not because the Allies compelled it. Eighty million people cannot be compelled from without to respect the human rights and fundamental freedom of their fellows. Fair trade practices cannot be made a formal obligation when they have not yet been spelled out in international conventions. In general, treaty obligations should only be such as can be precisely formulated, so that the parties will clearly know just what are their rights and what are their duties. Where applicable conventions exist, Japan will voluntarily adhere to them, as set out in the declaration appended to the treaty.

Chapter 1 ends the state of war, with consequent recognition of the full sovereignty of the Japanese people. Let us note that the sovereignty recognized is the "sovereignty of the Japanese people".

What is the territory of Japanese sovereignty? Chapter II deals with that. Japan formally ratifies the territorial provisions of the Potsdam Surrender Terms, provisions which, so far as Japan is concerned, were actually carried into effect 6 years ago.

The Potsdam Surrender Terms constitute the only definition of peace terms to which, and by which, Japan and the Allied Powers as a whole are bound. There have been some private understandings between some Allied Governments; but by these Japan was not bound, nor were other Allies bound. Therefore, the treaty embodies article 8 of the Surrender Terms which provided that Japanese sovereignty should be limited to Honshu, Hokkaido, Kyushu, Shikoku and some minor islands. The renunciations contained in article 2 of chapter II strictly and scrupulously conform to that surrender term.

Some question has been raised as to whether the geographical name "Kurile Islands" mentioned in article 2 (c) includes the Habomai Islands. It is the view of the United States that it does not. If, however, there were a dispute about this, it could be referred to the International Court of Justice under article 22.

Some Allied Powers suggested that article 2 should not merely delimit Japanese sovereignty according to Potsdam, but specify precisely the ultimate disposition of each of the ex-Japanese territories. This, admittedly, would have been neater. But it would have raised questions as to which there are now no agreed answers. We had either to give Japan peace on the Potsdam Surrender Terms or deny peace to Japan while the Allies quarrel about what shall be done with what Japan is prepared, and required, to give up. Clearly, the wise course was to proceed now, so far as Japan is concerned, leaving the future to resolve doubts by invoking international solvents other than this treaty.

Article 3 deals with the Ryukyus and other islands to the south and southeast of Japan. These, since the surrender, have been under the sole administration of the United States.

Several of the Allied Powers urged that the treaty should require Japan to renounce its sovereignty over these islands in favor of United States sovereignty. Others suggested that these islands should be restored completely to Japan.

In the face of this division of Allied opinion, the United States felt that the best formula would be to permit Japan to retain residual sovereignty, while making it possible for these islands to he brought into the United Nations trusteeship system, with the United States as administering authority.

You will recall that the Charter of the United Nations contemplates extension of the trusteeship system to "territories which may be detached from enemy states as a result of the Second World War" (article 77). The future trusteeship agreement will, no doubt, determine the future civil status of the inhabitants in relation to Japan while affording the administering authority the possibility of carrying out article 84 of the Charter, which provides that "It shall be the duty of the administering authority to ensure that the trust territory shall play its part in the maintenance of international peace and security."

A peace which limits Japanese territory according to the Potsdam Surrender Terms naturally leads one to ask, can a growing population, now numbering over 80 million, survive on the Japanese home islands? A clue to the correct answer is the fact that when Japan had a vast colonial empire into which the Japanese people could freely emigrate, a few did so. Formosa, a rich, uncrowded land with temperate climate, attracted, in 55 years, a total Japanese population of about 350,000. Korea, under Japanese control since 1905, attracted a total Japanese population of about 650,000. In South Sakhalin there were 350,000 Japanese and in the Kurile Islands about 11,000. Japan's colonies helped assure Japan access to food and raw materials, but they were no population outlet. Japanese, like other people, prefer to live at home. So far as emigration is concerned, the territorial clauses of the treaty do not establish restraints greater that those which 98 percent of the Japanese people voluntarily put upon themselves.

Of course growing populations create problems in Japan and elsewhere. The Japanese will need to develop the capacity to perform services which others want, so that in exchange they can buy the food and raw materials they need. This calls for willingness on the part of the Japanese people to work hard, to work efficiently, and to work with creative imagination so that they can anticipate the economic wants of others. Each of the Allied Powers also has a responsibility. The Surrender Terms promised the Japanese "access to raw materials" and "participation in world trade relations". Peoples who are ready and willing to work and to create what others want should have the means to do so. Under such conditions the present territorial status of Japan is no cause for alarm.

Chapter III deals with security, a problem which has not been, and never is, automatically solved by victory. By article 5, Japan undertakes to live peacefully, in accordance with the principles set forth in the Charter of the United Nations. We hope that Japan will promptly become a member of the United Nations. If this were certain, article 5 would be unnecessary. But, in the past, veto power has been used to block the admission of nations qualified for membership. So it is prudent to write into the treaty that, as provided by article 2 (6) of the Charter Japan will settle its international disputes by peaceful means; will refrain in its international relations from the threat or use of force; and will give the United Nations every assistance in any action it takes in accordance with the Charter.

These provisions completely meet the desire which some nations have expressed that the treaty should bind Japan to peaceful processes and explicitly prohibit Japan from acting forcibly, alone or in coalition, against any other nation. There can be nothing more sweeping than the renunciation of offensive force expressed in article 5(a) (ii) of the treaty.

In order, however, that this treaty, like the United Nations Charter, should make it perfectly clear that the prohibition against the use of force does not deprive Japan of the right of self-defense, subdivision (c) of article 5 contains a recognition that Japan as a sovereign nation possesses what article 51 of the Charter of the United Nations refers to as "the inherent right of individual or collective self-defense."

Article 6 of the treaty calls for ending the occupation not later than 90 days after the treaty comes into force. However, Japan, as contemplated by article 51 of the United Nations Charter, may enter into collective security arrangements, and these might, in part, be implemented by Allied elements which were in Japan when the treaty came into force. Accordingly, it seemed useful to make it clear that, under such circumstances, these elements would not have to be physically removed from Japan before they could serve as collective security forces. This would be a burdensome requirement, and a risky one, for it would for a time leave Japan wholly defenseless, in close proximity to proved aggressors possessed of great military strength. To avoid that danger, article 6 provides that occupation elements now in Japanese territory may stay on for Japan's defense, if this is wanted by Japan.

These remaining military elements would, of course, have characteristics and powers very different from what they had as occupation forces. They would have only such status in Japan as Japan would voluntarily have given them.

The security provisions which we have reviewed are necessary if the Treaty of Peace is honestly to restore sovereignty to Japan. It has been suggested that the treaty ought to deny to Japan "the inherent right of collective self-defense" and permit only a token right of "individual self-defense".

That kind of a peace, in this present kind of a world, would be a fraud. To give a sovereignty which cannot be defended is to give an empty husk. Indefensible sovereignty is not sovereignty at all. An undefended and indefensible Japan would be so subject to the menace of surrounding power that Japan would not in fact be able to lead an independent existence.

It has been suggested that a collective security arrangement with the United States, such as Japan is considering, would not be a free act or what the Japanese people really want.

That is not a suggestion which will command credence here. Nearly two-thirds of the delegations here are from countries which either have, or are about to have, voluntary association in collective security arrangements which include the United States. These delegations will assume, and rightly assume, that the Japanese people are like their own people, and like most free peoples, in wanting the collective security which may deter aggression.

When I was in Japan last February this topic was discussed with the Japanese for the first time. I then said publicly that Japan, if it wished, could share collective protection against direct aggression. In order, however, to make perfectly clear our Government's position in the matter I had this to say:

"That, however, is not a choice which the United States is going to impose upon Japan. It is an invitation. The United States is not interested in slavish conduct......We are concerned only with the brave and the free. The choice must be Japan's own choice."

No person in this room, and I mean that literally, honestly believes that Japan seeks collective security with the United States because it is coerced. That is palpably absurd.

As the President of the United States pointed out in his opening address to us, security in the Pacific area is being developed on a collective basis which, through combination, enables each nation to get security without making itself into what could be an offensive threat. That is one way to approach the problem. The other way is to prohibit collective security and to follow the policy of "let each country defend itself from aggressors as it likes or as best it can." That latter way, Generalissimo Stalin said, adressing his Party on March 10, 1939, means "conniving at aggression."

Any nation which seeks to deny to Japan the right to collective security and which insists that Japan must stand alone is, at heart, a conniver at aggression. Those who sign this treaty will not lend themselves to that design.

I have expounded the philosophy of the treaty with reference to security because it is a philosophy which has been challenged. I hope, however, that the time I have given to this subject will not lead any delegations to feel that military matters are our principal pre-occupation.

Security from armed aggression is a negative asset. Our dedication is to the positive side of national life and of individual life. Throughout the Occupation the effort has been to create a climate conductive to human development. To that end, the United States has made a tremendous moral investment. President Truman, in his opening address to us, emphasized the social revolution which has been taking place in Japan, the sweeping away of militarism, the establishment of universal suffrage, the extensive land reforms and the rapid growth of labor unions. Also, we are not ashamed of the fact that it was under the Occupation that the Japanese people adopted a constitution forever barring war as an instrument of their national policy. If today we are compelled to think in terms of a treaty which will enable Japan to protect its sovereignty and independence it is not because we seek a re-militarized Japan-that we have done everything in our power to prevent-but because social and economic progress cannot be achieved in the cold climate of fear.

An outstanding humanitarian feature of the Japanese surrender was the Allied promise to return Japanese prisoners to their homes. However, evidence produced before the United Nations General Assembly last September indicated that large numbers of Japanese soldiers, who had surrendered to the Soviet Union 5 years before, had not yet been repatriated. The United Nations expressed its concern and set up a Commission to study this matter. In order to make clear that the Allied undertaking to Japan survives until it has been performed, article 9 of the Potsdam Surrender Terms has been incorporated into the Treaty of Peace (article 6 (b)). We earnestly hope that it will be fulfilled, and tragic anguish be allayed.

Chapter IV deals with trade and commerce. The text is somewhat technical but the words add up to this; Japan is not subjected to any permanent discriminations and disabilities, her economy is unrestricted and no limitations whatever are placed upon her right to trade with each and every country.

The permanent relations between Japan and the Allied Powers, as regards trading, maritime, and other commercial relations (article 22) ; as regards high seas fishing (article 9); as regards international air transport (article 13), are to be negotiated between Japan and Allied Powers so desiring. Pending the conclusion of such treaties, and for a 4-year interim period, each Allied Power will be entitled to most-favored-nation treatment as regards customs duties, but only on a basis of reciprocity.

These are liberal treaty clauses. The fulfillment of the hopes placed in them will, however, depend on whether Japan lives up to its intention, proclaimed in the Preamble, "to conform to internationally accepted fair practices", and on whether the Allied Powers, by their domestic legislation, extend to Japan trading possibilities which are reasonable, having regard to their own domestic requirements. On these matters, a peace treaty can do no more than point the way to a healthy trade relationship and create the opportunity to go in that way. That this treaty does.

Reparation is usually the most controversial aspect of peacemaking. The present peace is no exception.

On the one hand, there are claims both vast and just. Japan's aggression caused tremendous cost, losses and suffering. Governments represented here have claims which total many billions of dollars, and China could plausibly claim as much again. One hundred thousand million dollars would be a modest estimate of the whole.

On the other hand, to meet these claims, there stands a Japan presently reduced to four home islands which are unable to produce the food its people need to live, or the raw materials they need to work. Since the surrender, Japan has been 2 billion dollars short of the money required to pay for the food and raw materials she had to import for survival on a minimum basis. The United States had made good that 2 billion dollar deficit. We accepted that as one of our Occupation responsibilities. But the united States is entitled to look forward{sic} to Japan's becoming economically self-sustaining, so as to end dependence on us; and it is not disposed, directly or indirectly, to pay Japan's future reparations.

Under these circumstances, if the treaty validated, or kept contingently alive, monetary reparation claims against Japan, her ordinary commercial credit would vanish, the incentive of her people would be destoryed{sic} and they would sink into a misery of body and spirit which would make them an easy prey to exploitation. Totalitarian demagogues would surely rise up to promise relief through renewed aggression with the help of those nearby who, as we have seen in Korea, are already disposed to be aggressors. The old menace would appear in aggravated form.

Such a treaty, while promoting unity among aggressors would promote disunity among many Allied Powers. There would be bitter competition for the largest possible percentage of an illusory pot of gold. Already, several countries have approached the United States with suggestions that their particular claims for reparation should be favored at the expense of others.

A treaty which, on the one hand, encouraged division among the non-aggression states and, on the other hand, brought recruits to the side of the aggressive states would be a treaty which would recklessly squander the opportunity of victory. The parties to such a treaty would expose themselves to new perils greater than those which they have barely survived.

These conflicting considerations were fully discussed, until there emerged a solution which gives moral satisfaction to the claims of justice and which gives material satisfaction to the maximum extent compatible with political and economic health in the Pacific area.

The treaty recognizes, clearly and unambiguously, that Japan should pay reparation to the Allied Powers for the damage and suffering caused by it during the war.

It then goes on to dedicate to the implementation of that principle, certain assets which Japan does have in surplus and which could be put to work to help to compensate those nations which suffered the most from Japan's wartime acts.

Japan has a population not now fully employed, and it has industrial capacity not now fully employed. Both of these aspects of unemployment are caused by lack of raw materials. These, however, are possessed in goodly measure by the countries which were overrun by Japan's armed aggression. If these war-devastated countries send to Japan the raw materials which many of them have in abundance, the Japanese could process them for the creditor countries and by these services, freely given, provide appreciable reparations. The arrangements could cover not merely consumer goods but machinery and capital goods which would enable underdeveloped countries to speed up developing their own industry, so as hereafter to lessen their dependence on outside industrial power.

This is, in essence, the formula expressed in article 14 (a) 1. It results from prolonged exchanges of views, particularly with such countries as the Philippines and Indonesia, which were occupied by Japanese forces and injured in a way which places on the Allied Powers as a whole, and on Japan, a very clear duty to seek all means of reparation which are realistic.

I am frank to say that the treaty is a better, fairer treaty than first drafted. That results from the proper insistence of some governments that all possibilities of reparation should be exhaustively explored. That has been done, and the result is a fresh demonstration of the worth of the free processes of free and equal people. Those processes have here produced a treaty formula which serves the ideal of justice within an economic framework which can benefit all concerned.

In addition to this source of future reparation, the treaty validates the taking by Allied Powers of Japanese property within their jurisdictions.

By article 16, Japanese property in neutral and ex-enemy countries is to be transferred to the International Red Cross for the benefit of former prisoners of war and their families, on the basis of equity, to make some compensation for undue hardship suffered, often in violation of the Geneva conventions. The United States, in response to some Allied inquiries, has indicated that, since its own prisoners of war have received some indemnification out of the proceeds of Japanese property we seized, we would assume that equity would require first distribution to those who have had no comparable indemnification.

Allied property within Japan is to be returned. Where this cannot be done, because of war damage, there will be compensation in blocked yen in accordance with pending Japanese domestic legislation.

Article 21 makes special provision for Korea. The Republic of Korea will not sign the Treaty of Peace only because Korea was never at war with Japan. It tragically lost its independence long before this war began, and did not regain independence of Japan until after Japan surrendered. Many individual Koreans steadfastly fought Japan. But they were individuals, not recognized governments.

Nevertheless, Korea has a special claim on Allied consideration, the more so as it has not yet proved possible for the Allies to achieve their goal of a Korea which is free and independent. Korea is, unhappily, only half free and only half independent; and even that fractional freedom and independence has been cruelly mangled and menaced by armed aggression from the North.

Most of the Allied Powers have been seeking to make good their promise of freedom and independence and, as members of the United Nations, to suppress the aggression of which Korea is the victim. By this treaty, the Allies will obtain for Korea Japan's formal recognition of Korea's independence, and

Japan's consent to the vesting in the Republic of Korea, of the very considerable Japanese property in Korea. Korea will also be placed on a parity with the Allied Powers as regards post-war trading, maritime, fishing and other commercial arrangements. Thus the treaty, in many ways, treats Korea like an Allied Power.

The absence of China from this Conference is a matter of deep regret. Hostilities between Japan and China first began in 1931 and open warfare began in 1937. China suffered the longest and the deepest from Japanese aggression. It is greatly to be deplored that the Sino-Japanese war cannot be formally terminated at this occasion. Unhappily, civil war within China and the attitudes of the Allied Governments have created a situation such that there is not general international agreement upon a single Chinese voice with both the right and the power to bind the Chinese nation to terms of peace. Some think that one government meets these tests. Some think another meets them. Some doubt that either meets them. No majority can be found for any present action regarding China. Thus the Allies were faced with hard choices.

They could defer any peace with Japan until they could agree that there was in China a government possessed of both legitimacy and authority. It would, however, be wrong, cruel, and stupid to penalize Japan because there is civil war in China and international disagreement regarding China.

As another approach, each Allied Power could refuse to sign a treaty of peace with Japan unless a Chinese government of its choice was cosigner with it. That, we ascertained, would leave Japan at war with so many Allied Powers that Japan would get only a small measure of the peace she has earned. Indeed, there is no reason to believe that Japan, an essential party, would willingly cooperate in a program leading to that end. To exert compulsion in this matter would create resentment in Japan, and it would activate and aggravate Allied division in the face of a grave world-wide menace which requires maximum unity.

The remaining choice was for the Allied Powers generally to proceed to conclude peace without any present Chinese cosignature, leaving China and Japan to make their own peace, on terms, however, which would guarantee full protection of the rights and interests of China.

That is the choice reflected by the present treaty. By article 26, China is given the right to a treaty of peace with Japan on the same terms as the present treaty. The victorious Allies, which sign the treaty, take nothing for themselves that they do not assure equally to China. Also, by article 21, China, without need of signature, gets the sweeping renuciation{sic} by Japan (article 10) of all Japan's special rights and interests in China, in accordance with a formula suggested by the Republic of China. Also, China receives automatically, and without need of signature, the benefit of article 14 (a) 2 which validates the seizure of Japanese property subject to its jurisdiction. The treaty preserves, in full, the rights of China as one of the Allied victors in this war.

Chapter VII contains clauses which are largely matters of protocol. Of these article 23, dealing with ratification, gives those signatories to the treaty which have been actively concerned with the Occupation, a special position, for 9 months regarding the bringing of the treaty into force. But after 9 months all of the Allied Powers stand on an equal footing as regards bringing the treaty into force as between themselves and Japan.

Such, in broad outline, are the main aspects of the treaty that awaits our signature.

It contains, no doubt, imperfections. No one is completely satisfied. But it is a good treaty. It does not contain the seeds of another war. It is truly a treaty of peace.

We may hear a suggestion that we should not now complete, by signature, this product of a year's negotiation, but resort to new procedures, with new parties. It may be pretended that thereby we can gain greater unity and more perfection. At first that may sound plausible and tempting. It may seem to offer the partially dissatisfied a chance for great satisfaction.

In some Allied countries there are organized groups which urge that the treaty could be changed merely to benefit them, leaving everything else intact. If all of these proposals were to be brought together, it would be apparent that the cumulative effect would be destructive of any agreed peace.

Fortunately, there are also in most of the Allied countries those who see with truer vision. They know that this treaty is good to the point where it cannot be made better without its becoming worse. Better words might theoretically be found; but to seek these is to let escape what is now within our grasp. There come times when to seek the perfect is to lose the good. This is such a time.

There is greater unity now than we are apt to find if there is renegotiation. The treaty has been painstakingly built by the delicate processes of diplomacy, helped by an unusual display of self-restraint and good will. But it is not wise to assume that those qualities will be ever present and that differences can always be composed.

There is a larger measure of satisfaction now than we can ever get again. Delay will inevitably set in motion corroding forces and contradictory efforts which will block each other and frustrate the possibilities inherent in a common effort of good will.

In terms of Japan's future, delay would cost a price which makes petty all the sacrifices incident to present action. The great goals of victory will have been made unattainable.

It was our common hope that out of the fiery purge of war there would rise a new Japan. That was no foolish hope. Japan has a great culture and tradition which are capable of producing distinctively, but no less authentically, those virtues which all nations and peoples must possess if there is to be a world-wide commonwealth of peace.

In order, however, that that potentiality shall become actuality, Japan needs free political institutions in a climate conducive to their vigorous growth; social progress; an equal administration of justice; an awareness of human dignity; a sense of self-respect, of respect for others.

Above all, Japan needs the will to live at peace with others as good neighbours.

All of this is possible, if we make peace now. It becomes impossible, or at best improbable, if Japan's long deferred hopes are now blasted.

There are, in Japan, new-born institutions of freedom. But they will not flourish if military rule continues indefinitely to be supreme.

Dignity cannot be developed by those who are subject to alien control, however benign.

Self-respect is not felt by those who have no rights of their own in the world, who live on charity and who trade on sufferance.

Regard for justice rarely animates those who are subjected to such grave injustice as would be the denial of present peace.

Fellowship is not the mood of peoples who are denied fellowship.

The United States, which since the surrender has directed the Occupation on behalf of all the Allies, says solemnly to each of the Allies: Unless you now give Japan peace and freedom on such honorable terms as have been negotiated, the situation will rapidly deteriorate.

The Surrender Terms have served their every legitimate purpose. Under them "the authority of the Emperor and the Japanese Government to rule the

State shall be subject to the Supreme Commander for the Allied Powers". To perpetuate that subjection, which has existed for 6 years, into more years, would be to pervert the occupation into an instrument of imperialism and colonialism. The United States wants none of that, and we know that most of you want none of that.

It is time to end the subjection of the Japanese Government to Allied command. It is time to end the Occupation and to recognize that, henceforth, it is the Japanese people who exercise complete sovereignty in Japan. It is time to welcome Japan as an equal and honorable member of the family of nations.

That is what the pending treaty will do.

No nation is bound to sign the treaty. This is no Conference that wields legal compulsion. The only compulsion is the moral compulsion of grave circumstances. They unite to cry aloud: Let us make peace.

The Vice President of the Conference-P. C. Spender; The Chairman recognizes the Delegate from the United Kingdom.

The Delegate of the United Kingdom-K. C. Younger: Mr President and Delegates, it falls to me, as the Delegate of Britain, to share the task of Mr. Dulles in presenting this draft treaty to you.

As I do so I have before my mind the history of the relations between the peoples of Britain and Japan. I recall the rapid progress of Japan, aided by friendly countries, in the reign of the Emperor Meiji. I recall the political links and personal friendship which arose at that time between our two countries. Then the leadership of Japan departed from the civilian statesmen who had led the country toward international cooperation and constitutional reform. A policy of military aggression gained the day in

Japan and our countries drifted apart. There followed those tragic events of which this week is the last chapter. The peoples of Britain and the Commonwealth will, I know, welcome the return symbolized by this treaty, to a happier relationship with Japan.

The treaty documents which we are now considering have a noble aim-to make peace. Their purpose is a fair and lasting peace with Japan on terms which will restore her sovereign independence and equality of status, her dignity and self-respect, and which will afford her the opportunity to develop on peace-loving, democratic lines.

They have been drawn up after prolonged consultation between many governments, and they are laid before you on the authority of the two sponsoring Governments, the Government of the United States of America and His Majesty's Government in the United Kingdom.

it is my honor and privilege today to commend these documents to you and to solicit your approval of them.

Before I turn to the substance of the treaty, I wish on behalf of my Government to pay a tribute to the United States Government, who are our hosts at San Francisco. All of us here today know the out-standing part played by the United States in the defeat of Japan and their major share in bearing the burden of occupation. The thought, work and economic reasources{sic} employed in ensuring that Japan, once defeated, should be given a fair chance to resume her place among the free nations of the world, these alone would entitle the United States to speak with special authority in the framing of the peace settlement.

In addition to that, the treaty which is before us today is very largely due to the work of negotiation and coordination undertaken by the United States Government and by President Truman's Special Representative, Mr. John Foster Dulles.

I have myself had personal experience in London of the skill and patience which Mr. Dulles brought to his task.

The principal document we have to consider is the text of the proposed Treaty of Peace with Japan, to which are attached three other documents-a Declaration on War Graves, a Declaration on International Agreements and Conventions, and a Protocol on Contracts. The first three are jointly sponsored by the two Governments. For constitutional reasons it is not possible for the United States Government to sponsor the protocol, which is therefore presented to you by the British Government alone, though in drafting it the same process of consultation has been followed as in the case of the other documents. Like them, the protocol represents common views and not the views of a single government.

Our reason or sponsoring the treaty are many. Our traditional interest in

Asia, our exprience{sic} of Asia, the sufferings of countries that were our responsibility, the gallant and finally successful part played by our arms against Japan-all these meant that the terms of the coming peace were in our minds from the moment the war ended. We played our part in war. We had our contribution to make to peace.

The present treaty is not, however, the handiwork of the United States and Britain alone-very far from it. In the first place our contribution to the treaty has itself been influenced and determined, through constant discussion, with the Commonwealth as a whole. About that I will say more in a moment. Next, a great number of the other countries at war with Japan have expressed comments on the treaty and these have now been incorporated in the document before us.

The presnet{sic} treaty is in fact a composite document, contributed from many different sources, in which practically all the powers concerned (including the sponsors) sacrificed points of importance to themselves in the interests of general agreement.

1 This document, entitled "Comparative Study of the March 1951 Draft and August 13, 1951, Text of the Japanese Peace Treaty", prepared by the United States Delegation, was circulated on September 6, 1951. Copies of the document are available for consultation in the archives of the Department of State.

7. 샌프란시스코 평화조약 전문(Treaty of Peace with Japan, 1951. 9. 8.)

TREATY OF PEACE WITH JAPAN

Whereas the Allied Powers and Japan are resolved that henceforth their relations shall be those of nations which, as sovereign equals, cooperate in friendly association to promote their common welfare and to maintain international peace and security, and are therefore desirous of concluding a Treaty of Peace which will settle questions still outstanding as a result of the existence of a state of war between them;

Whereas Japan for its part declares its intention to apply for membership in the United Nations and in all circumstances to conform to the principles of the Charter of the United Nations; to strive to realize the objectives of the Universal Declaration of Human Rights; to seek to create within Japan conditions of stability and well-being as defined in Articles 55 and 56 of the Charter of the United Nations and already initiated by post-surrender Japanese legislation; and in public and private trade and commerce to conform to internationally accepted fair practices;

Whereas the Allied Powers welcome the intentions of Japan set out in the foregoing paragraph;

The Allied Powers and Japan have therefore determined to conclude the present Treaty of Peace, and have accordingly appointed the undersigned Plenipotentiaries, who, after presentation of their full powers, found in good and due form, have agreed on the following provisions:

CHAPTER I

PEACE

Article 1

(a) The state of war between Japan and each of the Allied Powers is terminated as from the date on which the present Treaty comes into force between Japan and the Allied Power concerned as provided for in Article 23.

(b) The Allied Powers recognize the full sovereignty of the Japanese people over Japan and its territorial waters.

CHAPTER II

TERRITORY

Article 2

(a) Japan, recognizing the independence of Korea, renounces all right, title, and claim to Korea, including the islands of Quelpart, Port Hamilton and Dagelet.

(b) Japan renounces all right, title and claim to Formosa and the Pescadores.

(c) Japan renounces all right, title and claim to the Kurile Islands, and to that portion of Sakhalin and the islands adjacent to it over which Japan acquired sovereignty as a consequence of the Treat of Portsmouth of September, 5,1905.

(d) Japan renounces all right, title and claim in connection with the League of Nations Mandate System, and accepts the action of the United Nations Security Council of April 2, 1947, extending the trusteeship system to the Pacific Islands formerly under mandate to Japan.

(e) Japan renounces all claim to any right or title to or interest in connection with any part of the Antarctic area, whether deriving from the activities of Japanese nationals or otherwise.

(f) Japan renounces all right, title and claim to the Spratly Islands and to the Paracel Islands.

Article 3

Japan will concur in any proposal of the United States to the United Nations to place under its trusteeship system, with the United States as the sole administering authority, Nansei Shoto south of 29° north latitude (including the Ryukyu Islands and the Daito Islands), Nanpo Shoto south of Sofu Gan (including the Bonin Islands, Rosario Island and the Volcano Islands) and Parece Vela and Marcus Island. Pending the making of such a proposal and affirmative action thereon, the United States will have the right to exercise all and any powers of administration, legislation and jurisdiction over the territory and inhabitants of these islands, including their territorial waters.

Article 4

(a) Subject to the provisions of paragraph (b) of this Article, the disposition of property of Japan and of its nationals in the areas referred to in Article 2, and their claims, including debts, against the authorities presently administering such areas and the residents (including juridical persons) thereof, and the disposition in Japan of property of such authorities and residents, and of claims, including debts, of such authorities and residents against Japan and its nationals, shall be the subject of special arrangements between Japan and such authorities. The property of any of the Allied Powers or its nationals in the areas referred to in Article 2 shall, insofar as this has not already been done, be returned by the administering authority in the condition in which it now exists. (The term nationals whenever used in the present Treaty includes juridical persons.)

(b) Japan recognizes the validity of dispositions of property of Japan and Japanese nationals made by or pursuant to directives of the United States Military Government in any of the areas referred to in Articles 2 and 3.

(c) Japanese owned submarine cables connecting Japan with territory removed from Japanese control pursuant to the present Treaty shall be equally divided, Japan retaining the Japanese terminal and adjoining half of the cable, and the detached territory the remainder of the cable and connecting terminal facilities.

CHAPTER III

SECURITY

Article 5

(a) Japan accepts the obligations set forth in Article 2 of the Charter of the United Nations, and in particular the obligations.

(i) to settle its international disputes by peaceful means in such a manner that international peace and security, and justice, are not endangered;

(ii) to refrain in its international relations from the threat or use of force against the territorial integrity or political independence of any State or in any other manner inconsistent with the Purposes of the United Nations;

(iii) to give the United Nations every assistance in any action it takes in accordance with the Charter and to refrain from giving assistance to any State against which the United Nations may take preventive or enforcement action.

(b) The Allied Powers confirm that they will be guided by the principles of Article 2 of the Charter of the United Nations in their relations with Japan.

(c) The Allied Powers for their part recognize that Japan as a sovereign nation possesses the inherent right of individual or collective self-defense referred to in Article 51 of the Charter of the United Nations and that Japan may voluntarily enter into collective security arrangements.

Article 6

(a) All occupation forces of the Allied Powers shall be withdrawn from Japan as soon as possible after the coming into force of the present Treaty, and in any case not later than 90 days thereafter. Nothing in this provision shall, however, prevent the stationing or retention of foreign armed forces in Japanese territory under or in consequence of any bilateral or multilateral agreements which have been or may be made between one or more of the Allied Powers, on the one hand, and Japan on the other.

(b) The provisions of Article 9 of the Potsdam Proclamation of July 26, 1945, dealing with the return of Japanese military forces to their homes, to the extent not already completed, will be carried out.

(c) All Japanese property for which compensation has not already been paid, which was supplied for the use of the occupation forces and which remains in the possession of those forces at the time of the coming into force of the present Treaty, shall be returned to the Japanese Government within the same 90 days unless other arrangements are made by mutual agreement.

CHAPTER IV

POLITICAL AND ECONOMIC CLAUSES

Article 7

(a) Each of the Allied Powers, within one year after the present Treaty has come into force between it and Japan, will notify Japan which of its prewar bilateral treaties or conventions with Japan it wishes to continue in force or revive, and any treaties or conventions so notified shall continue in force or be revived subject only to such amendments as may be necessary to ensure conformity with the present Treaty. The treaties and conventions so notified shall be considered as having been continued in force or revived three months after the date of notification and shall be registered with the Secretariat of the United Nations. All such treaties and conventions as to which Japan is not so notified shall be regarded as abrogated.

(b) Any notification made under paragraph (a) of this Article may except from the operation or revival of a treaty or convention any territory for the international relations of which the notifying Power is responsible, until three months after the date on which notice is given to Japan that such exception shall cease to apply.

Article 8

(a) Japan will recognize the full force of all treaties now or hereafter concluded by the Allied Powers for terminating the state of war initiated on September 1, 1939, as well as other arrangements by the Allied Powers or in connection with the restoration of peace. Japan also accepts the arrangements made for terminating the former League of Nations and Permanent Court of International Justice.

(b) Japan renounces all such rights and interests as it may derive from being a signatory power of the Conventions of St. Germain-en-Laye of September 10, 1919, and the Straits Agreement of Montreux of July 20, 1936, and from Article 16 of the Treaty of Peace with Turkey signed at Lausanne on July 24, 1923.

(c) Japan renounces all rights, title and interests acquired under, and is discharged from all obligations resulting from, the Agreement between Germany and the Creditor Powers of January 20, 1930, and its Annexes, including the Trust Agreement, dated May 17, 1930; the Convention of January 20, 1930, respecting the Bank for International Settlements; and the Statutes of the Bank for International Settlements. Japan will notify to the Ministry of Foreign Affairs in Paris within six months of the first coming into force of the present Treaty its renunciation of the rights, title and interests referred to in this paragraph.

Article 9

Japan will enter promptly into negotiations with the Allied Powers so desiring for the conclusion of bilateral and multilateral agreements providing for the regulation or limitation of fishing and the conservation and development of fisheries on the high seas.

Article 10

Japan renounces all special rights and interests in China, including all benefits and privileges resulting from the provisions of the final Protocol signed at Peking on September 7, 1901, and all annexes, notes and documents supplementary thereto, and agrees to the abrogation in respect to Japan of the said protocol, annexes, notes and documents.

Article 11

Japan accepts the judgments of the International Military Tribunal for the Far East and of other Allied War Crimes Courts both within and outside Japan, and will carry out the sentences imposed thereby upon Japanese nationals imprisoned in Japan. The power to grant clemency, to reduce sentences and to parole with respect to such prisoners may not be exercised except on the decision of the Government or Governments which imposed the sentence in each instance, and on the recommendation of Japan. In the case of persons sentenced by the International Military Tribunal for the Far East, such power may not be exercised except on the decision of a majority of the Governments represented on the Tribunal, and on the recommendation of Japan.

Article 12

(a) Japan declares its readiness promptly to enter into negotiations for the conclusion with each of the Allied Powers of treaties or agreements to place their trading, maritime and other commercial relations on a stable and friendly basis.

(b) Pending the conclusion of the relevant treaty or agreement, Japan will, during a period of four years from the first coming into force of the present

Treaty.

(1) accord to each of the Allied Powers, its nationals, products and vessels

(i) most-favored-nation treatment with respect to customs duties, charges, restrictions and other regulations on or in connection with the importation and exportation of goods;

(ii) national treatment with respect to shipping, navigation and imported goods, and with respect to natural and juridical persons and their interests-such treatment to include all matters pertaining to the levying and collection of taxes, access to the courts, the making and performance of contracts, rights to property (tangible and intangible), participation in juridical entities constituted under Japanese law, and generally the conduct of all kinds of business and professional activities;

(2) ensure that external purchases and sales of Japanese state trading enterprises shall be based solely on commercial considerations.

(c) In respect to any matter, however, Japan shall be obliged to accord to an Allied Power national treatment, or most-favored-nation treatment, only to the extent that the Allied Power concerned accords Japan national treatment or most-favored-nation treatment, as the case may be, in respect of the same matter. The reciprocity envisaged in the foregoing sentence shall be determined, in the case of products, vessels and juridical entities of, and persons domiciled in, any non-metropolitan territory of an Allied Power, and in the case of juridical entities of, and persons domiciled in, any state or province of an Allied Power having a federal government, by reference to the treatment accorded to Japan in such territory, state or province.

(d) In the application of this Article, a discriminatory measure shall not be considered to derogate from the grant of national or most-favored-nation treatment, as the case may be, if such measure is based on an exception customarily provided for in the commercial treaties of the party applying it, or on the need to safeguard that party's external financial position or balance of payments (except in respect to shipping and navigation), or on the need to maintain its essential security interests, and provided such measure is proportionate to the circumstances and not applied in an arbitrary or unreasonable manner.

(e) Japan's obligations under this Article shall not be affected by the exercise of any Allied rights under Article 14 of the present Treaty; nor shall the provisions of this Article be understood as limiting the undertakings assumed by Japan by virtue of Article 15 of the Treaty.

Article 13

(a) Japan will enter into negotiations with any of the Allied Powers, promptly upon the request of such Power or Powers, for the conclusion of bilateral or multilateral agreements relating to international civil air transport.

(b) Pending the conclusion of such agreement or agreements, Japan will, during a period of four years from the first coming into force of the present Treaty, extend to such Power treatment not less favorable with respect to air-traffic rights and privileges than those exercised by any such Powers at the date of such coming into force, and will accord complete equality of opportunity in respect to the operation and development of air services.

(c) Pending its becoming a party to the Convention on International Civil Aviation in accordance with Article 93 thereof, Japan will give effect to the provisions of that Convention applicable to the international navigation of aircraft, and will give effect to the standards, practices and procedures adopted as annexes to the Convention in accordance with the terms of the Convention.

CHAPTER V

CLAIMS AND PROPERTY

Article 14

(a) It is recognized that Japan should pay reparations to the Allied Powers for the damage and suffering caused by it during the war. Nevertheless it is also recognized that the resources of Japan are not presently sufficient, if it is to maintain a viable economy, to make complete reparation for all such damage and suffering and at the same time meet its other obligations.

Therefore,

1. Japan will promptly enter into negotiations with Allied Powers so desiring, whose present territories were occupied by Japanese forces and damaged by Japan, with a view to assisting to compensate those countries for the cost of repairing the damage done, by making available the services of the Japanese people in production, salvaging and other work for the Allied Powers in question. Such arrangements shall avoid the imposition of additional liabilities on other Allied Powers, and, where the manufacturing of raw materials is called for, they shall be supplied by the Allied Powers in question, so as not to throw any foreign exchange burden upon Japan.

2. (I) Subject to the provisions of subparagraph (II) below, each of the Allied Powers shall have the right to seize, retain, liquidate or otherwise dispose of all property, rights and interests of

(a) Japan and Japanese nationals,

(b) persons acting for or on behalf of Japan or Japanese nationals, and

(c) entities owned or controlled by Japan or Japanese nationals,

which on the first coming into force of the present Treaty were subject to its jurisdiction. The property, rights and interests specified in this sub-paragraph shall include those now blocked, vested or in the possession or under the control of enemy property authorities of Allied Powers, which belonged to, or were held or managed on behalf of, any of the persons or entities mentioned in (a), (b) or (c) above at the time such assets came under the controls of such authorities.

(II) The following shall be excepted from the right specified in sub-paragraph (I) above:

(i) property of Japanese natural persons who during the war resided with the permission of the Government concerned in the territory of one of the Allied Powers, other than territory occupied by Japan, except property subjected to restrictions during the war and not released from such restrictions as of the date of the first coming into force the present Treaty;

(ii) All real property, furniture and fixtures owned by the Government of Japan and used for diplomatic or consular purposes, and all personal furniture and furnishings and other private property not of an investment nature which was normally, necessary for the carrying out of diplomatic and consular functions, owned by Japanese" diplomatic and consular personnel;

(iii) property belonging to religious bodies or private charitable institutions and used exclusively for religious or charitable purposes;

(iv) property, rights and interests which have come within its jurisdiction in consequence of the resumption of trade and financial relations subsequent to September 2, 1945, between the country concerned and Japan, except such as have resulted from transactions contrary to the laws of the Allied Power concerned;

(v) obligations of Japan or Japanese nationals, any right, title or interest in tangible property located in Japan, interests in enterprises organized under the laws of Japan, or any paper evidence thereof; provided that this exception shall only apply to obligations of Japan and its nationals expressed in Japanese currency.

(III) Property referred to in exceptions (i) through (v) above shall be returned subject to reasonable expenses for its preservation and administration. If any such property has been liquidated the proceeds shall be returned instead.

(IV) The right to seize, retain, liquidate or otherwise dispose of property as provided in sub-paragraph (I) above shall be exercised in accordance with the laws of the Allied Power concerned, and the owner shall have only such rights as may be given him by those laws.

(V) The Allied Powers agree to deal with Japanese trademarks and literary and artistic property rights on a basis as favorable to Japan as circumstances ruling in each country will permit.

(b) Except as otherwise provided in the present Treaty, the Allied Powers waive all reparations claims of the Allied Powers, other claims of the Allied Powers and their nationals arising out of any actions taken by Japan and its nationals in the course of the prosecution of the war, and claims of the Allied Powers for direct military costs of occupation.

Article 15

(a) Upon application made within nine months of the coming into force of the present Treaty between Japan and the Allied Power concerned, Japan will, within six months of the date of such application, return the property, tangible and intangible, and all rights or interests of any kind in Japan of each Allied Power and its nationals which was within Japan at any time between December 7, 1941, and September 2, 1945, unless the owner has freely disposed thereof without duress or fraud. Such property shall be returned free of all encumbrances and charges to which it may have become subject because of the war, and without any charges for its return. Property whose return is not applied for by or on behalf of the owner or by his Government within the prescribed period may be disposed of by the Japanese Government as it may determine. In cases where such property was within Japan on December 7,

1941, and cannot be returned or has suffered injury or damage as a result of the war, compensation will be made on terms not less favorable than the terms provided in the draft Allied Powers Property Compensation Law approved by the Japanese Cabinet on July 13, 1951.

(b) With respect to industrial property rights impaired during the war, Japan will continue to accord to the Allied Powers and their nationals benefits no less than those heretofore accorded by Cabinet Orders No. 309 effective September 1, 1949, No.12 effective January 28, 1950, and No. 9 effective February 1, 1950, all as now amended, provided such nationals have applied for such benefits within the time limits prescribed therein.

(c) (i) Japan acknowledges that the literary and artistic property rights which existed in Japan on December 6, 1941, in respect to the published and unpublished works of the Allied Powers and their nationals have continued in force since that date, and recognizes those rights which have arisen, or but for the war would have arisen, in Japan since that date, by the operation of any conventions and agreements to which Japan was a party on that date, irrespective of whether or not such conventions or agreements were abrogated or suspended upon or since the outbreak of war by the domestic law of Japan or of the Allied Power concerned.

(ii) Without the need for application by the proprietor of the right and without the payment of any fee or compliance with any other formality, the period from December 7, 1941, until the coming into force of the present Treaty between Japan and the Allied Power concerned shall be excluded from the running of the normal term of such rights; and such period, with an additional period of six months, shall be excluded from the time within which a literary work must be translated into Japanese in order to obtain translating rights in Japan.

Article 16

As an expression of its desire to indemnify those members of the armed forces of the Allied Powers who suffered undue hard-ships while prisoners of war of Japan, Japan will transfer its assets and those of its nationals in countries which were neutral during the war, or which were at war with any of the Allied Powers, or, at its option, the equivalent of such assets, to the International Committee of the Red Cross which shall liquidate such assets and distribute the resultant fund to appropriate national agencies, for the benefit of former prisoners of war and their families on such basis as it may determine to be equitable. The categories of assets described in Article 14 (a) 2 (II) (ii) through (v) of the present Treaty shall be excepted from transfer, as well as assets of Japanese natural persons not residents of Japan on the first coming into force of the Treaty. It is equally understood that the transfer provision of this Article has no application to the 19,770 shares in the Bank for International Settlements presently owned by Japanese financial institutions.

Article 17

(a) Upon the request of any of the Allied Powers, the Japanese Government shall review and revise in conformity with international law any decision or order of the Japanese Prize Courts in cases involving ownership rights of nationals of that Allied Power and shall supply copies of all documents comprising the records of these cases, including the decisions taken and orders issued. In any case in which such review or revision shows that restoration is due, the provisions of Article 15 shall apply to the property concerned.

(b) The Japanese Government shall take the necessary measures to enable nationals of any of the Allied Powers at any time within one year from the coming into force of the present Treaty between Japan and the Allied Power concerned to submit to the appropriate Japanese authorities for review any judgment given by a Japanese court between December 7, 1941, and such coming into force, in any proceedings in which any such national was unable to make adequate presentation of his case either as plaintiff or defendant. The Japanese Government shall provide that, where the national has suffered injury by reason of any such judgment, he shall be restored in the position in which he was before the judgment was given or shall be afforded such relief as may be just and equitable in the circumstances.

Article 18

(a) It is recognized that the intervention of the state of war has not affected the obligation to pay pecuniary debts arising out of obligations and contracts (including those in respect of bonds) which existed and rights which were acquired before the existence of a state of war, and which are due by the Government or nationals of Japan to the Government or nationals of one of the Allied Powers, or are due by the Government or nationals of one of the Allied Powers to the Government or nationals of Japan. The intervention of a state of war shall equally not be regarded as affecting the obligation to consider on their merits claims for loss or damage to property or for personal injury or death which arose before the existence of a state of war, and which may be presented or represented by the Government of one of the Allied Powers to the Government of Japan, or by the Government of Japan to any of the Governments of the Allied Powers. The provisions of this paragraph are without prejudice to the rights conferred by Article 14.

(b) Japan affirms its liability for the prewar external debt of the Japanese State and for debts of corporate bodies subsequently declared to be liabilities of the Japanese State, and expresses its intention to enter into negotiations at an early date with its creditors with respect to the resumption of payments on those debts; to encourage negotiations in respect to other prewar claims and obligations; and to facilitate the transfer of sums accordingly.

Article 19

(a) Japan waives all claims of Japan and its nationals against the Allied Powers and their nationals arising out of the war or out of actions taken because of the existence of a state of war, and waives all claims arising from the presence, operations or actions of forces or authorities of any of the Allied Powers in Japanese territory prior to the coming into force of the present Treaty.

(b) The foregoing waiver includes any claims arising out of actions taken by any of the Allied Powers with respect to Japanese ships between September l, 1939, and the coming into force of the present Treaty, as well as any claims and debts arising in respect to Japanese prisoners of war and civilian internees in the hands of the Allied Powers, but does not include Japanese claims specifically recognized in the laws of any Allied Power enacted since September 2, 1945.

(c) Subject to reciprocal renunciation, the Japanese Government also renounces all claims (including debts) against Germany and German nationals on behalf of the Japanese Government and Japanese nationals, including inter-governmental claims and claims for loss or damage sustained during the war, but excepting (a) claims in respect of contracts entered into and rights acquired before September 1, 1939, and (b) claims arising out of trade and financial relations between Japan and Germany after September 2, 1945. Such renunciation shall not prejudice actions taken in accordance with Articles 16 and 20 of the present Treaty.

(d) Japan recognizes the validity of all acts and omissions done during the period of occupation under or in consequence of directives of the occupation authorities or authorized by Japanese law at that time, and will take no action subjecting Allied nationals to civil or criminal liability arising out of such acts or omissions.

Article 20

Japan will take all necessary measures to ensure such disposition of German assets in Japan as has been or may be determined by those powers entitled under the Protocol of the proceedings of the Berlin Conference of 1945 to dispose of those assets, and pending the final disposition of such assets will be responsible for the conservation and administration thereof.

Article 21

Notwithstanding the provisions of Article 25 of the present Treaty, China shall be entitled to the benefits of Articles 10 and 14 (a) 2; and Korea to the benefits of Articles 2, 4, 9 and 12 of the present Treaty.

CHAPTER VI

SETTLEMENT OF DISPUTES

Article 22

If in the opinion of any Party to the present Treaty there has arisen a dispute concerning the interpretation or execution of the Treaty, which is not settled by reference to a special claims tribunal or by other agreed means, the dispute shall, at the request of any party thereto, be referred for decision to the International Court of Justice. Japan and those Allied Powers which are not already parties to the Statute of the International Court of Justice will deposit with the Registrar of the Court, at the time of their respective ratifications of the present Treaty, and in conformity with the resolution of the United Nations Security Council, dated October 15, 1946, a general declaration accepting the jurisdiction, without special agreement, of the Court generally in respect to all disputes of the character referred to in this Article.

CHAPTER VII

FINAL CLAUSES

Article 23

(a) The present Treaty shall be ratified by the States which sign it, including Japan, and will come into force for all the States which have then ratified it, when instruments of ratification have been deposited by Japan and by a majority, including the United States of America as the principal occupying Power, of the following States, namely Australia, Canada, Ceylon, France, Indonesia, the Kingdom of the Netherlands, New Zealand, Pakistan, the Republic of the Philippines, the United Kingdom of Great Britain and Northern Ireland, and the United States of America. The present Treaty shall come into force for each State which subsquently ratifies it, on the date of the deposit of its instrument of ratification.

(b) If the Treaty has not come into force within nine months after the date of the deposit of Japan's ratification, any State which has ratified it may bring the Treaty into force between itself and Japan by a notification to that effect given to the Governments of Japan and the United States of America not later than three years after the date of deposit of Japan's ratification.

Article 24

All instruments of ratification shall be deposited with the Government of the United States of America which will notify all the signatory States of each such deposit, of the date of the coming into force of the Treaty under paragraph (a) of Article 23, and of any notifications made under paragraph (b) of Article 23.

Article 25

For the purposes of the present Treaty the Allied Powers shall be the States at war with Japan, or any State which previously formed a part of the territory of a State named in Article 23, provided that in each case the State concerned has signed and ratified the Treaty. Subject to the provisions of Article 21, the present Treaty shall not confer any rights, titles or benefits on any State which is not an Allied Power as herein defined; nor shall any right, title or interest of Japan be deemed to be diminished or prejudiced by any provision of the Treaty in favor of a State which is not an Allied Power as so defined.

Article 26

Japan will be prepared to conclude with any State which signed or adhered to the United Nations Declaration of January 1, 1942, and which is at war with Japan, or with any State which previously formed a part of the territory of a State named in Article 23, which is not a signatory of the present Treaty, a bilateral Treaty of Peace on the same or substantially the same terms as are provided for in the present Treaty, but this obligation on the part of Japan will expire three years after the first coming into force of the present Treaty. Should Japan make a peace settlement or war claims settlement with any State granting that State greater advantages than those provided by the present Treaty, those same advantages shall be extended to the parties to the present Treaty.

8. 요시다 일본대표(일본정부 수상)의 평화조약 찬동 수락 연설 보도문(Premier Voice Mild Protest to Treaty, Yoshida Cites Lost Territory, Threat of Communist Aggression, The San Francisco Examiner, 1951. 9. 8.)

Japan's Premier Voice Mild Protest to Treaty

Yoshida Cites Lost Territory, Threats of Communist Aggression

Japan's Prime Minister agreed last night that the peace treaty offered his country is fair and magnanimous, but he managed still to cry out against some of its provisions.

He managed, too, in a speech before the peace conference, to lash out with more than Oriental claim against Russia and "the sinister forces of tyranny that are sweeping over half the Asiatic continent ⋯ to the very door of Japan."

The speaker, round and bland Shigeru Yoshida, started calmly and politely enough with a single simple statement:

"The Japanese delegation accepts the peace treaty before the conference."

LIST OBJECTIONS—

There was little he could say on that subject, but then he went on:

"It is impossible that anyone can be completely satisfied with the multilateral peace settlement of this kind."

"Even we Japanese, who are happy to accept the treaty, find in it certain points which cause as pain and anxiety."

"I speak of this with diffidece, bearing in mind the treaty's, fairness and magnanimity unparalleled in history and the position of Japan. But I would be remiss in my obligation to my own people if I failed to call attention to this points."

LOST AREAS—

He spoke first of territory Japan lost through the treaty and expressed a fond hope that Ryukyu archipelago and the Bonins, placed under United Nations trustship, someday would be returned to his country.

Then forcibly he denied the Soviet claim that the Kuriles and South Sakhalin had been wrested away from Russia by force. He told how they had been awarded to Japan by the treaty of Portsmouth in 1905, and denied that Russia had any legal claim.

Secondly, Yoshida spoke of the economic burdens of the peace.

"Japan has lost 45% of her entire territory together with its resources. Her population of about 84,000,000 has to be confined within the remaining areas which are war-devastated."

"The peace treaty will deprive Japan of her vast overseas assets. There is fear as to whether Japan, reduced to such a predicament, could ever managed to pay reparations to certain designated A Bled powers."

ASSURANCE—

And then the Japanese shifted from complaints to assurance:

"However, we have undertaken the obligations of the treaty and we mean to carry them out "

Yoshida's third major field for complaint was one which few would deny him. It concerned repatriation of some 340,000 Japanese taken captive by the Reds and presumably now slave workers in the Soviet union.

"In the name of humanity," Yoshida said, "I would like appeal to all the Allied Powers for continued assistance and co-operation towards speeding the repatriation of these helpless Japanese nationals through the instrumentality of the United Nations, or by any other means."

He made it very apparent that Japanese more than willing to sign a security pact with the United States as soon as she granted sovereignty.

"Being unarmed as we are," he said, "we must seek help from a country that can and will help us. That is why we shall conclude the security pact with the United States under which American troops will be rich retained in Japan."

LAUDS M'ARTHUR—

Yoshida paid high praise to Gen. Douglas MacArthur and held him largely responsible for the fact that "Japan today is no longer the Japan of yesterday."

"I speak of the old Japan," he said, "because out of the ashes of Japan there has risen a new Japan."

"We pray that henceforth not only Japan but all mankind, may know the blessings of harmony and progress."

9. 덜레스 미국 국무장관의 주일 미국대사에게 보낸 전보문 (Foreign Service of United States of America, Telegram Incoming. Secret Security Information from Sec-State Washington, Nr 497, 1953. 12. 9.)

TELEGRAM INCOMING

Foreign Service of the United States of America

SECRET SECURITY INFORMATION

Classification

Control

Recd: December 10, 2:20 pm

PREC: Routine

FROM: SecState WASHINGTON

NR: 497

DATE: December 9, 1953, 7 pm

SENT TOKYO 1387 RPTD INFO SEOUL 497 FROM DEPT.

Tokyo's 1306 repeated Seoul 129.

Department aware of peace treaty determinations and US administrative decisions which would lead Japanese expect US act in their favor on dispute with ROK over sovereignty Takeshima. However to best our knowledge formal statement US position to ROK in Rusk Note August 10, 1951 has not been communicated Japanese. Department believes may be advisable or necessary at same time inform Japanese Government US position on Takeshima. Difficulty this point is question of timing as we do not wish add another issue to already difficult ROK-Japan negotiations or involve ourselves further than necessary in their controversies, especially in light many current issues pending with ROK.

Despite US view peace treaty a determination under terms Potsdam Declaration and that treaty leaves Takeshima to Japan, and despite our participation in Potsdam and treaty and action under administrative agreement, it does not necessarily follow US automatically responsible for settling or intervening in Japan's international disputes, territorial or otherwise, arising from peace treaty. US view regarding Takeshima simply that of 1 of many signatories to treaty. Article 22 was framed for purpose settling treaty disputes. New element mentioned paragraph 3 your 1275 of Japanese feeling United States should protest Japan from ROK pretensions to Takeshima can not be considered as legitimate claim for US action under security treaty. Far more serious threat to both US and Japan in Soviet occupation Habomais does not impel US take military action against USSR nor would Japanese seriously contend such was our obligation despite our public declaration Habomais are Japanese territory. While not desirable impress on Japanese Government security treaty represents no legal commitment of part US, Japanese should understand benefits security treaty should not be dissipated on issues susceptible judicial settlement. Therefore as stated Department telegram to Pusan 365 repeated information Tokyo 1360 November 26, 2952 and restated Department telegram 1198 US should not become involved in territorial dispute arising from Korean claim to Takeshima.

Issue seems less acute at moment so perhaps no action on our part required. However in case issue revived believe our general line should be that this issue, if it can not be settled by Japanese and Koreans themselves, in kind of issue appropriate for presentation international court of justice. [Dulles]"

참고문헌

金東祚(1986), 『회상 30년 韓日會談』 중앙일보사

김명기(2012), 「SCAPIN 제677호에 관한 한국정부의 견해 검토」, 『독도연구』 제13호

김병렬(1998), 「대일강화조약에서 독도가 누락된 전말」, 독도연구보전협회 편, 『독도 영유권과 영해와 해양주권』, 독도연구보전협회

김영구(2011), 「독도영유권에 관한 법적 논리의 완벽성을 위한 제언(II) -SCAPIN 제677호에 관한 법적 논의 속의 오류와 모호성」, 『독도연구』 제11호

김영석(2014), 「1948년 UN총회 결의 195(3)호와 우리나라 독도에 대한 영유권」, 『법학논집』(이화여자대학교 법학연구소) 제19권 2호

김영수(2008), 「한일회담과 독도영유권-샌프란시스코 강화조약과 한일회담 기본 관게 조약을 중심으로」, 『한국정치학회보』, 제42집 4월호

김원희(2023), 「샌프란시스코 강화조약의 영토조항과 SCAPIN 제677호의 관련성 에 대한 국제법적 검토」, 『독도연구』 제34호

나홍주(2011), 「SCAPIN 제677호(1946. 1. 29)의 국제특별법령의 성격」, 독도학회·독도연구보전협회 2011년도학술회의 논문집

나홍주(2016), 「샌프란시스코 평화조약 제2조(a)와 일본교과서상 독도 왜곡 심화 고찰」, 독도학회·독도연구보전협회창립 20주년 기념학술대회 논문집

나홍주(2018), 「'러스크 서한'을 번복시킨 덜레스 장관의 조치 검토」, 『독도 연구』, 제24호

도시환(2022), 「독도주권과 일본의 조약적 권원 주장에 대한 국제법적 검토」, 『독도연구』 제33호

동북아역사재단 독도연구소(2008), 『독도의 진실: 독도는 대한민국 영토입니다』 (미니 자료집)

동북아역사재단 편(2018), 『독도 영토주권과 해양영토』, 연구총서 70

박병섭(2014), 「대일강화조약과 독도·제주도·쿠릴·류큐제도」, 『獨島研究』(영남 대 독도연구소) 제16집

박지영(2023), 「샌프란시스코 강화조약 성립과정에 관한 연구」, 『독도연구』 제34호

박진희(2005), 「戰後 한일관계와 샌프란시스코 平和條約」, 『한국사연구』 제 131호

박진희(2008), 『한일회담: 제1공화국의 대일정책과 한일회담 전개과정』, 선인

박현진(2016), 『獨島 영토주권 연구』, 경인문화사

卞榮泰, 『나의 祖國』, 自由出版社, 1956

서인원, 「일본 육지측량부 지도제작과 독도영유권 인식에 대한 고찰」, 『영토해양 연구』, 제14호, 2017

성삼제(2020), 『독도와 SCAPIN 제677/1』, 우리영토

신용하 편저(2000), 『독도영유권 자료의 탐구』 제3권, 독도연구보전협회

신용하(1991), 「한국 固有領土로서 獨島領有에 대한 역사적 연구」, 『韓國社會史 研究會論文集』 제 27집

신용하(1996), 『독도의 민족영토사 연구』 지식산업사

신용하(1999), 「대한민국 임시정부와 카이로 선언」, 『대한민국 임시정부 수립 80 주년 기념 논문집 (하)』, 국가보훈처

신용하(2006), 『한국의 독도영유권 연구』, 경인문화사

신용하(2010), 「샌프란시스코 平和條約 때 일본측이 오용한 1905년 일본의 독도 침탈 자료」, 2010년도 독도연구보전협회·독도학회학술대회 논문집

신용하(2011), 『개정판, 독도영유권에 대한 일본주장 비판』, 서울대 출판문화원

신용하(2012), 『독도영유의 진실 이해』, 서울대학교출판문화원

신용하(2019), 「연합국의 샌프란시스코 對일본 평화조약에서 독도=한국영토 확정 과 재확인」, 『학술원논문집』 제58집 2호

신용하(2023), 「SCAPIN 제677호 및 샌프란시스코 평화조약과 독도에 대한 러스크 서한: 독도와 샌프란시스코 평화조약 관련 연구방향을 중심으로」, 『독도 학회·독도연구보전협회 2023년도 학술대회 논문집』

신용하(2024), 「샌프란시스코 평화조약에서 독도에 대한 '러스크 서한'과 덜레스 의 유권적 해석」, 『학술원통신』 제 368호

유미림(2013), 『우리사료 속의 독도와 울릉도』, 지식산업사.

유미림(2015), 『일본사료측의 독도와 울릉도』, 지식산업사.

유병구(2016), 「죽도문제연구회의 독도영유권 조작에 대한 논증: 샌프란시스코 평 화조약과 러스크서한을 중심으로」, 『일본문화연구』, 제 71호.

유석재(2019), 『독도공부: 한권으로 읽는 독도논쟁의 모든 것』, 교유서가.

유하영(2019), 「제2차 세계대전 이후 극동지역 전시범죄 재판 개관」, 『동북아연구』 제34권 1호.

이동원(2015), 「SCAPIN 제677호에 대한 법적 해석과 독도영유권」, 『독도논총』 제 1·2호

이동원(2016), 「SCAPIN 제677호에 대한 한일간 논점의 검토」, 『독도』

이상면(2001), 「독도영유권의 증명」, 『법학』(서울대) 제42권 제4호

이장희(2005), 「일본의 독도영유권 주장의 부당성과 한국의 대응방안」, 『국제법논총』

이석우(2003), 『일본 영토분쟁과 샌프란시스코 평화조약』, 인하대학교 출판부

이석우(2007), 『동아시아의 영토분쟁과 국제법』, 집문당, 2007

이선민(2020), 『독도 120년』, 사회평론.

이원덕(1996), 『한일과거사 처리의 원점; 일본의 전후 처리 외교와 한일회담』, 서
　　울대학교출판부

李漢基(1966), 「Critical Date의 연구: 獨島문제 대한 법적 고찰을 위하여」, 『국제법
　　학회논총』제 9권 제1호.

이한기(1967), 「The Minguiers and Crehos의 연구 - 獨島문제에 관련된 실효적 점유
　　의 원칙에 대한 비판적 고찰을 중심으로」, 『서울대학교 法學』제10권 제1호

이한기(1968), 「국제분쟁과 재판: 獨島問題의 재판부탁성에 관련하여」, 『서울대학
　　교 法學』제 9권 제1호

이한기(1969), 『韓國의 領土』, 서울대학교 출판부

이환규(2015), 「샌프란시스코 대일 평화조약의 제3자적 효력과 독도영유권」, 『인
　　문사회21』제11권 제6호

장박진(2017), 「SCAPIN 제677호 발령의 배경과 그 과정: 행정권 분리의 정치적 의
　　미와 독도문제에 대한 합의」, 『국제지역연구』제26권 1호

정병준(2005), 「영국 외무성의 對日 평화조약 초안·부속지도의 성립(1951. 3)과 한
　　국독도영유권의 재확인」, 『한국독립운동사연구』 제 24집

정병준(2010), 『독도 1947』, 돌베개

정병준(2017), 「샌프란시스코 평화조약과 독도」, 『독도연구』제 18호

정병준(2019), 『샌프란시스코 평화조약의 한반도관련 조항과 한국정부의 대응』,
　　국립외교원

정인섭(2006), 「1952년 평화선 선언과 해양법의 발전」, 『서울국제법연구』제13권
　　제2호

정재민(2013), 「대일 평화조약 제2조가 한국에 미치는 효력」, 『국제법학회논총』
　　제58권 제2호

정태만(2015), 「'일본영역참고도'와 연합국의 대일평화조약」, 독도연구보전협회,
　　2015년도 학술대회 논문집

정태만(2017), 「샌프란시스코 평화조약의 문헌적 해석」, 『일본문화연구』제72호

정태만(2018), 「샌프란시스코 대일평화조약과 관련된 일본측 주장과 그 비판」,
　　『독도연구』제24호

주선희(2007), 「해방 후 연합국의 독도 영토처리에 관한 한·일 독도연구 쟁점과 향후 전망」, 『한국사학보』 제28집 (고려사학회)

지철근(1979), 『平和線』, 범우사

塚本孝(1996), 「샌프란시스코평화조약시 독도 누락과정 전말」, 『한국군사』(한국군사문제연구원), 제3호

최장근(2004), 「샌프란시스코 조약의 영토조항에 관한 고찰」, 『일어일문학』 제21호

최장근(2009), 「'총리부령 24호'와 '대장성령 4호'의 의미분석」, 『일어일문학연구』 제72집 제2권

최장근(2012), 「미일행정협정과 '죽도' 영유권과의 무관성 논증」, 『동북아문화연구』(동북아시아문화학회) 제 30집

최장근(2013), 「한일협정 직후 일본의 '죽도'정책 소멸 – 일본 의회 의사록을 중심으로-」, 『일본근대학연구』제42집

최장근(2014), 『일본의회 의사록이 인정하는 '다케시마'가 아닌 한국영토 독도』, 제인애씨

최지현(2023), 「한국의 샌프란시스코 대일평화조약 비당사국 지위와 독도」, 『독도연구』 제34호

하라 키미에(2021), 「샌프란시스코 강화조약과 동아시아 영토갈등의 기원」, 『영토해양연구』 제22권

한규호(1948), 「독도사건 현지보고, 참극의 독도」, 『新天地』 1948년 7월호.

한표욱(1996), 『이승만과 한미외교』, 중앙일보사

洪聖根(2003), 「獨島 폭격사건의 國際法的 爭點 분석」, 獨島學會 편, 『韓國의 獨島領有權研究史』(독도연구총서 10), 독도연구보전협회

홍성근(2015), 「평화선 선언과 독도 폭격 연습지 지정에 대한 법·정책적 이해」. 『독도연구』18

호사카 유지(2012), 「샌프란시스코 평화조약과 '러스크 서한'」, 『일본문화연구』제43호

久保井規夫(2014). 『図説 竹島=獨島問題の解決』. 柘植書房新社

吉岡吉典(2008), 「竹島問題とはなにか」, 1962; 「다케시마(竹島)문제란 무엇인가(번역)」 『獨島研究』(영남대 독도연구소), 제5호

每日新聞社編(1952). 『對日本平和條約』

西牟田靖(2011). 『ニッポンの國境』. 光文社新書

西村熊雄. 1971. 『日本外交史27, サンフランシスコ平和條約』鹿島研究所出版會

細谷千博(1989), 『サンフランシスコ講和條約への道』, 中央公論社

植田捷雄. 1965. 「竹島の歸屬をめぐる日韓紛爭」, 『一橋論叢』 54巻 1號

原貴美惠(2005), 『サンフランシスコ平和條約の盲点』渓水社

李鍾元(1996), 『東アジア冷戰と韓米日關係』, 東京大出判會

日本外務省 編. 2005~2008. 『日本外交文書 サンフランシスコ平和條約』(全3冊)

塚本孝(2007), 「サンフランシスコ平和條約における竹島の取り扱い」; 『竹島
　　　問題に關する調査研究最終報告書』, 竹島問題研究會.

塚本孝. 1994. 「竹島領有權問題の経緯」, 『調査ど情報』 224號

塚本孝. 1994. 「平和條約ど竹島」, 『レファレンス』

太壽堂鼎. 1965. 「竹島紛爭」, 『國際法外交雜誌』 64巻 4·5號

Acheson, Dean. 1969. Present at the Creation, My Years in the State Department,
　　　Norton, New York

Acheson, Dean. 1969. The Korean War, W.W Norton and Co. New York

Allison, John M. 1973. Ambassador from the Prairie, Boston, Houghton Mifflin

Ball, W. Macmahon. 1949. Japan Enemy or Ally? Institute of Pacific relations, New
　　　York

Borton, Hugh. 1947. "United States Occupation Policies in Japan since Surrender",
　　　Political Science Quarterly, Vol. 62, No. 2.

Borton, Hugh. 1955. Japan's Modern Century. the Ronald Press. New York

Borton, Hugh. 2002. Spanning Japan's Modern Country; The Memoirs of Hugh Borton,
　　　Lexington Books.

BraiBanti, Ralph J. D. 1948. "Occupation Controls in Japan", Far Eastern Survey, Vol.
　　　17, No. 18

Dulles, John Foster, 1950. War or Peace, the Macmillan Co. New York

Dulles, John Foster, 1959. The Spiritual Legacy of John Foster Dulles: Selections from
　　　His Articles and Addresses. the Westerminster Press, Philadelphia.

Eiji, Takemae. 2002. Inside GHQ: The Allied Occupation of Japan and its Legacy,
　　　Continuum, New York.

Emerson, John K. 1978. The Japanese Thread: A life in the U.S. Foreign Service. Holt,
　　　Rinehart & Winston

Finn, Richard. 1992. Winners in Peace: MacArthur, Yoshida, and postwar Japan.
　　　University of California Press

Fearey, Robert A. 1950. The Occupation of Japan, Second Phase: 1948~50, The
　　　Macmillan, New York.

Na, Hong-Ju. 2015. "Artical 2(a), Peace Treaty with Japan(Sept. 8, 1951), San

Francisco, and Dokdo Islets(Liancourt Rocks, Take Island)", Korean Yearbook of International Law, Vol. 2, The Korean Branch of the International Law Association

Rix, Alan(ed.). 1988. Intermittent Diplomat: The Japan and Batavia Diaries of W. MacMahon Ball. Melbourne University Press.

Sebald, William J. 1965. With MacArthur in Japan; A Personal History of the Occupation. WW Norton

찾아보기

ㄱ

개인 노트 218, 219
개인 편지 215, 217
개인의 사적 노트 33, 218
개인적 사적 이해와 견해 219
개정 제2차 미·영합동초안 23, 132, 197
거문도 22, 23, 93, 134, 150
거짓 사문서 215
거짓말 31, 68
경상북도 울릉군 남면 독도 80
공식 서한 32
공식적 이해 31
공식적 해석 31
공작외교 67
관할권 83
『구일본 영토처리에 관한 합의서』의 부
　　속지도 110
『구일본영토 처리에 관한 합의서』 104,
　　106, 125, 161, 168, 191, 194, 196
국제법상 "독도=한국영토" 190
국제법상 영구히 대한민국의 완벽한 영토
　　159, 168, 185, 208, 219
국제법상 영구히 합법적인 것 167
국제법상 의무 175
국제법상 일본영토 결정할 합법적 권리
　　216
국제법상 일본영토 규정 171
국제법상 조약 159
국제법상 지위와 권한 216

국제법상 합법적 집행 216
국제법상 효력 180
국제사법재판소 30, 41, 144, 199, 213,
　　214
국제사회 219
국제연합의 신탁통치 35
국제적 범죄사건 79
국제적 사기행위 219
군국주의자들 69
그 실제로 집행되었던 것 30
그 실제로 집행했던 영토 규정 199
그 이미 집행한 것 30
그 집행인 SCAPIN 제677호 32, 149,
　　150
그것의 유일한 집행인 SCAPIN 제677호
　　148
그로미코(Andrei Gromyko) 28, 142
극동위원회 55, 57, 147, 160, 177, 192
극동위원회 위원국가 210
금반언의 원칙 84
기상관측소 100
기준일 '1894년 1월 1일' 91
김구(金九) 91
김규식(金奎植) 80, 91

ㄴ

나가사키(長崎) 52
남사하린 35, 92

남조선 과도정부 19, 55, 72, 75, 80
남조선 과도정부가 요구한 맥아더 선(線)
　　수정요구 지도 74
남조선과도입법의원 80
남한(South Korea)' 190
너무 작은 무인도 196
너무 작은 바위 섬 164
뉴질랜드 21, 116, 126
뉴질랜드의 견해 132

ㄷ

다른 특정한 지령 185
다케시마 33, 35, 45
『다케시마 문제에 대한 10개의 포인트』
　　33
대(對)일본 연합국 이사회 16, 55, 176
『대(對)일본 평화조약』 38, 39, 157, 167,
　　203, 206
대(對)일본평화조약 제1차 미국초안 부
　　속지도 192
『대구시보(大邱時報)』 72
대마도 60
대마도의 한국 반환 209
대만 53
대일본제국 영토 99
대장성령 제99호 37
대통령 특사 193
대한민국 19, 80, 113, 119
대한민국 대표 141
대한민국 영토 32, 40
대한민국 임시정부 50
대한민국 정부 81, 83, 85
대한민국 정부 승인 83
대한민국 주권에 대한 대통령 선언 45

대한민국의 고유영토 40
대한민국의 국제법상 독도 영유 190
대한민국의 독도 영유권 19, 84, 168,
　　171, 190, 191
대한민국의 독도영유권 국제법상 영구히
　　완벽하게 재정립 167, 203
대한민국의 연합국 일원 문제 130
대한민국의 완전한 주권 109
대한제국 48, 50, 52
덜레스 미국초안 22, 26, 89, 128, 130,
　　162, 193
덜레스 연설문 전문 29, 40
덜레스 전보 140, 214
덜레스 제1차 초안 117, 119
덜레스 제2차 초안 119
덜레스 제3차 초안 122, 124
덜레스 준비위원장에 의해 이미 폐기당한
　　초안 210
덜레스(John Foster Dulles) 22, 23, 26,
　　28, 31, 32, 33, 34, 39, 47, 85, 86,
　　89, 116, 117, 134, 138, 142, 144,
　　149, 150, 159, 162, 165, 166, 193,
　　198, 200, 201, 202, 209, 211, 214,
　　216, 218
덜레스-요시다 회담 130
덜레스의 1951년 9월 5일자 유권적 해석
　　212
덜레스의 샌프란시스코 평화조약문 유권
　　적 해석 연설문 237
덜레스의 주일 미국대사에게 보낸 전보문
　　287
덜레스의 평화조약 7개 원칙 117
덜레스의 평화조약문 유권적 해석 4,
　　35, 40, 143, 146, 219
독도 17, 18, 19, 23, 25, 26, 30, 31,
　　32, 33, 35, 37, 45, 46, 50, 85, 92,

93, 99, 112, 113, 117, 134, 150, 164, 165, 179, 185

독도 문제　45, 171, 214

독도 영구히 한국영토로 국제법상 재비준·재확정　33, 34, 202, 217

독도 영유권 논쟁　15, 45, 165

독도 폭격사건　79

독도 폭격연습사건　76

독도 현지조사단　75

독도(獨島, 일본명 竹島)를 조선(朝鮮)에 부속　38

'독도'(Liancourt Rocks) 명칭　189, 200, 202

'독도'는 무인도　195, 196

독도=한국영토　108, 151, 161, 167, 200, 206

독도=한국영토 집행조치의 효력　203

"독도=한국영토"의 판정　167

독도는 '대한민국의 완벽한 영토'　191

독도는 "대한민국의 완전한 주권에" 귀속　19, 168, 190

독도는 울릉도와 함께 '조선구역'으로 분류　187

독도는 울릉도의 부속섬　188

독도를 한국영토로 판정　31, 181, 206, 219

독도연구보전협회　5

독도영유권 주장　45

독도와 그 영해 시설 투자　41

독도침탈　45

독도학회　5

독립운동　50

딘(William F. Dean)　78

ㄹ

러스크 노트(Rusk note)　5, 32, 138, 139, 165, 208, 212, 214, 215

러스크 서한(Rusk letter)　4, 24, 25, 29, 31, 32, 33, 40, 139, 140, 143, 171, 208, 212, 214, 218, 236

'러스크 서한'은 사문서　165

러스크(Dean Rusk)　5, 23, 31, 105, 161, 171, 191, 209, 217, 219

러스크의 개인 견해　165, 211, 213

러스크의 개인적 사적 노트　212

러스크의 거짓말　137

러스크의 사적 노트　137, 212, 218

러스크의 사적 이해　137, 139, 212, 215

러스크의 수기　137, 165

러일전쟁　99

러치(A. L, Lerche)　80

레이더 기지　100

루스벨트(Franklin D. Roosevelt)　48

류큐열도(오키나와)　152

리앙쿠르 암도(Liancourt Rocks, 독도)　58, 100, 106, 108, 114, 117, 150

ㅁ

마이니치 신문사(每日新聞社)　38, 39, 157, 167, 206

만주침략　48, 99

매카시 선풍　20, 22, 105, 116, 162, 191, 193

매카시(Joseph McCarthy)　116

맥아더 라인　19, 23, 62, 63, 73, 181

'맥아더 선' 지속　209

맥아더(Douglas MacArthur)　53, 54, 55,

　100, 175
모스크바 3상회의　16
무인도　22, 25, 130
무인소도는 모도(母島) 영유국가의 영유
　164
무조건 항복　16, 51, 174, 216
무조건 항복문서　175
미 공군기의 독도 폭격사건　78, 80, 85,
　137
미 군정장관　78
미 극동공군사령부　77
미 육군 태평양지역 사령관　54
미 점령군의 지령　179
미·소 냉전　105
미·영 합동초안　22, 89, 129, 163
미국　177
미국 국가이익　194
미국 국무부 극동담당 차관보　211, 218
미국 국무장관(덜레스)의 전보문　215
미국 대통령 특사　22, 23, 28
미국 대표　22, 218
미국 덜레스 초안　122, 124, 125
미국 정부의 공식 입장　213
미국 제1차 초안　161, 195
미국 제5극동공군　76
미국 제6차 초안　27
미국 제6차 초안 폐기　193
미국대표단장　21, 23, 28, 143
미국의 견해　31
미국의 공식문서　32, 218
미국의 동맹국가　123
미군의 기상 및 레이더 관측소　104
미군정　19
미군정 시기　79
민정장관　80
민족문제　45

ㅂ

반(半)식민지　48
발라트(F. A. Vallat)　130
방청국　141
방청국 대표 참석 한국대표단　146
베르사유 평화조약　22
보닌(Bonins, 오가사와라, 小笠原)제도
　35
보튼(Hugh Borton)　90, 91, 101, 190,
　191
보호국　48
분쟁지　40

ㅅ

사기행위　215
사문서　26
사문서 폐기　208
사법적 권리　83
48개국 비준 서명　202
사적 이해(private understanding)　31,
　136, 165, 201, 211, 214, 218
사적 편지　211
사적 해석　29, 30, 31, 136, 144, 165,
　198, 201, 211
샌프란시스코 '연합국의 대일본 평화조
　약'　32, 34, 36, 46, 151, 168, 190,
　204, 219
샌프란시스코 전쟁기념 공연예술센터
　28, 141, 197
샌프란시스코 평화조약 발효　37
샌프란시스코 평화조약 승인비준　205
샌프란시스코 평화조약 전문　265
샌프란시스코 평화조약문　30, 144, 265

샌프란시스코 평화조약에 동의 서명 202
샌프란시스코 평화조약의 공식적 이해 31
샌프란시스코 평화회의 5, 27, 159
소 일본열도 영토 99
소련 177
소유권 83
스노우(Conrad Snow) 130
SCAPIN 제 677/1 35, 152
SCAPIN 제 677호의 규정 64
SCAPIN 제1033호 19, 62, 63, 71, 181
SCAPIN 제2046호 63
SCAPIN 제677호 4, 17, 18, 21, 30, 31, 32, 34, 52, 59, 64, 71, 97, 106, 109, 140, 143, 147, 148, 161, 166, 167, 177, 178, 185, 186, 187, 190, 205, 217, 230
SCAPIN 제677호 지령 효력 보장 149, 203
SCAPIN 제677호와 그 집행 34
SCAPIN 제677호와 평화조약 제19조(d)항 215
SCAPIN 제677호의 '일본영토정의' 200
SCAPIN 제677호의 부속지도 18, 37, 39, 59, 61, 151, 154, 158, 179, 180, 204, 207
SCAPIN 제677호의 효력 인정 34
스탈린(Joseph Stalin) 51
스핑크스(Charles Nelson Spinks) 101
시볼드(William J. Sebald) 19, 26, 67, 88, 99, 100, 103, 105, 110, 136, 161, 191, 211
시볼드의 로비 29, 99, 143, 192, 210
시볼드의 수정 제안 111
실무자회담 130
실효적 점유 40

ㅇ

안재홍(安在鴻) 72, 73, 74, 75, 80, 91
애치슨(Dean G. Acheson) 23, 26, 134, 211
애틀리Clement Attlee 51
앨리슨(John M. Allison) 118, 130, 138, 191, 212, 218, 219
앳치슨(George Atcheson Jr.) 67
「약간의 주변 지역을 정치상 행정상 일본으로부터 분리하는 데에 관한 각서」 16, 57, 177
양유찬(梁裕燦) 28, 33, 146, 209, 217
어업수역 19
엄격하고 치밀하게 일치시킨 것 150, 200
엄정 중립 140, 165
여운형(呂運亨) 91
연설 전문(全文) 47, 237
연합국 160, 216
연합국 공동합의 결정 143
연합국 극동위원회 16, 17, 21, 27, 59, 115, 160, 176, 200
연합국 합의 219
연합국(Allied Powers) 176
연합국(연합국최고사령관)의 군정기간 202
연합국과 일본 대표단의 서명 36
연합국의 견해 31
연합국의 결정 97
『연합국의 구 일본 영토 처리에 관한 합의서』 20, 22, 105, 107, 233
연합국의 군정 통치 175
연합국의 대(對)일본 평화조약 준비 88
연합국의 대(對)일본 평화조약(1951. 9. 8) 38, 39, 157, 161, 203

연합국의 일본 통치기관 216
연합국의 점령기간 34, 149, 166, 186, 202
연합국의 지령 64, 179
'연합국의 포츠담선언 제8조'와 '그 집행' 29, 140
연합국의 합의 존중 128
연합국최고사령관 16, 17, 34, 55, 60, 147, 149, 160, 166, 171, 174, 177, 183, 200, 215, 216
연합국최고사령관 기구표 56
연합국최고사령관 지령 4, 17, 34, 57, 88, 177, 216
연합국최고사령관 지령(directives)의 효력 186
『연합국최고사령관 행정지역: 일본과 남한(SCAP Administrative Areas: Japan and South Korea』 60, 151, 179, 180, 181
연합국최고사령부 16, 54
연합국최고사령부 해체 167
연합군(Allied Armies) 176
영구 보장 조치 149
영구한 효력 149
영구히 독도=한국영토 공인 비준 34
영국 21, 116, 126
영국 외무부 대일평화조약 초안 첨부지도 127
영국 제1차 초안 126
영국 제3차 초안 130
영국초안 21, 26, 27, 162
영연방 국가 116, 126
영연방 국가들의 다수 견해 132
영유권 83
영유권 논쟁 15
영유권 분쟁 15

영토분쟁의 씨앗 87, 113
오스트레일리아 21, 116, 126, 177
5·10선거 77
51개국 대표 141, 197, 214
오키나와 76
완벽한 영토로 영유 40
완전식민지 48
외사고등경찰부(外事高等警察部) 67
요시다 시게루(吉田茂) 28, 35, 36, 155, 167, 202
요시다 일본대표의 평화조약 찬동 수락 연설 보도문 284
우산도(于山島) 45, 70
울릉도 22, 23, 93, 134, 150, 179
『울릉도 전도』(鬱陵島全圖) 188, 189
울릉도 학술조사대 75
'울릉도'와 '독도' 모두 탈취 69
울릉도·독도 182
울릉도·독도 재침탈 68
울릉도·독도 학술조사 76
울릉도·독도 학술조사대 75
울릉도와 독도 68, 70
"울릉도와 독도" 경상북도 소속 관할로 표기 188
울릉도의 부속도서 50
원자폭탄 52
원주인 한국 17
유구열도 35
유권적 해석 31, 34, 35, 39, 47, 159, 198, 201, 202, 211, 214, 217, 218
유권적 해석 공표 150
유권적 해석 연설 전문 29, 47, 237
유권적 해석의 연설문 소책자 214
유일한 정의(the only definition) 30, 143, 148, 198, 200, 201, 218
유효한 지배권 83

6년 전 실제로 집행 143

6년 전 실제로 집행되었던(actually carried into effect 6 years ago) 규정 143, 146, 147, 165, 198

6년 전의 포츠담선언 제8조와 그 이미 집행한 것 143, 146, 165, 218

『은주시청합기(隱州視聽合記)』 70

을사조약 48

이미 실제로 집행한(actually carried into effect)한 것 31, 147, 200

이미 연합국이 집행한 것(SCAPIN 제677호) 31

이사토 이치마다(一万田尙登) 36, 202

이승만(李承晩) 74, 80, 209

이시영(李始榮) 80

이어도 23, 26, 165

2019 일본방위백서 46

이케다 하야도(池田勇人) 36, 202

일본 '천황' 167

일본 국회 36, 37, 205

일본 국회 '독도' 한국영토임 인지 37

일본 국회 독도를 일본영토에서 제외하여 한국영토 인정 37

일본 군국주의 70

일본 군국주의의 잔당 98

일본 군정 55

일본 대표단 167, 202

일본 로비스트들 165

일본 방공식별구역 37

일본 본토에 근접한 제소도 68

일본 어부 63

일본 영토주권의 정의 148

일본 외무성 66, 68, 215

일본 임시정부 55

일본 입헌군주국 헌법 154

일본 재독립 34

일본 정부 33, 215, 216

일본 정부·중의원·참의원·'천황' 모두 평화조약 동의·비준 40

일본 정부·중의원·참의원·일본'천황' 219

일본 정부와 그 승계자는 포츠담선언 규정 성실히 수행을 서명 확약 175, 185, 216

일본 제국주의 48, 186

일본 제외(other than Japan) 107

일본 중의원과 참의원 비준·승인 38

일본 평화조약 전권위원장 36

일본 항공자위대 46

일본 헌법 204

일본'천황' 재가 206

일본국민 206

일본군 수뇌부 188

일본군 최고 수뇌부 기관 186

일본에게는 보이지 아니한 극비문서 125

「일본영역도(日本領域圖)」 38, 39, 157, 158, 167, 206, 207

「일본영역참고도(日本領域參考圖)」 36, 37, 38, 39, 154, 155, 156, 158, 167, 204, 205, 206, 207

일본영토 정의 4, 17, 147

일본영토 조항 29

일본영토 한정의 기준일자 1894년 1월 1일 91

일본육군참모본부 188

일본육군참모본부 육지측량부 186, 187, 188

『일본의 부속소도(IV)』 68

일본의 정의 57, 58, 59, 60, 64, 88, 147, 148, 178, 184, 201

일본인의 어업 및 포경업의 허가구역 62, 181

일본인의 재산청구권 23
일본정부 38, 46, 219
일본정부의 허위선전 40
일본측 로비스트 5, 26
일본측 잘 인지 158
일본항복문서 228
일본헌법 36
1946년 1월 29일 SCAPIN 제677호 34,
　　147, 200, 215
1948년 12월 12일 유엔총회 제195(Ⅲ)호
　　81, 85, 87
1969년 조약법에 관한 비엔나 협정 167
1894 청·일전쟁 54
임병직(林炳稷) 28, 146

ㅈ

"작은 섬들" 집단 분류 187
장개석(蔣介石) 48, 50
장면(張勉) 81
재비준 31, 32
재일본 한국인 재산회복 209
재한국 일본인 재산몰수 209
적당한 시기에(in due course) 49
전쟁범죄 국가 일본 123, 128, 194
절대적인 유권적 해석 218
점령기간 34, 149, 166, 186, 202
정치적·행정적 권리 83
제 2차 미·영 합동초안 197
제1차 '미·영합동초안' 131
제1차 미국초안 19, 90
제1차 미국초안 부속지도 94, 128
제1차 세계대전 22, 49
제1차 영국초안 194
제2차 독도 오폭사건 32

제2차 미국초안 95
제2차 세계대전 48, 51
제2차 영국초안 126, 194
제3차 국제연합 총회(UN총회) 81
제3차 미국초안 95
제3차 영국초안 126, 194
제4차 미국초안 96
제5차 미국초안 96, 104, 109
제5차 미국초안의 부속 지도 98
제6차 미국초안 20, 21, 22, 26, 105,
　　106, 111, 117, 161, 162, 191, 210
제주도 22, 23, 93, 129, 134, 150, 163,
　　179, 195
제주도·거문도·울릉도 163
제주도·울릉도·독도 58
제헌국회 77, 80
조선 울릉도 부속도서 188
조선령(朝鮮領) 157, 206
조선민중의 노예상태 49
조선산악회 75
조선총독부 188
조소앙(趙素昻) 91
조약문 유권 해석 연설 29, 47, 142,
　　237
조약문 유권적 해석 28, 31, 35, 39, 47,
　　159, 198, 201, 211, 214, 217, 218
조약문 작성 책임자 28, 198
존스턴(C. H. Johnston) 130
주권 83
주일본 미국대사 219
주한국 미군사령부 78
주한국 미군정 18, 80
중·일전쟁 48
중국 177
중국침략 99
중앙『관보』 71

중의원　36, 155, 167, 204, 205
『지도구역일람도(地圖區域一覽圖)』　186,
　　188
진실　33
진실과 일치　219

ㅊ

참의원　36, 37, 156, 167, 204, 205
처분권　83
처칠(Winston S. Churchill)　48, 51
'천황'의 인증서　157
'천황'의 재가　36
청·일전쟁　49, 99
최종적 결정　184
추축국(樞軸國)　48

ㅋ

카이로선언　48, 49, 50, 146, 172
카이로회담　48
코넬(Cornell)　101
'Korea' 영토　37
쿠릴 열도(Kurile Islands)　29, 30, 92,
　　144, 199

ㅌ

탐욕　49, 52, 173
태평양전쟁　48, 99
토마베치 기조(苫米地義三)　36, 202
토쿠가와 무네요시(德川宗敬)　36, 202
톰린슨(F.S.Tomlinson)　130

트루먼(Harry S. Truman)　28, 51, 142,
　　193, 198
특별위원회　37, 205

ㅍ

파랑도　23, 25, 26, 134, 165
팽호도　53
평화선　45
평화조약 7개 원칙　112, 162, 193
'평화조약 및 일미안전보장조약 특별위
　　원회'　37, 155, 205
평화조약 재가　167
평화조약 제19조 (d)항　34, 40, 63, 149,
　　166, 180, 183, 186, 190, 202
평화조약 제2장 제2조 (a)항　202, 216
평화조약 제2장 제2조 (a)항　216
평화조약 조약문 작성자　28, 198, 218
평화조약 조인 후　34
평화조약 준비위원장　22, 23, 143, 193,
　　202
평화조약 참가 서명조인국　209
평화조약 체결 회의　28
평화조약문　31
평화조약문 작성 책임자　4, 28, 198, 211,
　　214
평화조약문의 유권적 해석　28, 31, 35,
　　39, 47, 136, 159, 198, 201, 214,
　　217, 218, 221
평화조약문제 연구간사회　68
평화조약에 동의·비준·재가　219
평화조약에 서명하는 일본수상 요시다
　　시게루　155
평화조약의 독도=한국영토 확정·공인
　　153, 166

평화조약의 효력 발생 38
평화회의 136, 141, 165, 197
평화회의 준비위원장 85, 198
평화회의 회의장 39
포츠담선언 15, 50, 51, 146, 174, 225
포츠담선언 일본 항복조건 제8조 4, 16,
    17, 18, 26, 29, 31, 32, 50, 125,
    143, 144, 146, 147, 148, 149, 150,
    159, 166, 172, 174, 198, 199
포츠담선언 제8조 및 그 집행인 SCAPIN
    제677호 36, 52, 107, 113, 128,
    160, 191, 200, 202, 203, 219
포츠담선언 제8조 집행 177
'포츠담선언 제8조'와 그 이미 집행한 것
    39, 40, 47, 211, 217
포츠담선언 항복조건 제8조의 영토규정
    25, 29, 143, 147, 198
포츠머스조약 35
폭력과 탐욕(violence and greed) 49,
    173
프리담(K.R.C Pridham) 130
피어리(Robert Appleton Feary) 105,
    130
핏츠모리스(G. G. Fitzmaurice) 130

ㅎ

하보마이 제도(Habomai Islands) 29,
    144, 198

하지(John Reed Hodge) 78, 91
한국 군정 55
한국 대표단 28, 146
한국 독립 48
한국 어민들 피해 76, 79
한국(Korea) 59, 150, 194
한국방공식별구역 45
한국어부들의 어로구역 63, 183
한국영토 19, 31, 200, 202
한국의 독도영유권 19, 84, 168, 171,
    190, 191, 203
한국의 독립 49, 173
한국전쟁 89, 117, 123, 191
한국정부 23, 46, 134, 208
한국침략 99
『한성일보(漢城日報)』 72, 73, 99
한성일보사 91
한표욱(韓豹項) 28, 146
합법정부 85
항복문서 16, 52, 53, 216
항복문서 조인 176
허위 33
허위 주장 159
『현보』 71
협력국의 하나 121
호지시마 니로(星島二郎) 36, 202
효력 인정 34
휴스턴(Cloyce Huston) 101
히로시마(廣島) 52

신용하慎鏞廈

서울대학교 문리과대학 사회학과 졸업
서울대학교 대학원 경제학 석사
미국 하버드대학교 문리과대학원 박사과정 수료
서울대학교 대학원 문학(사회학) 박사
서울대학교 사회과학대학 사회학과 교수
서울대학교 사회과학대학 학장
한국사회학회 회장
한국사회사학회 회장
독도학회·독도연구보전협회 회장
한양대학교 석좌교수
이화여자대학교 이화학술원 석좌교수
울산대학교 석좌교수
현재 서울대학교 명예교수
　　　대한민국학술원 회원

샌프란시스코 평화조약과 독도영유권
San Francisco Peace Treaty and Territorial Rights over Dokdo

초판 1쇄 인쇄 2024년 08월 08일
초판 1쇄 발행 2024년 08월 15일

지 은 이　신용하 Shin Yong-ha

발 행 인　한정희
발 행 처　경인문화사
편 집 부　한주연 김지선 김숙희
마 케 팅　하재일 유인순
출 판 신 고　제406-1973-000003호
주　　　소　경기도 파주시 회동길 445-1 경인빌딩 B동 4층
대 표 전 화　031-955-9300　팩 스　031-955-9310
홈 페 이 지　http://www.kyunginp.co.kr
이 메 일　kyungin@kyunginp.co.kr

ISBN 978-89-499-6809-4 93900
값 26,000원